BIG DATA 파이썬
빅데이터분석 기사 실기
단기완성

박영식 편저

PROFILE 저자약력

박영식

■ **학력** Education
- Hansung University, Ph.D. Candidate in Management Information Systems
- Business School Lausanne (BSL), Switzerland, AI BigData MBA
- Seoul School of Integrated Sciences & Technologies (aSSIST), AI BigData MBA

■ **경력** Career
- 現 지이큐 대표
- 現 서일대학교 생명화학공학과 빅데이터 외래교수
- 現 서울사이버평생교육원 경영학과 교수
- 現 ㈜토마토패스 AI/데이터 분석 전문교수
- 現 ㈜케이브레인컴퍼니 AI/데이터 분석 자문위원
- 現 (주)SR 잠재수요예측 프로젝트 자문교수
- 現 법무부 외국인 빅데이터팀 AI/데이터 분석 및 기술평가 자문위원
- 現 환경부 상수관로 예측 및 등급 평가 프로젝트 자문위원
- 現 한국남부발전 AI 교육과정설계 및 AI 컨설팅
- 現 중소기업기술정보진흥원 AI/데이터 분석 및 기술평가 자문위원
- 現 ADsP/빅분기 전문교수(서울대, 서일대, 상명대, 한국교육정보화재단, 한국생산성본부 등)
- 現 NCS강사(정보기술개발, 정보기술전략)
- 前 한국데이터사이언티스트협회 이사
- 前 행정안전부 데이터 분석 전문인재 양성과정 메인 교수
- 前 NIA 데이터기반 행정팀 AI/데이터 분석 및 기술평가 자문위원
- 前 ㈜RTMC AI 예측분석 전략기획실장
- 前 ㈜W컴퍼니 수석연구원
- 前 K-문고 CRM 군집세분화 전략 데이터 분석 컨설팅
- 前 L-백화점 CRM Alert 전략 데이터 분석 컨설팅

PREFACE
머리말

디지털 시대의 흐름 속에서 빅데이터와 AI 활용능력은 더 이상 선택이 아닌 필수가 되었습니다. 매일 쏟아지는 엄청난 양의 데이터는 우리에게 새로운 기회이자 도전이 되고 있습니다. 이러한 시대적 요구에 발맞추어 탄생한 빅데이터 분석기사 자격증은, 데이터 시대를 이끌어갈 전문가를 양성하는 중요한 이정표가 되고 있습니다.

본 책은 빅데이터 분석기사를 준비하시는 분들의 든든한 길잡이가 되고자 합니다. 저자로서 현장의 실무 경험과 교육 경험을 바탕으로, 이론과 실무를 아우르는 균형 잡힌 내용을 담아내고자 노력했습니다. 특히 실제 시험에서 마주할 수 있는 다양한 문제 상황들을 상세히 다루어, 수험생 여러분이 시험에 대한 자신감을 가질 수 있도록 구성했습니다.

이 책은 단순한 시험 준비서를 넘어, 실무에서도 즉시 활용할 수 있는 실질적인 지식을 담고 있습니다. 빅데이터 분석의 기초부터 심화 내용까지, 체계적이고 단계적인 학습이 가능하도록 구성했으며, 현업에서 자주 마주치는 사례들을 풍부하게 수록했습니다.

감사의 글

이 책이 세상에 나오기까지 많은 분들의 도움이 있었습니다. 먼저, 늘 저를 믿고 지지해주시는 부모님께 깊은 감사를 드립니다. 아버지의 지혜와 어머니의 따뜻한 사랑과 희생이 있었기에 이 책을 완성할 수 있었습니다. 또한 제가 힘들어할 때마다 늘 든든한 버팀목이 되어주고 저를 응원해 준 여동생 예영이에게도 고마운 마음을 전합니다.

이 책의 완성도를 높이는 데 도움을 주신 많은 분들께 감사드립니다. 귀중한 조언과 학문적 방향을 잡아주신 이형용 지도교수님, 그리고 늘 높은 분석에 도움을 주시는 이동원 교수님, 코드에 대한 인사이트를 주시는 최강화 교수님께도 학문적 성숙을 이룰 수 있게 도와주심에 감사의 말씀을 올립니다.

뿐만 아니라, 세심한 검토와 편집을 도맡아 해주신 피드백을 해주신 예문사 임직원분들과 본 책의 탈고에 대한 일정을 챙겨주신 토마토패스의 고승완 대표님과 서형록 대리님, 박미진 매니저님께 특별한 감사의 말씀을 전합니다.

늘 저를 자랑으로 생각하는 저희 가족분들과 감사한 분들 덕분에 이 책이 부족하나마, 세상에 나올 수 있었습니다.

마지막으로, 이 책을 통해 AI/빅데이터 전문가로서의 꿈을 키워나가는 모든 독자 여러분의 앞날에 무한한 발전과 행복이 함께하기를 진심으로 기원합니다.

2025년 4월
저자 박영식 드림

GUIDE
시험 가이드

개요

- 빅데이터분석기사란 빅데이터 이해를 기반으로 빅데이터 분석 기획, 빅데이터 수집·저장·처리, 빅데이터 분석 및 시각화를 수행하는 실무자를 말한다.
- 빅데이터분석기사의 직무 : 대용량의 데이터 집합으로부터 유용한 정보를 찾고 결과를 예측하기 위해 목적에 따라 분석기술과 방법론을 기반으로 정형/비정형 대용량 데이터를 구축, 탐색, 분석하고 시각화를 수행하는 업무를 수행

시험과목

실기 과목명	주요 항목	세부 항목
빅데이터 분석 실무	데이터 수집 작업	데이터 수집하기
	데이터 전처리 작업	데이터 정제하기
		데이터 변환하기
	데이터 모형 구축 작업	분석모형 선택하기
		분석모형 구축하기
	데이터 모형 평가 작업	구축된 모형 평가하기
		분석결과 활용하기

시험일정(2025년)

회차	구분	원서접수	시험일	합격(예정)자 발표
제10회	필기	2025.03.04~2025.03.10	2025.04.05(토)	2025.04.25
	실기	2025.05.19~2025.05.23	2025.06.21(토)	2025.07.11
제11회	필기	2025.08.04~2025.08.08	2025.09.06(토)	2025.09.26
	실기	2025.10.27~2025.10.31	2025.11.29(토)	2025.12.19

※ 필기시험 면제기간은 필기 합격자 발표일로부터 2년(다만, 발표일부터 2년 동안 검정이 2회 미만으로 시행된 경우에는 그다음 회차 필기시험 1회를 면제)

응시자격 및 검정방법

- 응시자격 : 제한 없음
- 검정방법

검정방법	시험시간	합격기준
통합형(필답형, 작업형)	180분	100점을 만점으로 60점 이상

※ 시험 관련 사항은 변동이 있을 수 있으니 자세한 시험일정은 반드시 데이터자격검정(www.dataq.or.kr) 홈페이지를 확인하시기 바랍니다.

GUIDE
학습자료 다운로드 안내

- 두 가지 방법 중 하나를 선택하여 학습자료 다운로드 가능합니다.
- 'data' 폴더에는 데이터와 파이썬 코드가 포함되어 있습니다.

■ 구글 드라이브(https://bit.ly/ymsbig) 이용

① 구글에 접속하여 주소창에 'https://bit.ly/ymsbig'를 입력합니다.

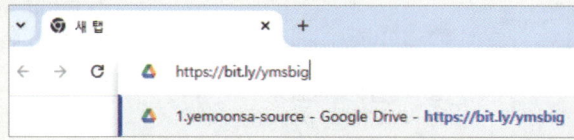

② 'data' 폴더에 접속합니다.

③ 챕터에 맞는 데이터를 활용하여 학습을 진행합니다.

■ 예문에듀 홈페이지(https://yeamoonedu.com/) 이용

① 예문에듀 홈페이지 로그인 후 메인화면의 [도서 인증] 게시판에 접속합니다.

② 도서 인증 게시판에 **양식**에 맞춰 **게시글을 업로드**합니다.

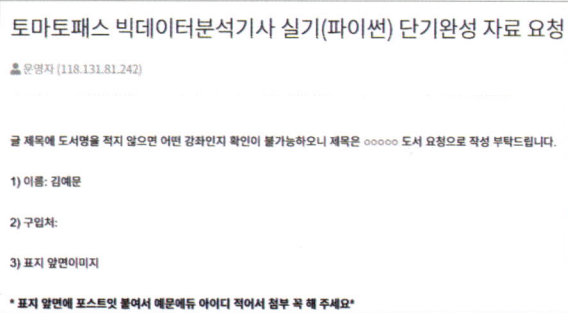

③ 인증 완료 후 **댓글로 제공되는 링크**를 통해 학습 데이터를 다운로드합니다.
④ **챕터에 맞는 데이터**를 활용하여 학습을 진행합니다.

GUIDE
이 책의 구성

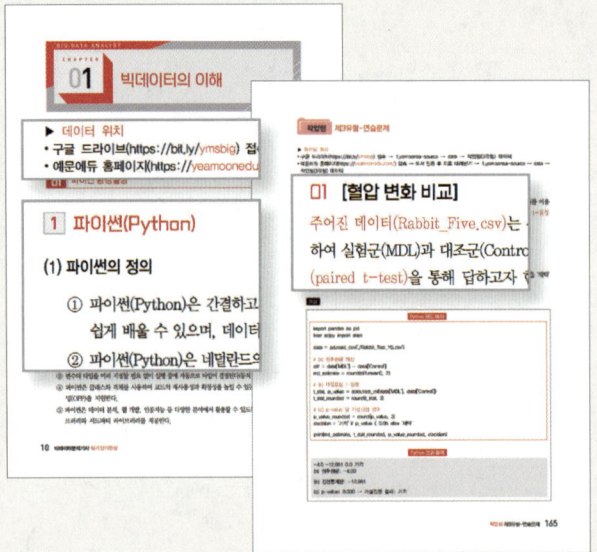

단 한 권으로 준비하는 빅데이터분석기사 실기
- 데이터 전문 저자의 노하우가 반영된 핵심이론+실습을 위한 데이터 위치 표기
- 이론 학습 직후 작업 유형별 연습문제를 통해 효율적인 이론 복습 가능

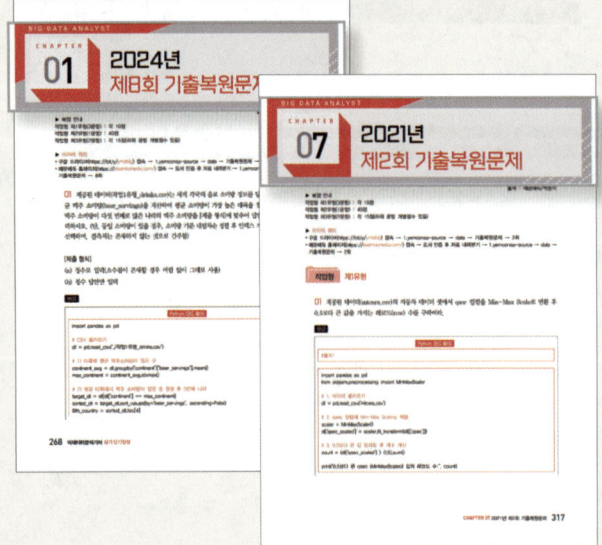

실전 대비를 위한 최신 기출복원문제 7회분 전격 수록
- 제8회~제2회 최신 기출복원문제를 완벽 복원하여 실전 대비 가능
- 기출복원문제를 통해 실제 시험 문제의 유형과 난이도 확인+실전 감각 키우기

CONTENTS 목차

PART 01 파이썬

CHAPTER 01 기초 파이썬 ... 10
CHAPTER 02 패키지와 모듈 ... 49

PART 02 데이터 다루기

CHAPTER 01 numpy를 활용한 데이터 다루기 ... 54
CHAPTER 02 Pandas를 활용한 데이터 다루기 ... 70
CHAPTER 03 데이터 변환 ... 96
CHAPTER 04 데이터 결합 및 요약 ... 106
CHAPTER 05 결측치와 이상치 ... 114
CHAPTER 06 날짜시간 데이터 ... 123
■ 제1유형 - 연습문제 ... 127

PART 03 통계분석

CHAPTER 01 가설 검정 ... 136
CHAPTER 02 통계모형 ... 159
■ 제3유형 - 연습문제 ... 165

PART 04 머신러닝

CHAPTER 01 지도학습 ... 178
■ 제2유형 - 연습문제 ... 221

CONTENTS
목차

PART 05 실전모의고사

CHAPTER 01	제1회 실전모의고사	232
CHAPTER 02	제2회 실전모의고사	244
CHAPTER 03	제3회 실전모의고사	253

PART 06 최신 기출복원문제

CHAPTER 01	2024년 제8회 기출복원문제	268
CHAPTER 02	2023년 제7회 기출복원문제	281
CHAPTER 03	2023년 제6회 기출복원문제	291
CHAPTER 04	2022년 제5회 기출복원문제	301
CHAPTER 05	2022년 제4회 기출복원문제	306
CHAPTER 06	2021년 제3회 기출복원문제	312
CHAPTER 07	2021년 제2회 기출복원문제	317

PART 01

파이썬

CHAPTER 01 빅데이터의 이해

▶ **데이터 위치**
- 구글 드라이브(https://bit.ly/ymsbig) 접속 → 1.yemoonsa-source → data → part 1
- 예문에듀 홈페이지(https://yeamoonedu.com/) 접속 → 도서 인증 후 자료 내려받기 → 1.yemoonsa-source → data → part 1

SECTION 01 파이썬 환경설정

1 파이썬(Python)

(1) 파이썬의 정의

① 파이썬(Python)은 간결하고 가독성이 뛰어난 문법을 가진 범용 프로그래밍 언어이다. 초보자도 쉽게 배울 수 있으며, 데이터 분석, 웹 개발, 인공지능(AI), 자동화 등 다양한 분야에서 활용된다.
② 파이썬(Python)은 네덜란드의 프로그래머 '귀도 반 로섬(Guido van Rossum)'이 개발하였다. 1989년 크리스마스 휴가 기간 동안 새로운 프로그래밍 언어를 만들기로 결심하였으며, 1991년에 첫 번째 버전을 공개하였다.
③ 파이썬이라는 이름은 개발자인 귀도 반 로섬이 좋아했던 영국의 코미디 그룹 '몬티 파이썬(Monty Python)'에서 유래하였다.

(2) 파이썬의 특징

① 파이썬은 문법이 단순하여 배우기 쉽고, 코드가 직관적이어서 가독성이 뛰어나다.
② 파이썬은 컴파일 과정 없이 한 줄씩 즉시 실행하는 인터프리터 방식의 언어이다. 따라서 빠르게 개발하고 테스트할 수 있다.
③ 변수의 타입을 미리 지정할 필요 없이 실행 중에 자동으로 타입이 결정된다(동적 타이핑을 지원한다).
④ 파이썬은 클래스와 객체를 사용하여 코드의 재사용성과 확장성을 높일 수 있는 객체지향프로그래밍(OPP)을 지원한다.
⑤ 파이썬은 데이터 분석, 웹 개발, 인공지능 등 다양한 분야에서 활용할 수 있도록 방대한 표준 라이브러리와 서드파티 라이브러리를 제공한다.

2 파이썬 환경설정

(1) Python 설치

① Python 프로그램은 Python Hompage인 'http://www.python.org'에서 설치할 수 있다.
② Python 3.x로 시작하는 버전 중 최신 버전의 Python을 다운받는다.

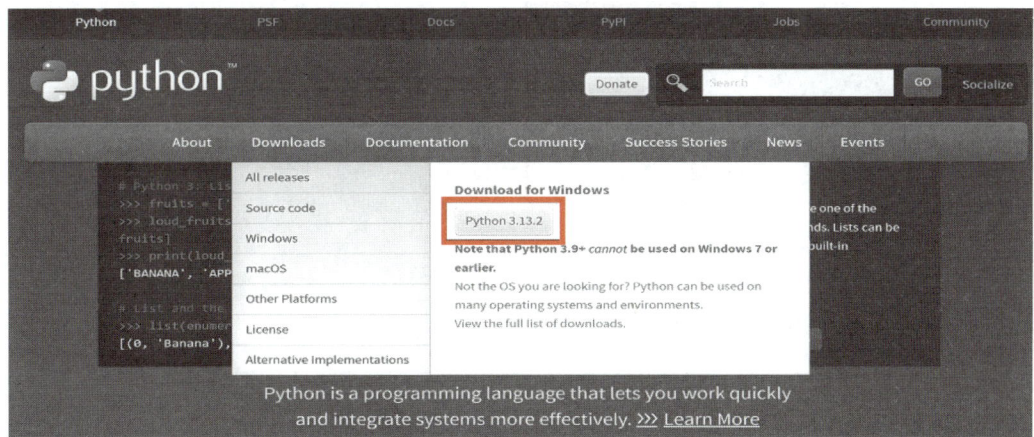

③ Python을 올바르게 설치하였다면, '[Window] 키 클릭 → [Python] 검색 → [파일 위치 열기] 클릭'을 통해 아래와 같은 폴더 내에 해당 버전이 있는 것을 확인할 수 있다.

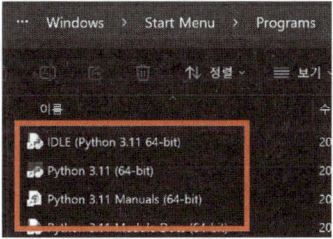

④ Python의 IDLE(Integrated Development and Learning Environment)은 통합개발환경으로써 Python Code 작성을 원활히 도와준다.

(2) IDLE 설치

① IDLE은 코딩, 디버그, 컴파일, 배포 등 프로그램 개발에 관련된 모든 작업을 하나의 프로그램 안에서 처리하는 환경을 제공하는 소프트웨어이다.
② Python에서는 IDLE을 활용하여 프로그램 작성의 효율성을 제고시킨다.

> **참고**
>
> **IDLE**
> - IDLE Shell 창 : IDLE Editor에서의 실행한 프로그램 결과가 표시되는 곳
> - IDLE Editor 창 : IDLE Editor가 실행되는 곳

※ 본 시험 대비를 위한 환경으로는 Anaconda를 통해 IDLE과 Python을 한 번에 설치하는 방법을 추천한다.

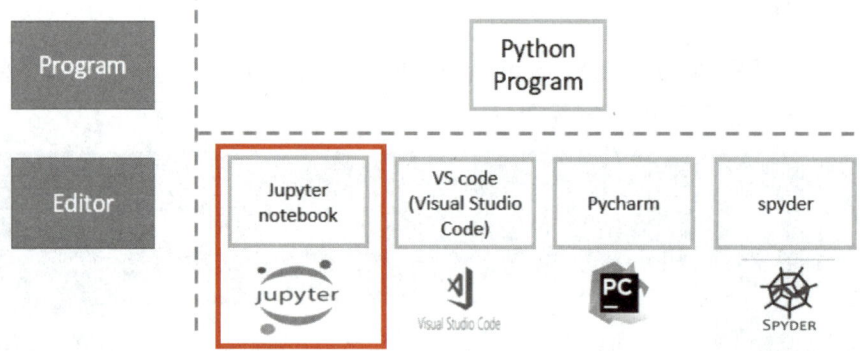

(3) Anaconda 설치(Python&IDLE)

① 본 시험 대비를 위해서 아나콘다 환경의 설치가 어렵다면, 후술할 코랩(colab) 환경을 추천한다.
② 파이썬 및 IDLE(통합개발환경)을 한 번에 설치할 수 있는 아나콘다는 아나콘다 홈페이지(https://www.anaconda.com/products/ai-navigator#downloads)에서 다운받을 수 있다.

(4) Anaconda 실행하기

① 윈도우 탐색기에 설치된 Anaconda3 폴더를 검색한 후 Prompt를 실행한다.
② "Anaconda Prompt(anaconda3)"와 "Anaconda Powershell Prompt(anaconda3)" 중 어느 것을 해도 무방하지만, "Anaconda Prompt(anaconda3)"의 실행을 추천한다.

③ 실행하고 싶은 경로(디렉토리, directory)로 cd를 치고 한 칸 "스페이스바(Space bar)"를 친 이후에 Enter를 쳐서 원하는 경로로 이동한다.
④ 그 후에 prompt창에 "jupyter notebook"이라고 친다(단, 띄어쓰기를 한 번 하고 나서 Enter를 쳐주어야 한다).

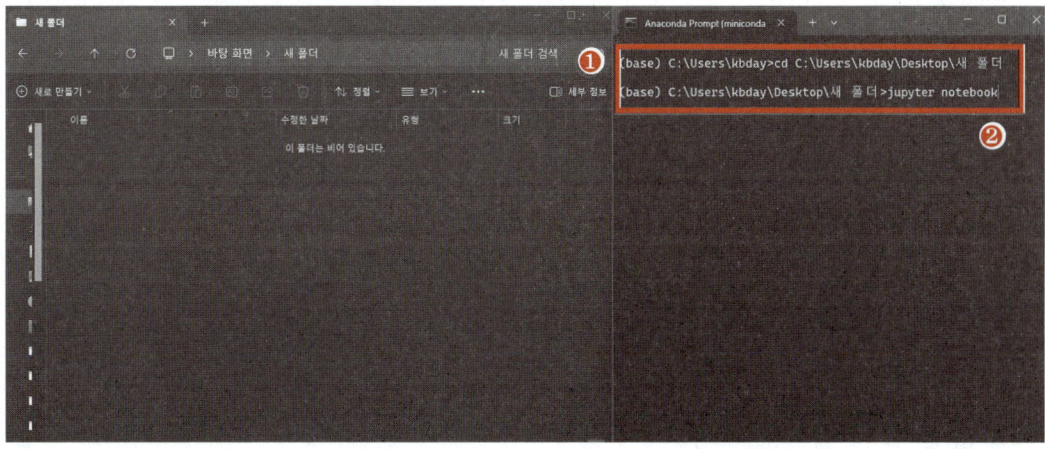

3 주피터 노트북 활용을 위한 단축키

명령 모드(Esc) 단축키	설명	편집 모드(Enter) 단축키	설명
A	위에 셀 추가	Ctrl + A	전체 선택
B	아래에 셀 추가	Ctrl + Z	실행 취소
DD	셀 삭제	Ctrl + Shift + Z	다시 실행
M	마크다운으로 변경	Ctrl + Home	문서 맨 위로 이동
Y	코드 셀로 변경	Ctrl + End	문서 맨 아래로 이동
Shift + Enter	셀 실행 후 다음 셀로 이동	Ctrl + Left	단어 단위 왼쪽 이동
Ctrl + Enter	셀 실행	Ctrl + Right	단어 단위 오른쪽 이동
Alt + Enter	셀 실행 후 새로운 셀 추가	Ctrl + Shift + -	현재 위치에서 셀 분할
C	셀 복사	Ctrl + /	주석 처리 및 해제
X	셀 잘라내기	Shift + Tab	함수 도움말 표시
V	셀 붙여넣기	Ctrl +]	들여쓰기 증가
Shift + V	위에 붙여넣기	Ctrl + [	들여쓰기 감소
Z	삭제한 셀 복원	Ctrl + Shift + P	명령 팔레트 열기
Shift + M	선택한 셀 병합	Esc	편집 모드 종료
L	코드 셀에 줄 번호 표시	Tab	자동 완성

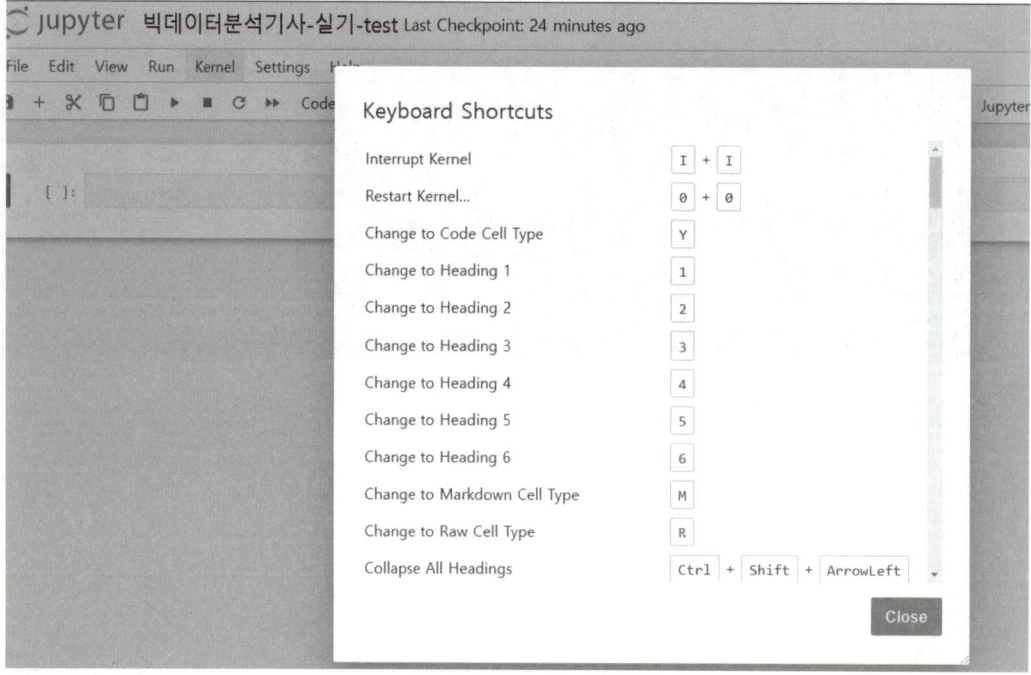

4 colab을 활용한 실행환경 설정(Anaconda가 안될 경우)

아나콘다 환경에 대한 설정이 어려운 수험생의 경우 colab(코랩)을 활용하여 파이썬 문법 내용 학습을 진행한다.

(1) 구글 계정 생성하기(Google Account)

① 먼저 구글(google)에서 아이디와 비밀번호를 설정하여 회원가입을 한다.

② 성(선택사항)과 이름에 본인의 성명을 기입한다.

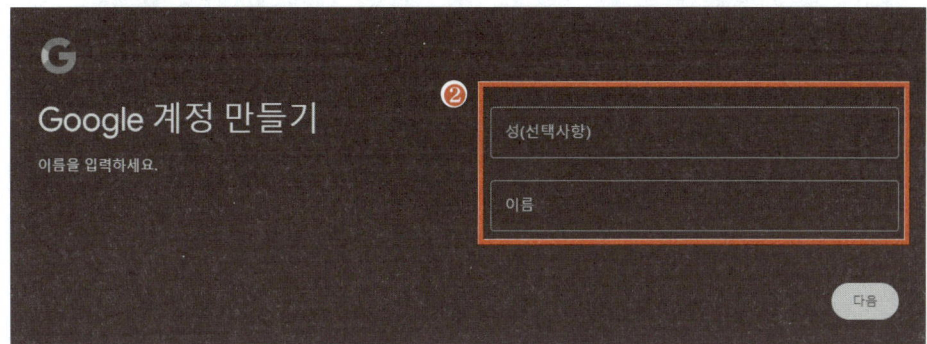

③ 기본 정보인 생일과 성별을 입력한다.

④ 추천해주는 '이메일 id'가 있지만, 보통은 '내 Gmail 주소 만들기'로 넘어간다.

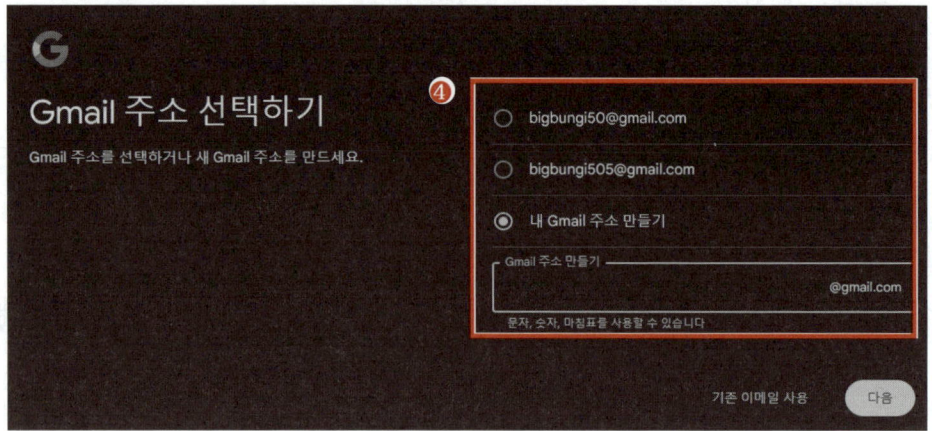

⑤ 마지막으로 '안전한 비밀번호 만들기'까지 진행하면 구글 계정(Google account)을 생성하기까지의 모든 과정이 완료된다.

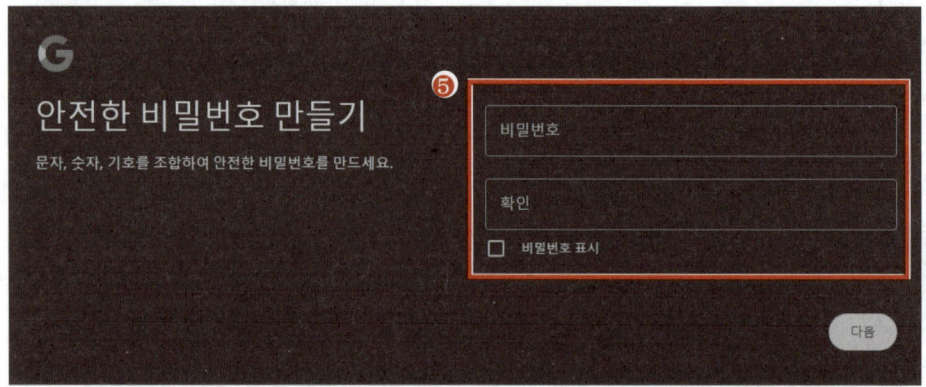

(2) 구글 드라이브 접속 후 colab 접속

① 'https://drive.google.com/drive/home'에 접속하여 본인 구글 드라이브에 접속한다.

② 여기서 "+ 신규" 버튼을 클릭 → 아래에 뜬 "배너 창"에 "더보기" 버튼으로 "마우스 커서"를 이동 → 그 후에 아래 그림의 ④ "Google Colaboratory"를 클릭한다.

③ 만약 여기서 "Google Colaboratory"가 보이지 않는다면, 아래 그림의 ⑤ "연결할 앱 더보기"를 클릭한다.

④ 그러면 '새로운 팝업창'이 뜨게 되는데, '검색창'에 "Colaboratory"라고 친다.

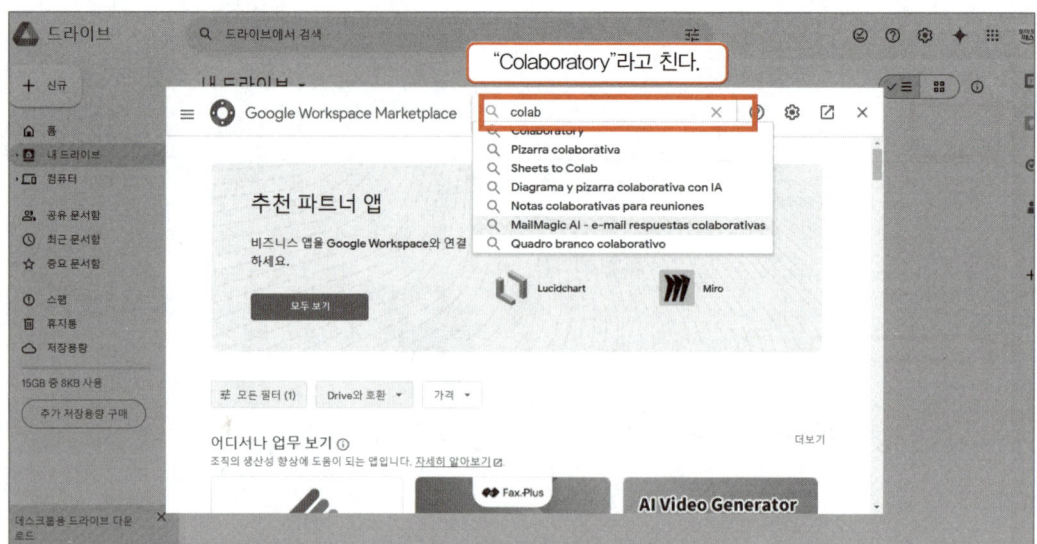

⑤ 팝업창 맨 좌측의 'Colaboratory'를 '클릭'한다.

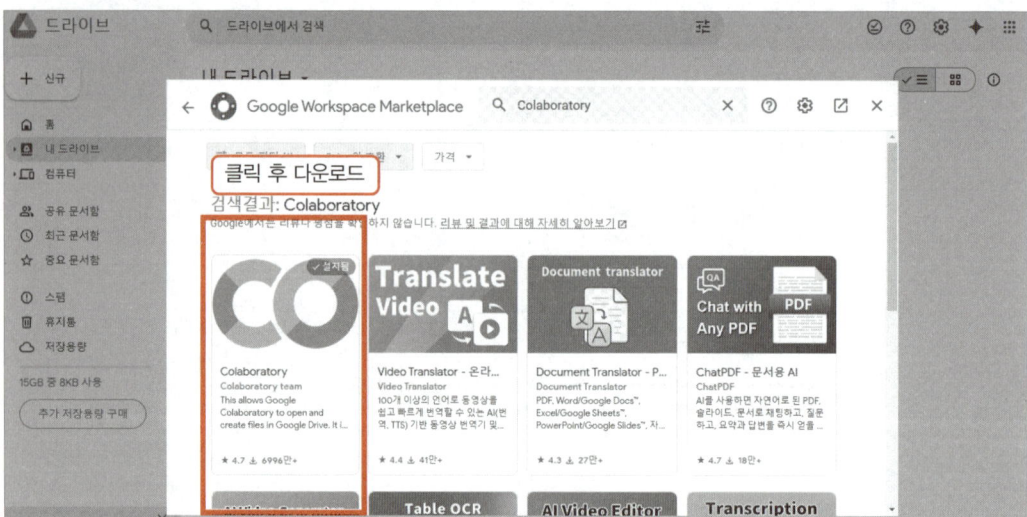

⑥ 열린 팝업창에 '설치' 버튼을 '클릭'한다.

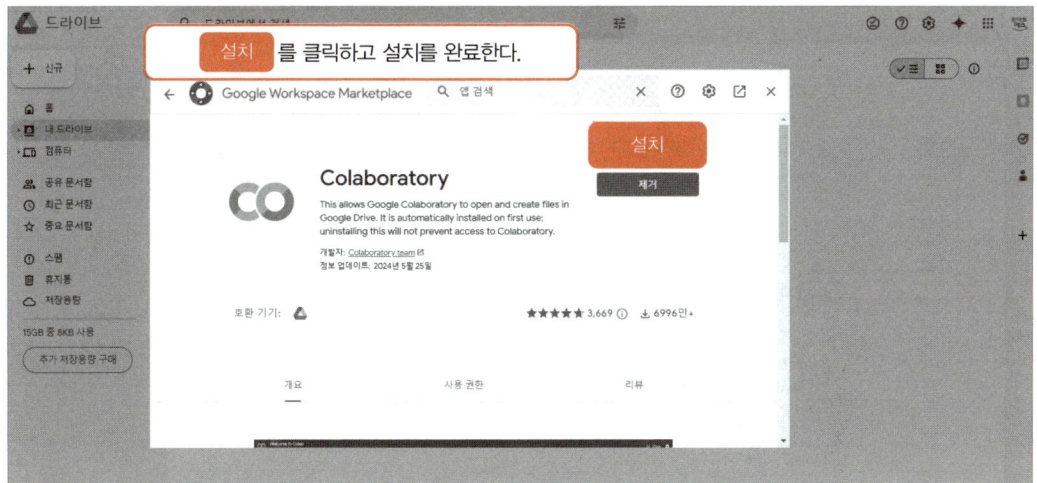

⑦ 설치 후 "+ 신규" 버튼을 "클릭"하여 "새폴더"를 "생성"한다. 그리고 해당 폴더를 "0.bigboon"으로 명명한다.

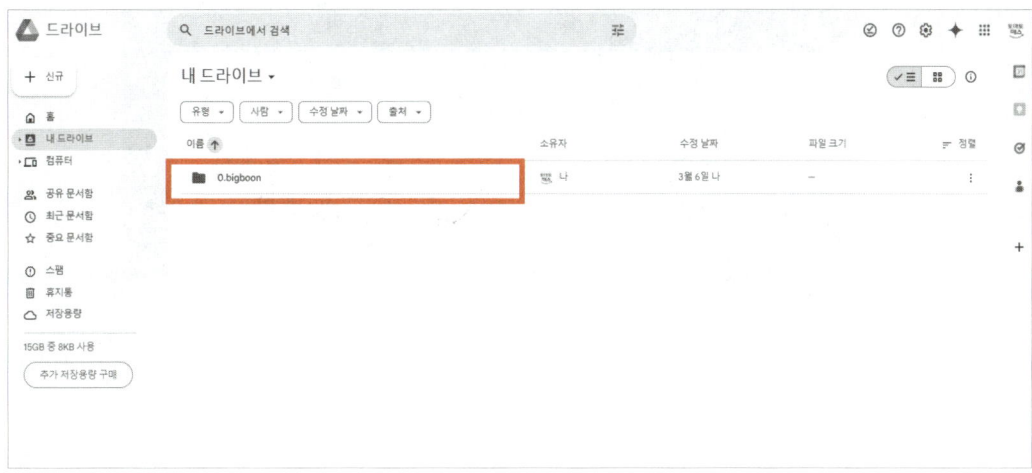

⑧ 설치 후 ③에서 행했던 과정을 토대로 "Google Colaboratory"을 클릭하여 새로운 "Colab 파일"을 "생성"한다.

⑨ 실행된 "Colab 파일"로 "실습"을 진행한다.

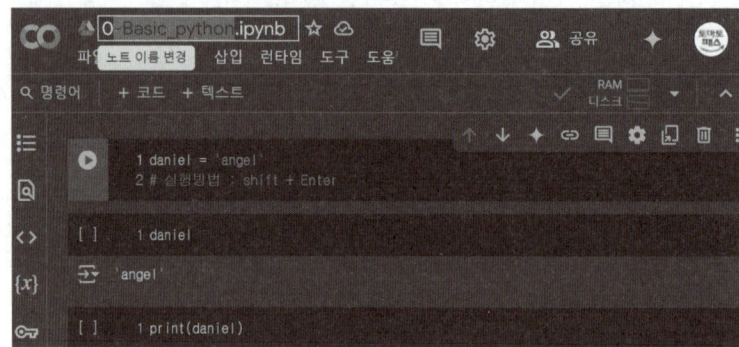

SECTION 02 파이썬 문법 및 자료형

1 파이썬 문법

(1) 변수(Variables)

① 파이썬에서 활용하는 변수는 객체(object)이기도 하다. 즉, 같은 종류의 객체는 동일한 데이터 타입을 갖는다.
② 파이썬에서 변수명에 객체를 할당하는 형태는 일반적으로 연산자 "="을 사용한다.

> **Python 코드 예시**
> ```
> name = 'ysp'   # name이라는 변수에 'ysp'라는 문자 할당
> number = 1010  # number 변수에 1010 할당
> ```

(2) 변수 생성 규칙

파이썬에서 변수 생성 시 적용되는 규칙은 아래와 같다.

① 변수 이름은 문자 또는 밑줄(_)로 시작해야 한다.

> ○ 올바른 예 : name = "Alice", _count = 5
> × 잘못된 예 : 1st_value = 10(숫자로 시작하면 안 됨)

② 변수 이름에는 문자, 숫자, 밑줄(_)만 포함할 수 있다.

> ○ 올바른 예 : user_age = 30, score_1 = 95
> × 잘못된 예 : user-age = 25, total$amount = 100(특수문자 사용 불가)

③ 파이썬의 예약어(키워드)는 변수명으로 사용할 수 없다.

> ○ 올바른 예 : class_name = "Python"
> × 잘못된 예 : class = "Math"(class는 예약어이므로 사용 불가)

④ 대소문자를 구분한다.

> ○ 올바른 예 : name = "Alice", Name = "Bob"(다른 변수로 인식됨)
> × 잘못된 예 : print(Name)(정의된 name과는 다른 변수)

⑤ 변수 이름은 가급적 의미 있게 작성해야 한다.

> ○ 올바른 예 : total_price = 5000(의미가 명확함)
> × 잘못된 예 : tp = 5000(어떤 값인지 알기 어려움)

⑥ 공백은 사용할 수 없으며, 여러 단어는 밑줄(_)로 구분해야 한다.

○ 올바른 예 : user_email = "test@example.com"
× 잘못된 예 : user email = "test@example.com"(공백 포함 불가)

(3) 함수 vs 메서드(methods)

① 파이썬에서 메서드는 특정 객체에 속해 있으며, 해당 객체의 동작을 정의하는 함수이다.
② 메서드는 객체지향프로그래밍(OOP)에서 중요한 개념으로, 클래스 내부에서 정의되며 객체의 상태를 변경하거나 특정 기능을 수행할 수 있다.
③ 메서드는 특정 객체에 종속되어 호출되며, 객체와 함께 호출되므로 메서드 이름만으로 호출이 불가능하다.
④ 내장함수와의 차이점 : 내장함수는 메서드와 달리 객체와 무관하게 호출이 가능하다.

2 기초 연산자

(1) 개요

① 파이썬에서의 연산자는 크게 산술 연산자, 비교 연산자, 논리 연산자, 할당 연산자, 비트 연산자, 멤버십 연산자, 식별 연산자로 나눌 수 있다.
② 하지만, 본 시험에서는 '비트 연산자, 멤버십 연산자, 식별 연산자' 3가지는 크게 적용되지 않으므로 생략한다.

(2) 연산자의 종류

① 산술 연산자(Arithmetic Operators) : 덧셈, 뺄셈, 곱셈, 나눗셈 등의 단순한 계산을 위한 연산자를 뜻한다.

연산자	의미	예시
+	덧셈	3 + 2 → 5
-	뺄셈	5 - 2 → 3
*	곱셈	4 * 3 → 12
/	나눗셈	7 / 2 → 3.5
//	몫 연산	7 // 2 → 3
%	나머지 연산	7 % 2 → 1
**	거듭제곱	2 ** 3 → 8

Python 코드 예시

```
[2]: a = 7
     b = 2
     print(a + b)    # 9
     print(a - b)    # 5
     print(a * b)    # 14
     print(a / b)    # 3.5
     print(a // b)   # 3
     print(a % b)    # 1
     print(a ** b)   # 49
```

Python 결과 출력

```
9
5
14
3.5
3
1
49
```

② 비교 연산자(Comparison Operators)
  ㉠ 좌우의 변수나 값을 비교하여 크다, 작다, 같다 등의 관계를 판단한다.
  ㉡ 결과는 True 또는 False로 반환된다.
  예 a > b, x == y, score != 100

연산자	의미	예시
==	같음	5 == 5 → True
!=	다름	5 != 3 → True
>	초과	7 > 3 → True
<	미만	2 < 5 → True
>=	이상	7 >= 7 → True
<=	이하	3 <= 5 → True

Python 코드 예시

```
[4]: x = 5
     y = 3
     print(x == y)   # False
     print(x != y)   # True
     print(x > y)    # True
     print(x < y)    # False
     print(x >= 5)   # True
     print(x <= 2)   # False
```

Python 결과 출력

```
False
True
True
False
True
False
```

③ 논리 연산자(Logical Operators)
　㉠ 하나 이상의 조건식을 결합하거나 부정하여 복합 조건을 만든다.
　㉡ and, or, not 등의 연산자를 사용하며, 결과는 True 또는 False이다.
　예 (a > 10) and (b < 5), not (x == 0)

연산자	의미	예시
and	둘 다 참이면 참	(True and False) → False
or	하나라도 참이면 참	(True or False) → True
not	반대 값 반환	not True → False

Python 코드 예시

```
[5]: a = True
     b = False
     print(a and b)   # False
     print(a or b)    # True
     print(not a)     # False
```

Python 결과 출력

```
False
True
False
```

④ 할당 연산자(Assignment Operators) : 객체를 변수에 할당할 때 사용하는 연산자로, "+=", "-="는 수정 할당 연산자로도 불린다.

연산자	의미	예시
=	값 할당	x = 5
+=	덧셈 후 할당	x += 3 # x = x + 3
-=	뺄셈 후 할당	x -= 2 # x = x - 2
*=	곱셈 후 할당	x *= 4 # x = x * 4
/=	나눗셈 후 할당	x /= 2 # x = x / 2
//=	몫 연산 후 할당	x //= 3 # x = x // 3
%=	나머지 연산 후 할당	x %= 2 # x = x % 2
**=	거듭제곱 후 할당	x **= 3 # x = x ** 3

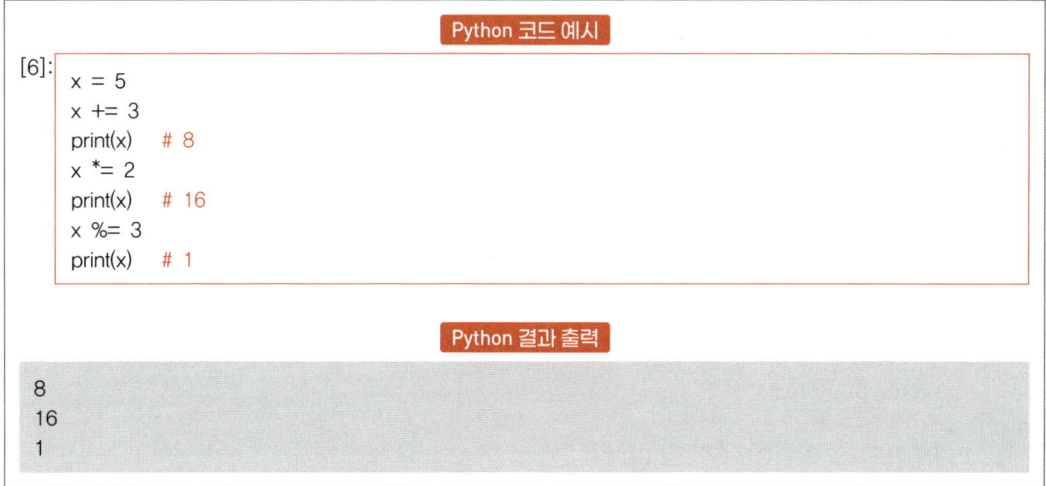

Python 코드 예시

```
[6]: x = 5
     x += 3
     print(x)   # 8
     x *= 2
     print(x)   # 16
     x %= 3
     print(x)   # 1
```

Python 결과 출력

```
8
16
1
```

(3) 연산자 우선순위(Assignment Operators)

우선순위 (높음 → 낮음)	연산자	설명
1	()(괄호 연산자)	괄호 안에 있는 것은 무조건 가장 먼저 실행됨
2	**(거듭제곱 연산자)	거듭제곱 계산(예 2 ** 3 = 8)
3	*, /, //, %(산술 연산자)	곱셈, 나눗셈, 몫, 나머지 연산
4	+, -(산술 연산자)	덧셈, 뺄셈 연산
5	비트 연산자, 멤버 연산자, 항등 연산자	
6	==, !=, >, <, >=, <=(비교 연산자)	비교 연산(참/거짓 판별)
7	not(논리 연산자)	논리 NOT(반댓값 반환)
8	and(논리 연산자)	논리 AND(둘 다 참이어야 참)
9	or(논리 연산자)	논리 OR(하나라도 참이면 참)

3 자료형

(1) 단일자료형-숫자형(Number)

① 숫자형(Number)이란 숫자로 구성된 데이터 유형으로, 우리가 일상에서 자주 접하는 개념이다. 예를 들어, 123과 같은 정수, 12.34와 같은 소수(실수), 그리고 8진수와 16진수도 숫자형에 포함된다.

② 내장함수 int()와 float()을 통해 각각 정수, 실수로 데이터 타입의 변환이 가능하다.

종류	설명	예시
정수형(int)	소수점이 없는 숫자	x = 123, y = -456
실수형(float)	소수점이 있는 숫자	a = 12.34, b = -0.5
8진수(octal)	0o로 시작하는 숫자	oct_num = 0o12 # 10진수 10
16진수(hexadecimal)	0x로 시작하는 숫자	hex_num = 0x1A # 10진수 26

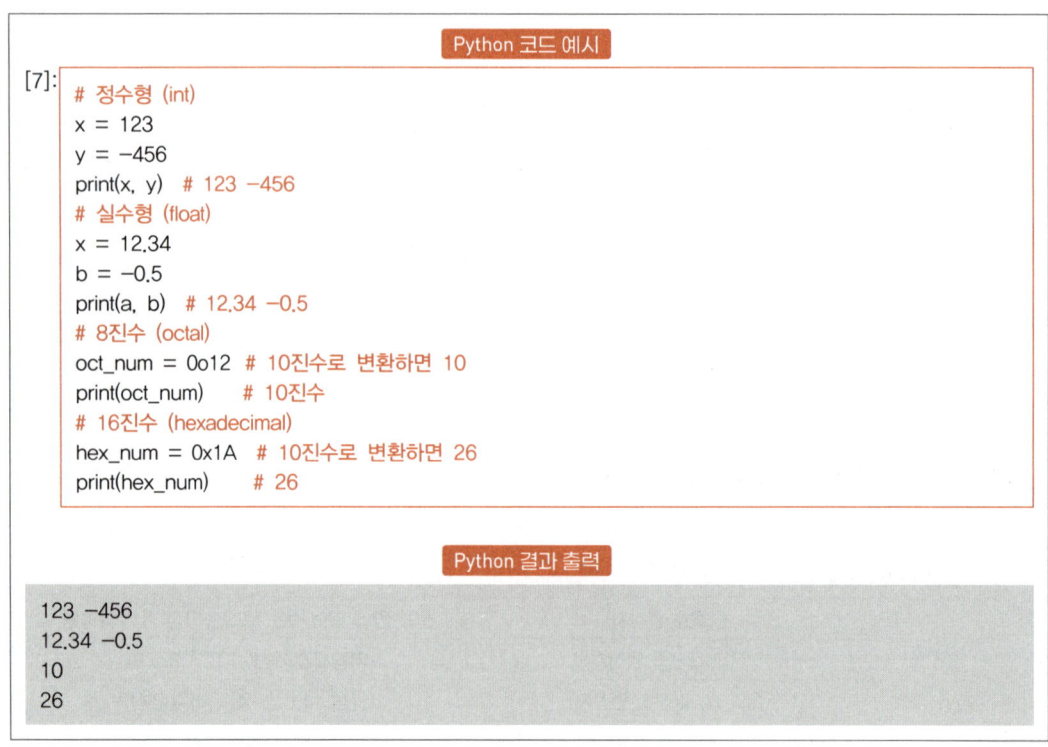

Python 코드 예시

```
[7]: # 정수형 (int)
     x = 123
     y = -456
     print(x, y)  # 123 -456
     # 실수형 (float)
     x = 12.34
     b = -0.5
     print(a, b)  # 12.34 -0.5
     # 8진수 (octal)
     oct_num = 0o12  # 10진수로 변환하면 10
     print(oct_num)  # 10진수
     # 16진수 (hexadecimal)
     hex_num = 0x1A  # 10진수로 변환하면 26
     print(hex_num)  # 26
```

Python 결과 출력

```
123 -456
12.34 -0.5
10
26
```

(2) 복합자료형

① 리스트(List)

   ㉠ 리스트(List)는 여러 개의 값을 하나의 변수에 저장할 수 있는 자료형이다.

   ㉡ 리스트는 [ ](대괄호)로 감싸서 정의하며, 내부의 값들은 ,(쉼표)로 구분한다.

   ㉢ 숫자, 문자열, 다른 리스트 등 다양한 자료형을 함께 저장할 수도 있다.

   ㉣ 리스트는 순서가 있으며, 인덱싱(Indexing)과 슬라이싱(Slicing)을 통해 특정 요소를 가져올 수 있다.

Python 코드 예시

```python
# 1. 빈 리스트 생성
empty_list = []
print(empty_list)   # []

# 2. 숫자 리스트 생성
num_list = [1, 2, 3, 4, 5]
print(num_list)   # [1, 2, 3, 4, 5]

# 3. 문자열 리스트 생성
str_list = ["apple", "banana", "cherry"]
print(str_list)   # ['apple', 'banana', 'cherry']

# 4. 여러 자료형을 포함한 리스트 생성
mixed_list = [1, "hello", 3.14, True]
print(mixed_list)   # [1, 'hello', 3.14, True]

# 5. 리스트 안에 리스트 (중첩 리스트) 생성
nested_list = [[1, 2, 3], ["a", "b", "c"]]
print(nested_list)   # [[1, 2, 3], ['a', 'b', 'c']]
```

Python 결과 출력

```
[]
[1, 2, 3, 4, 5]
['apple', 'banana', 'cherry']
[1, 'hello', 3.14, True]
[[1, 2, 3], ['a', 'b', 'c']]
```

   ㉤ append(), remove(), sort() 등 다양한 리스트 관련 메서드를 활용해 값을 추가·삭제·정렬할 수 있다.

리스트 함수	설명	예제
append(x)	리스트 끝에 요소 x 추가	lst.append(4)
extend(iterable)	다른 리스트나 튜플의 요소를 리스트에 추가	lst.extend([5, 6])

리스트 함수	설명	예제
insert(i, x)	i번째 위치에 요소 x 삽입	lst.insert(2, 10)
remove(x)	리스트에서 첫 번째로 등장하는 요소 x 삭제	lst.remove(3)
pop(i)	i번째 요소를 제거하고 반환(i 생략 시 마지막 요소)	lst.pop(2)
index(x)	요소 x의 위치(인덱스) 반환	lst.index(5)
count(x)	요소 x의 개수 반환	lst.count(2)
sort()	리스트 오름차순 정렬	lst.sort()
reverse()	리스트를 반대로 뒤집기	lst.reverse()
copy()	리스트 복사(새로운 리스트 반환)	new_lst=lst.copy()
clear()	리스트의 모든 요소 제거	lst.clear()

Python 코드 예시

```python
# 리스트 생성
lst = [1, 2, 3, 4, 5]
print("원본 리스트:", lst)

# 1. append(x) - 리스트 끝에 요소 추가
lst.append(6)
print("append(6):", lst)   # [1, 2, 3, 4, 5, 6]

# 2. extend(iterable) - 다른 리스트의 요소 추가
lst.extend([7, 8])
print("extend([7, 8]):", lst)   # [1, 2, 3, 4, 5, 6, 7, 8]

# 3. insert(i, x) - 특정 위치에 요소 삽입
lst.insert(2, 10)
print("insert(2, 10):", lst)   # [1, 2, 10, 3, 4, 5, 6, 7, 8]

# 4. remove(x) - 리스트에서 첫 번째로 나오는 요소 삭제
lst.remove(3)
print("remove(3):", lst)   # [1, 2, 10, 4, 5, 6, 7, 8]

# 5. pop(i) - 특정 위치 요소 제거 및 반환 (i 생략 시 마지막 요소)
removed_item = lst.pop(2)
print("pop(2):", removed_item, lst)   # 10이 삭제됨 -> [1, 2, 4, 5, 6, 7, 8]

# 6. index(x) - 특정 요소의 위치(인덱스) 찾기
index_5 = lst.index(5)
print("index(5):", index_5)   # 5의 위치는 3

# 7. count(x) - 특정 요소 개수 반환
count_2 = lst.count(2)
print("count(2):", count_2)   # 2가 몇 개 있는지 확인
```

```
# 8. sort() - 리스트 정렬 (기본: 오름차순)
lst.sort()
print("sort():", lst)   # [1, 2, 4, 5, 6, 7, 8]

# 9. reverse() - 리스트 뒤집기
lst.reverse()
print("reverse():", lst)   # [8, 7, 6, 5, 4, 2, 1]

# 10. copy() - 리스트 복사
new_lst = lst.copy()
print("copy():", new_lst)   # 새로운 리스트 생성

# 11. clear() - 리스트 비우기
lst.clear()
print("clear():", lst)   # []
```

Python 결과 출력

```
원본 리스트: [1, 2, 3, 4, 5]
append(6): [1, 2, 3, 4, 5, 6]
extend([7, 8]): [1, 2, 3, 4, 5, 6, 7, 8]
insert(2, 10): [1, 2, 10, 3, 4, 5, 6, 7, 8]
remove(3): [1, 2, 10, 4, 5, 6, 7, 8]
pop(2): 10 [1, 2, 4, 5, 6, 7, 8]
index(5): 3
count(2): 1
sort(): [1, 2, 4, 5, 6, 7, 8]
reverse(): [8, 7, 6, 5, 4, 2, 1]
copy(): [8, 7, 6, 5, 4, 2, 1]
clear(): []
```

② 튜플(Tuple)
  ㉠ 튜플(Tuple)은 리스트와 유사하지만, 한 번 생성하면 값을 변경할 수 없는(Immutable) 자료형이다.
  ㉡ 튜플은 ( )(소괄호)로 감싸서 정의하며, 내부의 값들은 ,(쉼표)로 구분한다.
  ㉢ 리스트와 마찬가지로 숫자, 문자열, 다른 튜플 등 다양한 자료형을 포함할 수 있다.
  ㉣ 튜플은 인덱싱(Indexing)과 슬라이싱(Slicing)을 통해 특정 요소를 가져올 수 있다.
  ㉤ 리스트보다 메모리를 적게 사용하며, 변경할 필요가 없는 데이터를 저장할 때 유용하다.

튜플 함수	설명	예제
count(x)	튜플 내에서 특정 요소 x의 개수 반환	t.count(3)
index(x)	요소 x의 첫 번째 등장 위치(인덱스) 반환	t.index(5)
len(t)	튜플의 전체 요소 개수 반환	len(t)
tuple(iterable)	리스트 등의 반복 가능한 객체를 튜플로 변환	tuple([1, 2, 3])
min(t)	튜플 내 최솟값 반환	min(t)
max(t)	튜플 내 최댓값 반환	max(t)
sum(t)	튜플 내 모든 숫자의 합 반환	sum(t)

Python 코드 예시

```python
# 튜플 생성
t = (1, 2, 3, 4, 3, 5, 3, 6)

# 1. count(x) - 특정 요소의 개수 반환
count_3 = t.count(3)
print("count(3):", count_3)   # 3의 개수 → 3

# 2. index(x) - 특정 요소의 첫 번째 위치(인덱스) 반환
index_5 = t.index(5)
print("index(5):", index_5)   # 5의 위치 → 5

# 3. len(t) - 튜플의 요소 개수 반환
length = len(t)
print("len(t):", length)   # 8

# 4. tuple(iterable) - 리스트를 튜플로 변환
list_data = [10, 20, 30]
tuple_data = tuple(list_data)
print("tuple([10, 20, 30]):", tuple_data)   # (10, 20, 30)

# 5. min(t) - 튜플의 최솟값 반환
min_value = min(t)
print("min(t):", min_value)   # 1

# 6. max(t) - 튜플의 최댓값 반환
max_value = max(t)
print("max(t):", max_value)   # 6

# 7. sum(t) - 튜플 내 모든 숫자의 합 반환
sum_value = sum(t)
print("sum(t):", sum_value)   # 27
```

Python 결과 출력

```
count(3): 3
index(5): 5
len(t): 8
tuple([10, 20, 30]): (10, 20, 30)
min(t): 1
max(t): 6
sum(t): 27
```

③ 딕셔너리(Dictionary)
　㉠ 딕셔너리(Dictionary)는 **키(Key)와 값(Value)의 쌍**으로 이루어진 자료형이다.
　㉡ **{ }**(중괄호)로 감싸서 정의하며, 키와 값은 :(콜론)으로 구분하고, 각 항목은 ,(쉼표)로 구분한다.
　㉢ **리스트나 튜플과 달리 순서(Index)가 없으며, 키(Key)를 사용하여 값을 빠르게 조회할 수 있다.**
　㉣ 키는 변경할 수 없는(Immutable) 자료형(숫자, 문자열, 튜플)만 가능하며, 값에는 모든 자료형이 올 수 있다.
　㉤ 딕셔너리는 데이터를 **빠르게 검색하고 저장**하는 데 유용하게 사용된다.

Python 코드 예시

```python
# 1. 빈 딕셔너리 생성
empty_dict = {}
print(empty_dict)   # {}

# 2. 키-값 쌍을 가진 딕셔너리 생성
person = {"name": "Alice", "age": 25, "city": "Seoul"}
print(person)   # {'name': 'Alice', 'age': 25, 'city': 'Seoul'}

# 3. 숫자 키와 문자열 값을 가지는 딕셔너리
num_dict = {1: "One", 2: "Two", 3: "Three"}
print(num_dict)   # {1: 'One', 2: 'Two', 3: 'Three'}

# 4. 다양한 자료형을 포함한 딕셔너리
mixed_dict = {"name": "Bob", "scores": [90, 80, 85], "is_student": True}
print(mixed_dict)   # {'name': 'Bob', 'scores': [90, 80, 85], 'is_student': True}

# 5. 딕셔너리 값 접근 (키를 이용)
print(person["name"])   # Alice
print(person["age"])    # 25

# 6. get()을 이용한 값 가져오기 (키가 없을 경우 기본값 설정 가능)
print(person.get("city"))   # Seoul
print(person.get("country", "Not Found"))   # 키가 없으면 'Not Found' 출력
```

Python 결과 출력

```
{}
{'name': 'Alice', 'age': 25, 'city': 'Seoul'}
{1: 'One', 2: 'Two', 3: 'Three'}
{'name': 'Bob', 'scores': [90, 80, 85], 'is_student': True}
Alice
25
Seoul
Not Found
```

딕셔너리 함수	설명	예제
dict.keys()	딕셔너리의 모든 키(Key) 반환	d.keys()
dict.values()	딕셔너리의 모든 값(Value) 반환	d.values()
dict.items()	딕셔너리의 모든 (키, 값) 쌍 반환	d.items()
dict.get(key)	키에 해당하는 값 반환(없으면 None)	d.get("age")
dict.update(d2)	다른 딕셔너리를 추가하거나 갱신	d.update(new_dict)
dict.pop(key)	특정 키를 제거하고 값 반환	d.pop("age")
dict.popitem()	마지막 (키, 값) 쌍을 제거하고 반환	d.popitem()
dict.clear()	모든 키-값 쌍 제거	d.clear()
dict.copy()	딕셔너리 복사	new_d = d.copy()

Python 코드 예시

```python
# 딕셔너리 생성
d = {"name": "Alice", "age": 25, "city": "Seoul"}
print("원본 딕셔너리:", d)

# 1. keys() - 모든 키 반환
print("keys():", d.keys())   # dict_keys(['name', 'age', 'city'])

# 2. values() - 모든 값 반환
print("values():", d.values())   # dict_values(['Alice', 25, 'Seoul'])

# 3. items() - 모든 (키, 값) 쌍 반환
print("items():", d.items())   # dict_items([('name', 'Alice'), ('age', 25), ('city', 'Seoul')])

# 4. get(key) - 특정 키의 값 반환 (키가 없을 경우 None)
print("get('name'):", d.get("name"))   # Alice
print("get('country', 'Not Found'):", d.get("country", "Not Found"))   # Not Found

# 5. update(d2) - 다른 딕셔너리 추가/갱신
new_data = {"age": 30, "country": "Korea"}
d.update(new_data)
print("update(new_data):", d)   # {'name': 'Alice', 'age': 30, 'city': 'Seoul', 'country': 'Korea'}

# 6. pop(key) - 특정 키 제거 후 값 반환
removed_value = d.pop("age")
print("pop('age'):", removed_value, d)   # 30 {'name': 'Alice', 'city': 'Seoul', 'country': 'Korea'}

# 7. popitem() - 마지막 (키, 값) 쌍 제거 후 반환
removed_item = d.popitem()
print("popitem():", removed_item, d)   # ('country', 'Korea') {'name': 'Alice', 'city': 'Seoul'}

# 8. clear() - 모든 요소 제거
d.clear()
print("clear():", d)   # {}

# 9. copy() - 딕셔너리 복사
original = {"a": 1, "b": 2}
copied = original.copy()
print("copy():", copied)   # {'a': 1, 'b': 2}
```

> **Python 결과 출력**

```
원본 딕셔너리: {'name': 'Alice', 'age': 25, 'city': 'Seoul'}
keys(): dict_keys(['name', 'age', 'city'])
values(): dict_values(['Alice', 25, 'Seoul'])
items(): dict_items([('name', 'Alice'), ('age', 25), ('city', 'Seoul')])
get('name'): Alice
get('country', 'Not Found'): Not Found
update(new_data): {'name': 'Alice', 'age': 30, 'city': 'Seoul', 'country': 'Korea'}
pop('age'): 30 {'name': 'Alice', 'city': 'Seoul', 'country': 'Korea'}
popitem(): ('country', 'Korea') {'name': 'Alice', 'city': 'Seoul'}
clear(): {}
copy(): {'a': 1, 'b': 2}
```

④ 집합(Set)
　㉠ 집합(Set)은 중복을 허용하지 않고, 순서가 없는(Unordered) 자료형이다.
　㉡ { }(중괄호)로 감싸서 정의하며, 리스트나 튜플과 달리 같은 값이 여러 번 저장되지 않는다.
　㉢ 집합을 활용하면 중복된 데이터 제거 및 여러 집합 간 연산(합집합, 교집합, 차집합 등)을 수행 가능하다.
　㉣ 리스트나 튜플을 set()함수로 변환하여 중복을 제거할 수도 있다.
　㉤ 집합은 인덱싱(Indexing)이나 슬라이싱(Slicing)을 지원하지 않는다.

> **Python 코드 예시**

```python
# 1. 빈 집합 생성 (반드시 set() 사용, {}는 딕셔너리로 인식됨)
empty_set = set()
print(empty_set)  # set()

# 2. 중복 없는 숫자 집합 생성
num_set = {1, 2, 3, 4, 5}
print(num_set)  # {1, 2, 3, 4, 5}

# 3. 중복된 요소가 포함된 집합 (자동으로 중복 제거됨)
dup_set = {1, 2, 2, 3, 3, 4}
print(dup_set)  # {1, 2, 3, 4}

# 4. 문자열 집합 생성
char_set = {"a", "b", "c", "d"}
print(char_set)  # {'a', 'b', 'c', 'd'}

# 5. 리스트나 튜플을 집합으로 변환 (중복 제거)
list_data = [1, 2, 2, 3, 4, 4, 5]
set_from_list = set(list_data)
print(set_from_list)  # {1, 2, 3, 4, 5}
```

> **Python 결과 출력**

```
set()
{1, 2, 3, 4, 5}
{1, 2, 3, 4}
{'b', 'c', 'd', 'a'}
{1, 2, 3, 4, 5}
```

집합 함수	설명	예제
set.add(x)	집합에 요소 x 추가	s.add(6)
set.update(iterable)	여러 요소 추가(리스트, 튜플 등)	s.update([7, 8, 9])
set.remove(x)	특정 요소 x 삭제(없으면 오류 발생)	s.remove(3)
set.discard(x)	특정 요소 x 삭제(없어도 오류 없음)	s.discard(3)
set.pop()	임의의 요소를 제거하고 반환	s.pop()
set.clear()	모든 요소 제거	s.clear()
set.copy()	집합 복사	new_s = s.copy()
set.union(s2)	합집합 반환(A∪B)	s.union(s2)
set.intersection(s2)	교집합 반환(A∩B)	s.intersection(s2)
set.difference(s2)	차집합 반환(A−B)	s.difference(s2)
set.symmetric_difference(s2)	대칭차집합 반환(A△B)	s.symmetric_difference(s2)

Python 코드 예시

```python
# 집합 생성
s = {1, 2, 3, 4, 5}
print("원본 집합:", s)

# 1. add(x) - 집합에 요소 추가
s.add(6)
print("add(6):", s)   # {1, 2, 3, 4, 5, 6}

# 2. update(iterable) - 여러 요소 추가
s.update([7, 8, 9])
print("update([7, 8, 9]):", s)   # {1, 2, 3, 4, 5, 6, 7, 8, 9}

# 3. remove(x) - 특정 요소 제거 (존재하지 않으면 오류 발생)
s.remove(3)
print("remove(3):", s)   # {1, 2, 4, 5, 6, 7, 8, 9}

# 4. discard(x) - 특정 요소 제거 (존재하지 않아도 오류 없음)
s.discard(10)   # 존재하지 않는 값 제거 → 오류 없음
print("discard(10):", s)   # {1, 2, 4, 5, 6, 7, 8, 9}

# 5. pop() - 임의의 요소 제거 후 반환
removed_item = s.pop()
print("pop():", removed_item, s)

# 6. clear() - 모든 요소 제거
s.clear()
print("clear():", s)   # set()

# 7. copy() - 집합 복사
s1 = {1, 2, 3}
s2 = s1.copy()
print("copy():", s2)   # {1, 2, 3}
```

```
# 8. union(s2) - 합집합 (A ∪ B)
A = {1, 2, 3}
B = {3, 4, 5}
print("A ∪ B (union):", A.union(B))    # {1, 2, 3, 4, 5}

# 9. intersection(s2) - 교집합 (A ∩ B)
print("A ∩ B (intersection):", A.intersection(B))    # {3}

# 10. difference(s2) - 차집합 (A - B)
print("A - B (difference):", A.difference(B))    # {1, 2}

# 11. symmetric_difference(s2) - 대칭차집합 (A Δ B)
print("A Δ B (symmetric_difference):", A.symmetric_difference(B))    # {1, 2, 4, 5}
```

Python 결과 출력

```
원본 집합: {1, 2, 3, 4, 5}
add(6): {1, 2, 3, 4, 5, 6}
update([7, 8, 9]): {1, 2, 3, 4, 5, 6, 7, 8, 9}
remove(3): {1, 2, 4, 5, 6, 7, 8, 9}
discard(10): {1, 2, 4, 5, 6, 7, 8, 9}
pop(): 1 {2, 4, 5, 6, 7, 8, 9}
clear(): set()
copy(): {1, 2, 3}
A ∪ B (union): {1, 2, 3, 4, 5}
A ∩ B (intersection): {3}
A - B (difference): {1, 2}
A Δ B (symmetric_difference): {1, 2, 4, 5}
```

(3) 단일/복합자료형-문자열(String)

① 문자열(String)이란 문자, 단어 또는 문장의 집합으로 이루어진 데이터 유형이다. 문자열은 ''(작은따옴표) 또는 ""(큰따옴표)로 감싸서 표현할 수 있다. 예 'hello', "Python is fun!"

② 문자열은 문자 하나만 포함할 수도 있고('A'), 여러 개의 문자로 이루어질 수도 있다("Hello, World!").

③ 문자열을 다룰 때는 여러 가지 **문자열 메서드**를 활용할 수 있으며, + 연산자를 이용해 문자열을 합치거나, * 연산자로 반복할 수도 있다.

④ 내장함수 str()을 사용하면 다른 데이터 타입을 문자열로 변환할 수 있다.

Python 코드 예시

```python
[8]: # 문자열 생성
    str1 = 'Hello'        # 작은따옴표 사용
    str2 = "Python"       # 큰따옴표 사용
    str3 = """Multi-line
    String"""             # 여러 줄 문자열 (triple quotes)

    print(str1)   # Hello
    print(str2)   # Python
    print(str3)
    # Multi-Line
    # String

    # 문자열 연결 및 반복
    greeting = "Hello" + " " + "World!"
    repeat = "Python!" + 3

    print(greeting)     # Hello World!
    print(repeat)       # Python!Python!Python!

    # 문자열 인덱싱과 슬라이싱
    text = "Python"
    print(text[0])      # P (첫 번째 문자)
    print(text[-1])     # n (마지막 문자)
    print(text[1:4])    # yth (부분 문자열)

    # 문자열 변환
    num = 100
    num_str = str(num)  # 숫자를 문자열로 변환
    print(num_str)      # '100'

    # 문자열 메서드 사용
    msg = "hello, python!"
    print(msg.upper())              # HELLO, PYTHON! (대문자로 변환)
    print(msg.replace("hello", "Hi"))  # Hi, python! (문자열 일부 변경)
    print(msg.split(", "))          # ['hello', 'python!'] (구분자로 나누기)
```

Python 결과 출력

```
Hello
Python
Multi-line
String
Hello World!
Python!Python!Python!
P
n
yth
100
HELLO, PYTHON!
Hi, python!
['hello', 'python!']
```

Python 코드 예시

```python
[9]:  # 1. 작은따옴표(')와 큰따옴표(")를 사용한 문자열 생성
      str1 = 'Hello'
      str2 = "Python"
      print(str1, str2)   # Hello Python

      # 2. 여러 줄 문자열 (Triple Quotes) 사용
      multi_line = """이것은
      여러 줄로
      이루어진 문자열입니다."""
      print(multi_line)

      # 3. 문자열 내부에 따옴표 포함 (이스케이프 문자 사용)
      text1 = 'She said, "Python is awesome!"'
      text2 = "It's a beautiful day!"
      text3 = 'I\'m learning Python!'   # 백슬래시(\)로 이스케이프 처리
      print(text1)
      print(text2)
      print(text3)

      # 4. 백슬래시(\)를 사용한 줄바꿈
      long_text = "이 문자열은 너무 길어서" \
                  "다음 줄로 이어집니다."
      print(long_text)

      # 5. 숫자를 문자열로 변환 (str() 함수 사용)
      num = 100
      num_str = str(num)
      print(num_str)   # '100'
      print(type(num_str))   # <class 'str'>

      # 6. 리스트를 문자열로 변환 (join() 메서드 사용)
      words = ["Python", "is", "awesome"]
      sentence = " ".join(words)
      print(sentence)   # Python is awesome
```

Python 결과 출력

```
Hello Python
이것은
여러 줄로
이루어진 문자열입니다.
she said, "Python is awesome!"
It's a beautiful day!
I'm learning Python!
이 문자열은 너무 길어서 다음 줄로 이어집니다.
100
<class 'str'>
Python is awesome
```

(4) 논리형 자료-부울(Boolean) 자료형

① 부울(Boolean) 자료형은 참(True)과 거짓(False)을 표현하는 자료형이다.
② 파이썬에서는 True와 False로 나타내며, 각각 숫자 1과 0에 해당한다.
③ 비교 연산자(==, !=, >, < 등)나 논리 연산자(and, or, not)의 결과로 부울 값이 반환된다.
④ bool()내장 함수를 사용하여 다른 자료형을 부울 값으로 변환할 수 있다.

Python 코드 예시

```python
# 1. True와 False 사용
is_python_fun = True
is_math_hard = False

print(is_python_fun)   # True
print(is_math_hard)    # False

# 2. 숫자로 표현 (True는 1, False는 0과 같음)
print(True + 1)    # 2 (1 + 1)
print(False + 1)   # 1 (0 + 1)

# 3. 비교 연산자의 결과
print(5 > 3)       # True
print(10 == 5)     # False
print(7 != 2)      # True

# 4. 논리 연산자의 결과
print(True and False)   # False
print(True or False)    # True
print(not True)         # False

# 5. bool()을 사용한 값 변환
print(bool(0))       # False (0은 거짓)
print(bool(1))       # True (1은 참)
print(bool(""))      # False (빈 문자열은 거짓)
print(bool("Hello")) # True (문자열이 있으면 참)
print(bool([]))      # False (빈 리스트는 거짓)
print(bool([1, 2, 3])) # True (리스트에 값이 있으면 참)
```

Python 결과 출력

```
True
False
2
1
True
False
True
False
True
```

```
False
False
True
False
True
False
True
```

부울함수	설명	예제
bool(x)	x값을 부울 값으로 변환	bool(10) → True
not x	x의 반대값 반환(True → False)	not True → False
x and y	둘 다 True일 때만 True 반환	True and False → False
x or y	하나라도 True이면 True 반환	True or False → True

Python 코드 예시

```python
# 1. bool(x) - 값의 부울 변환
print(bool(0))       # False
print(bool(10))      # True
print(bool(""))      # False (빈 문자열)
print(bool("Hello")) # True (문자열이 있음)

# 2. not x - 부울 값 반전
print(not True)   # False
print(not False)  # True

# 3. and 연산자 - 둘 다 참일 때 True
print(True and True)   # True
print(True and False)  # False

# 4. or 연산자 - 하나라도 참이면 True
print(True or False)   # True
print(False or False)  # False
```

Python 결과 출력

```
False
True
False
True
False
True
True
False
True
False
```

SECTION 03 반복/제어문(if, for, while문)

1 if문

① if문은 특정 조건이 참(True)일 때만 코드 블록을 실행하는 조건문이다.
② 조건이 거짓(False)이면 실행되지 않으며, 필요에 따라 elif(else if)와 else를 함께 사용하여 여러 조건을 처리할 수 있다.
③ 비교 연산자(==, !=, >, <, >=, <=) 및 논리 연산자(and, or, not)와 함께 사용된다.
④ if문은 들여쓰기(Indentation)를 사용하여 실행할 코드 블록을 구분한다.

문법	설명
if 조건	조건이 True이면 실행됨
elif 조건	첫 번째 if 조건이 False일 때, 새로운 조건 검사
else	위의 모든 조건이 False일 때 실행됨
비교 연산자	==, !=, >, <, >=, <=
논리 연산자	and, or, not
들여쓰기(Indent)	if문 내 실행할 코드는 들여쓰기(공백 4칸 또는 Tab) 필수

Python 코드 예시

```python
# 기본적인 if 문
age = 18

if age >= 19:
    print("담배를 판매합니다.")
else:
    print("미성년자입니다. 담배를 판매할 수 없습니다.")

# if - elif - else 문
score = 85

if score >= 90:
    print("A 학점입니다.")
elif score >= 80:
    print("B 학점입니다.")
elif score >= 70:
    print("C 학점입니다.")
else:
    print("D 학점입니다.")
```

Python 결과 출력

```
미성년자입니다. 담배를 판매할 수 없습니다.
B 학점입니다.
```

풀이

Q. 숫자가 짝수인지 홀수인지 판별하는 프로그램을 작성하세요.

Python 코드 예시

[3]:
```python
# 숫자 입력 받기
num = int(input("숫자를 입력하세요: "))

# if 문을 사용하여 짝수/홀수 판별
if num % 2 == 0:
    print("짝수입니다.")
else:
    print("홀수입니다.")
```

Python 결과 출력

```
숫자를 입력하세요: 1025
홀수입니다.
```

2 for문

① for문은 특정 횟수만큼 반복 실행하는 반복문이다.
② 리스트, 튜플, 문자열, 딕셔너리, 집합 등 반복 가능한(iterable) 객체의 요소를 하나씩 가져와 실행할 수 있다.
③ range()함수를 사용하면 지정된 횟수만큼 반복 실행할 수도 있다.
④ for문 내부에서 break를 사용하면 반복을 중단하고, continue를 사용하면 특정 조건에서 다음 반복으로 건너뛸 수 있다.

문법	설명
for 변수 in iterable	반복 가능한(iterable) 객체에서 요소를 하나씩 가져와 변수에 저장 후 실행
for i in range(n)	0부터 n−1까지 n번 반복 실행
for i in range(start, end)	start부터 end−1까지 반복 실행
for i in range(start, end, step)	step 간격으로 start부터 end−1까지 반복 실행
break	반복문을 강제 종료
continue	현재 반복을 건너뛰고 다음 반복 실행

Python 코드 예시

[4]:
```python
# 1. 리스트(List) 요소 반복
fruits = ["apple", "banana", "cherry"]

for fruit in fruits:
    print(fruit)   # apple, banana, cherry

# 2. 문자열(String) 문자 반복
word = "Python"

for char in word:
    print(char)    # P, y, t, h, o, n

# 3. range()를 이용한 반복문
for i in range(5):
    print(i)   # 0, 1, 2, 3, 4

# 4. range(start, end) 사용
for i in range(2, 6):
    print(i)   # 2, 3, 4, 5

# 5. range(start, end, step) 사용
for i in range(1, 10, 2):
    print(i)   # 1, 3, 5, 7, 9

# 6. break - 특정 조건에서 반복문 종료
for i in range(10):
    if i == 5:
        break
    print(i)   # 0, 1, 2, 3, 4

# 7. continue - 특정 조건에서 다음 반복으로 건너뛰기
for i in range(5):
    if i == 2:
        continue
    print(i)   # 0, 1, 3, 4
```

Python 결과 출력

```
apple
banana
cherry
P
y
t
h
o
n
0
1
2
```

```
3
4
2
3
4
5
1
3
5
7
9
0
1
2
3
4
0
1
3
4
```

풀이

Q. 1부터 10까지의 합을 구하는 프로그램을 작성하세요.

Python 코드 풀이

```python
[5]: # 합을 저장할 변수 선언
     total = 0

     # 1부터 10까지 반복하며 합산
     for i in range(1, 11):
         total += i  # total = total + i

     # 결과 출력
     print("1부터 10까지의 합:", total)
```

Python 결과 출력

1부터 10까지의 합: 55

3 while문

① while문은 주어진 조건이 True인 동안 계속해서 반복 실행하는 반복문이다.
② 조건이 False가 되면 반복문이 종료된다.
③ while문을 사용할 때는 반드시 조건을 변경하는 코드(종료 조건)를 포함해야 무한 루프를 방지할 수 있다.

④ break를 사용하면 특정 조건에서 반복을 강제 종료할 수 있고, continue를 사용하면 특정 조건에서 다음 반복으로 건너뛸 수 있다.

문법	설명
while 조건	조건이 True인 동안 반복 실행
break	반복문을 강제 종료
continue	현재 반복을 건너뛰고 다음 반복 실행

Python 코드 예시

[6]:
```python
# 1. 기본적인 while 문
count = 0

while count < 5:
    print("현재 값:", count)
    count += 1    # count를 1씩 증가
```

Python 결과 출력

```
현재 값: 0
현재 값: 1
현재 값: 2
현재 값: 3
현재 값: 4
```

Python 코드 예시

[7]:
```python
# 2. 사용자 입력을 받을 때까지 반복 (올바른 입력 예제)
password = ""

while password != "python123":
    password = input("비밀번호를 입력하세요: ")

print("올바른 비밀번호입니다.")
```

Python 결과 출력

```
비밀번호를 입력하세요:  python123
올바른 비밀번호입니다.
```

Python 코드 예시

[8]:
```python
# 3. break 문을 사용한 반복 종료
num = 1

while num <= 10:
    if num == 5:
        break    # num이 5가 되면 반복 종료
    print(num)
    num += 1
```

Python 결과 출력

```
1
2
3
4
```

Python 코드 예시

[9]:
```python
# 4. continue 문을 사용하여 특정 조건 건너뛰기
num = 0

while num < 5:
    num += 1
    if num == 3:
        continue   # num이 3일 때는 출력하지 않고 다음 반복으로 건너뛰기
    print(num)
```

Python 결과 출력

```
1
2
4
5
```

풀이

Q. 1부터 10까지의 짝수만 출력하는 프로그램을 작성하세요.

Python 코드 예시

[12]:
```python
# 변수 초기화
num = 1

# while 문을 사용하여 1부터 10까지 반복
while num <= 10:
    if num % 2 == 0:   # 짝수인지 확인
        print(num)
    num += 1   # num을 1씩 증가
```

Python 결과 출력

```
2
4
6
8
10
```

SECTION 04 사용자 정의 함수

1 def문

① 함수(Function)는 특정 작업을 수행하는 코드 블록으로, 필요할 때 여러 번 호출하여 사용할 수 있다.
② def 키워드를 사용하여 함수를 정의하며, 함수 이름과 매개변수(선택 사항)를 지정할 수 있다.
③ 함수는 return문을 사용하여 결괏값을 반환할 수 있으며, return이 없으면 None을 반환한다.
④ 함수를 사용하면 코드를 재사용할 수 있으며, 코드의 가독성과 유지보수성을 높일 수 있다.

구문	설명
def 함수 이름()	기본적인 함수 정의
def 함수 이름(매개변수)	매개변수를 포함한 함수 정의
return 값	함수 실행 결괏값을 반환
def 함수 이름(*args)	여러 개의 인자를 받을 수 있는 가변 인자 함수
def 함수 이름(**kwargs)	키워드 인자를 받을 수 있는 가변 인자 함수

Python 코드 예시

[1]:
```python
# 1. 기본적인 함수 정의 및 호출
def greet():
    print("안녕하세요!")

greet()   # 안녕하세요!
```

Python 결과 출력

안녕하세요!

Python 코드 예시

[2]:
```python
# 2. 매개변수를 포함한 함수
def greet_name(name):
    print(f"안녕하세요, {name}님!")

greet_name("철수")   # 안녕하세요, 철수님!
```

Python 결과 출력

안녕하세요, 철수님!

Python 코드 예시

[3]:
```python
# 3. return 문을 사용한 함수
def add(a, b):
    return a + b

result = add(3, 5)
print("3 + 5 =", result)   # 3 + 5 = 8
```

Python 결과 출력

```
3 + 5 = 8
```

Python 코드 예시

[4]:
```python
# 4. 기본값이 있는 매개변수
def greet_default(name="손님"):
    print(f"안녕하세요, {name}님!")

greet_default()           # 안녕하세요, 손님!
greet_default("영희")     # 안녕하세요, 영희님!
```

Python 결과 출력

```
안녕하세요, 손님!
안녕하세요, 영희님!
```

Python 코드 예시

[5]:
```python
# 5. 가변 인자 함수 (*args) - 여러 개의 인자 받기
def sum_numbers(*args):
    return sum(args)

print(sum_numbers(1, 2, 3, 4, 5))   # 15
print(sum_numbers(10, 20))          # 30
```

Python 결과 출력

```
15
30
```

Python 코드 예시

[6]:
```python
# 6. 키워드 인자 함수 (**kwargs) – 여러 개의 키워드 인자 받기
def introduce(**kwargs):
    for key, value in kwargs.items():
        print(f"{key}: {value}")

introduce(name="철수", age=25, city="서울")
# name: 철수
# age: 25
# city: 서울
```

Python 결과 출력

```
name: 철수
age: 25
city: 서울
```

풀이

Q. 두 개의 숫자를 입력받아 곱한 결과를 반환하는 함수를 작성하세요.

Python 코드 예시

[7]:
```python
# 곱셈을 수행하는 함수 정의
def multiply(a, b):
    return a * b

# 사용자 입력 받기
num1 = int(input("첫 번째 숫자를 입력하세요: "))
num2 = int(input("두 번째 숫자를 입력하세요: "))

# 함수 호출 및 결과 출력
result = multiply(num1, num2)
print(f"{num1} * {num2} = {result}")
```

Python 결과 출력

```
첫 번째 숫자를 입력하세요: 10
두 번째 숫자를 입력하세요: 25
10 * 25 = 250
```

CHAPTER 02 패키지와 모듈

SECTION 01 패키지와 모듈

1 패키지(Package)와 모듈(Module)

파이썬에서의 패키지(Package)와 모듈(Module)은 코드를 구조화하고 재사용성을 높이기 위해 사용되는 개념이다.

(1) 모듈(Module)

① 모듈(Module)은 하나의 파이썬 파일(.py)을 의미하며, 관련된 함수, 클래스, 변수를 포함할 수 있다.
② import 키워드를 사용하여 모듈을 불러올 수 있다.
③ from 모듈 import 함수 형식으로 특정 함수나 클래스를 가져올 수도 있다.
④ as 키워드를 사용하면 모듈이나 함수를 별칭으로 사용할 수 있다.

(2) 패키지(Package)

① 패키지(Package)는 여러 개의 모듈을 포함하는 디렉터리이다.
② 패키지 내부에는 __init__.py 파일이 포함되어 있어야 하며, 해당 파일을 통해 패키지를 초기화할 수 있다.
③ 패키지는 계층적인 구조를 가질 수 있으며, 모듈을 논리적으로 그룹화하는 데 사용된다.

Structure of Packages

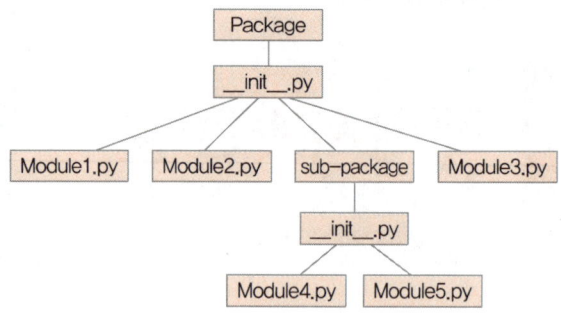

출처: python geeks

SECTION 02 패키지의 종류

(1) 주요 패키지 및 라이브러리

주요 패키지 및 라이브러리란 특정 목적 활용을 위해 미리 짜여진 Code와 Logic들을 모아 배포하는 형태를 뜻하며 아래와 같이 정리 가능하다.

패키지명	설명	웹사이트
numpy	수치 해석, 특히 선형대수(linear algebra) 계산 기능 제공	http://www.numpy.org/
Pandas	R기반의 데이터프레임(DataFrame)과 동일한 형태로, 테이블 형태의 데이터 핸들링이 용이한 패키지	http://pandas.pydata.org/
SciPy	고급 수학 함수, 수치 미적분, 미분 방정식 계산, 최적화, 신호 처리 등을 위한 다양한 과학 계산 가능	http://www.scipy.org/
SymPy	인수 분해, 미적분 등 symbolic 연산 기능 제공	http://www.sympy.org/
StatsModels	통계 및 회귀분석, Time series(시계열) 분석을 가능하게 함	http://www.statsmodels.org/
Matplotlib	각종 그래프 및 차트를 통한 시각화를 가능하게 함	http://matplotlib.org/
Seaborn	Matplotlib 패키지에서 지원하지 않는 고급 통계 차트를 그리기 위한 통계용 시각화가 가능한 패키지	http://Stanford.edu/~mwaskom/software/seaborn
Bokeh	주피터 노트북이나 웹상의 자바스크립트로 그래프나 차트를 그려주는 기능 제공	http://bokeh.pydata.org
Sklearn	머신러닝 관련 모델링을 가능하게 함	http://scikit-learn.org/
Tensorflow	신경망 모형 등의 DL Modeling을 위한 패키지	http://www.tensorflow.org/
Keras	Tensorflow와 더불어 신경망 Model을 쉽고 효율적으로 구현	http://keras.io/

(2) 파이썬 패키지 및 라이브러리 설치

① Window의 경우 Anaconda Prompt 창(Mac의 경우 Terminal 창)

```
(base) C:\WINDOWS\system32>conda install numpy
```

② Jupyter notebook에서도 설치가 가능하다.

```
In [1]: !pip install numpy
```
Requirement already satisfied: numpy in c:\users\wiseinc\anaconda3\envs\test_t5\lib\site-packages (1.18.5)

```
In [3]: 1 !pip install pandas
```
Requirement already satisfied: pandas in c:\users\wiseinc\anaconda3\envs\test_t5\lib\site-packages (1.1.4)
Requirement already satisfied: numpy>=1.15.4 in c:\users\wiseinc\anaconda3\envs\test_t5\lib\site-packages (from pandas) (1.18.5)
Requirement already satisfied: python-dateutil>=2.7.3 in c:\users\wiseinc\anaconda3\envs\test_t5\lib\site-packages (from pandas) (2.8.1)
Requirement already satisfied: pytz>=2017.2 in c:\users\wiseinc\anaconda3\envs\test_t5\lib\site-packages (from pandas) (2020.4)
Requirement already satisfied: six>=1.5 in c:\users\wiseinc\anaconda3\envs\test_t5\lib\site-packages (from python-dateutil>=2.7.3->pandas) (1.15.0)

MEMO

PART 02

데이터 다루기

CHAPTER 01 numpy를 활용한 데이터 다루기

▶ 데이터 위치
- 구글 드라이브(https://bit.ly/ymsbig) 접속 → 1.yemoonsa-source → data → part 2
- 예문에듀 홈페이지(https://yeamoonedu.com/) 접속 → 도서 인증 후 자료 내려받기 → 1.yemoonsa-source → data → part 2

SECTION 01 numpy

1 numpy

① 정의 : numpy는 Numerical Python의 약자로, 수학 및 과학 연산을 위한 강력한 파이썬 라이브러리이다.
② 다차원 배열(ndarray)을 효과적으로 처리할 수 있는 기능을 제공한다.
③ 반복문(Loop) 없이 대량 데이터의 연산을 빠르게 수행할 수 있다.
④ C/C++ 기반의 API를 제공하여 성능을 극대화할 수 있다.
⑤ 데이터 분석을 위해 Pandas와 함께 사용하면 더욱 효율적이다.

2 ndarray

(1) 정의

① ndarray는 다차원 배열이다.
② 같은 자료형을 가지는 데이터를 효율적으로 표현할 수 있는 다차원 행렬 구조이다.
③ rank는 배열의 차원(dimension)을 나타낸다.
④ shape는 배열의 각 차원의 크기를 튜플(tuple) 형태로 표현한다.
⑤ 예를 들어, shape가 (2, 3)이라면 rank는 2이며, 이는 2차원 배열을 의미한다.

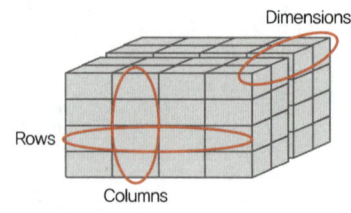

(2) 특징

① ndarray는 같은 종류의 데이터 타입만을 취급한다.
② ndarray는 같은 데이터 타입을 가지는 다차원 배열이며, 데이터 타입(dtype)에 따라 메모리 크기, 연산 속도, 정밀도가 달라진다.
③ 정수(int), 부동소수점(float), 복소수(complex), 불리언(bool), 문자열(str), 객체(object), 날짜/시간(datetime) 등의 데이터 타입이 있다.

(3) ndarray의 데이터 타입별 요약

데이터 타입	대표 dtype	특징
정수형	int8, int16, int32, int64	정수 저장, 메모리 크기 최적화 가능
부동소수점	float16, float32, float64	실수 저장, 정밀도 조절 가능
복소수형	complex64, complex128	실수부 + 허수부 저장, 공학 계산 활용
불리언형	bool_	True/False 저장, 논리 연산 최적화
문자열형	<U(유니코드)	고정 길이 문자열 저장, 문자열 처리 기능 제한적
객체형	object	다양한 Python 객체 저장 가능
날짜/시간형	datetime64, timedelta64	날짜 및 시간 연산 최적화

(4) ndarray의 생성

① numpy 패키지를 통해서 ndarray를 생성할 수 있다.
② 'import numpy as np'의 형태로, np라고 하는 축약어(alias)를 통해 편리하게 활용이 가능하다.
③ np.함수명과 같은 형태로 활용 가능하다.
④ ndarray 생성을 위한 함수

함수	설명	예제 코드	출력 예시
np.array()	기존 리스트 또는 튜플을 ndarray로 변환	np.array([1, 2, 3])	[1 2 3]
np.zeros()	모든 요소가 0인 배열 생성	np.zeros((2,3))	[[0. 0. 0.] [0. 0. 0.]]
np.ones()	모든 요소가 1인 배열 생성	np.ones((3,2))	[[1. 1.] [1. 1.] [1. 1.]]
np.full()	특정 값으로 채워진 배열 생성	np.full((2,2), 7)	[[7 7] [7 7]]
np.eye()	단위행렬(Identity Matrix) 생성	np.eye(3)	[[1. 0. 0.] [0. 1. 0.] [0. 0. 1.]]
np.arange()	특정 범위의 정수 또는 실수 배열 생성	np.arange(0, 10, 2)	[0 2 4 6 8]

함수	설명	예제 코드	출력 예시
np.linspace()	지정한 범위 내에서 균등한 간격의 숫자 배열 생성	np.linspace(0, 1, 5)	[0. 0.25 0.5 0.75 1.]
np.random.rand()	0~1 사이의 난수를 가지는 배열 생성(균등분포)	np.random.rand(2,3)	예 [[0.5 0.2 0.8] [0.9 0.1 0.4]]
np.random.randn()	평균이 0, 표준편차가 1인 정규분포 난수 생성	np.random.randn(2,3)	예 [[0.3 −1.2 2.1] [0.8 −0.6 0.4]]
np.random.randint()	특정 범위 내 정수 난수 생성	np.random.randint(1, 10, (2,2))	예 [[3 7] [1 5]]
np.empty()	초기화되지 않은 배열 생성 (임의의 값 포함)	np.empty((2,3))	예 [[1.23e−10 3.45e+04 0.0] [0.0 1.0 2.0]]

Python 코드 예시

```
### numpy 특징 및 생성 함수 실습 (Jupyter Notebook)

# 1. numpy 불러오기
import numpy as np

# 2. ndarray의 주요 특징 확인
a = np.array([[1, 2, 3], [4, 5, 6]])
print("배열:")
print(a)
print("\n차원 (ndim):", a.ndim)
print("모양 (shape):", a.shape)
print("데이터 타입 (dtype):", a.dtype)
print("각 요소 크기 (itemsize):", a.itemsize)
print("총 요소 개수 (size):", a.size)

# 3. 배열 생성 함수
print("\n1. 모든 요소가 0인 배열")
print(np.zeros((3, 4)))

print("\n2. 모든 요소가 1인 배열")
print(np.ones((2, 3)))

print("\n3. 특정 값으로 채운 배열")
print(np.full((3, 3), 7))

print("\n4. 단위 행렬")
print(np.eye(4))

print("\n5. 특정 범위 숫자로 배열 생성")
print(np.arange(0, 10, 2))

print("\n6. 균등 간격 배열 생성")
print(np.linspace(0, 1, 5))

# 4. 랜덤 데이터 생성
print("\n7. 0~1 사이의 난수")
print(np.random.rand(2, 3))
```

```python
print("\n8. 정규분포 난수")
print(np.random.randn(2, 3))

print("\n9. 특정 범위의 정수 난수")
print(np.random.randint(1, 10, (3, 3)))
```

Python 결과 출력

```
배열:
[[1 2 3]
 [4 5 6]]

차원 (ndim): 2
모양 (shape): (2, 3)
데이터 타입 (dtype): int32
각 요소 크기 (itemsize): 4
총 요소 개수 (size): 6

1. 모든 요소가 0인 배열
[[0. 0. 0. 0.]
 [0. 0. 0. 0.]
 [0. 0. 0. 0.]]

2. 모든 요소가 1인 배열
[[1. 1. 1.]
 [1. 1. 1.]]

3. 특정 값으로 채운 배열
[[7 7 7]
 [7 7 7]
 [7 7 7]]

4. 단위 행렬
[[1. 0. 0. 0.]
 [0. 1. 0. 0.]
 [0. 0. 1. 0.]
 [0. 0. 0. 1.]]

5. 특정 범위 숫자로 배열 생성
[0 2 4 6 8]

6. 균등 간격 배열 생성
[0.   0.25 0.5  0.75 1.  ]

7. 0~1 사이의 난수
[[0.3646588  0.87334124 0.31860877]
 [0.25573698 0.22370976 0.66766917]]

8. 정규분포 난수
[[-1.72753386 -0.25025719  0.95119261]
 [-0.79640441  0.18378528  0.88280633]]

9. 특정 범위의 정수 난수
[[5 8 7]
 [2 8 5]
 [3 3 7]]
```

⑤ ndarray 자료형은 astype을 활용하여 데이터 자료형을 변환할 수 있으며, 각 결과는 dtype을 활용하여 확인이 가능하다.

⑥ 대표적인 ndarray 자료형으로는 in32, float64, 〈U1 등이 존재한다.

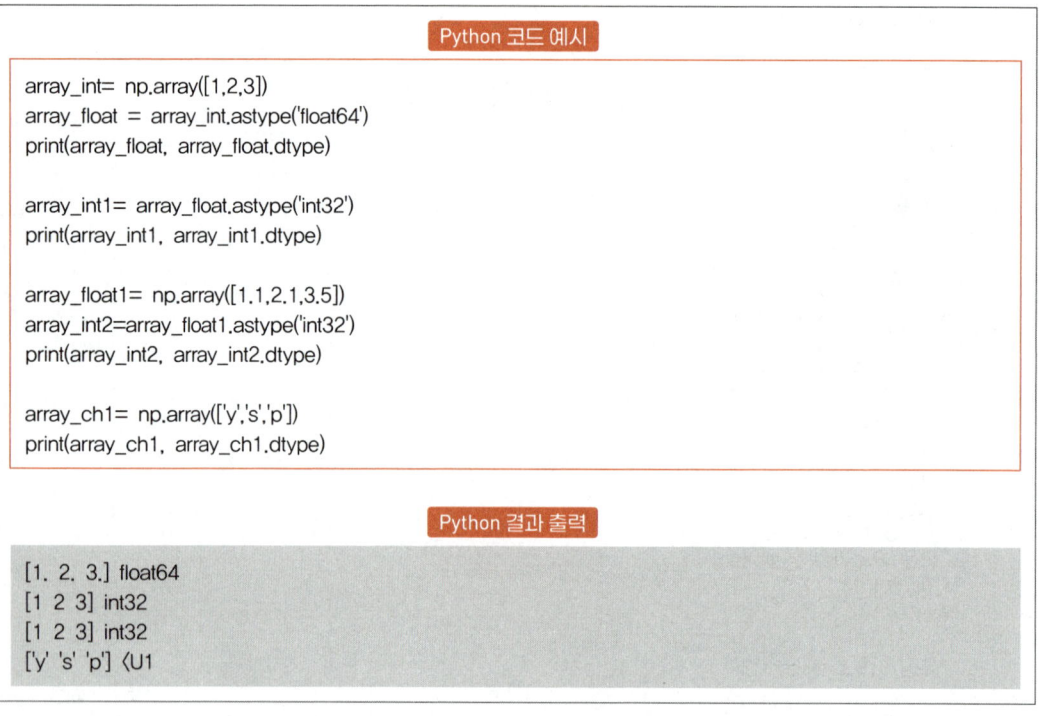

⑦ 연속적인 ndarray를 시퀀스(sequence) 형태의 ndarray라 한다. 이러한 ndarray를 편리하게 생성하는 방법으로 활용되는 함수는 arange, zeros, ones가 대표적이다.

⑧ np.arange()는 start, stop 파라미터를 갖고 있으며, stop의 숫자에서 n-1까지 생성한다.

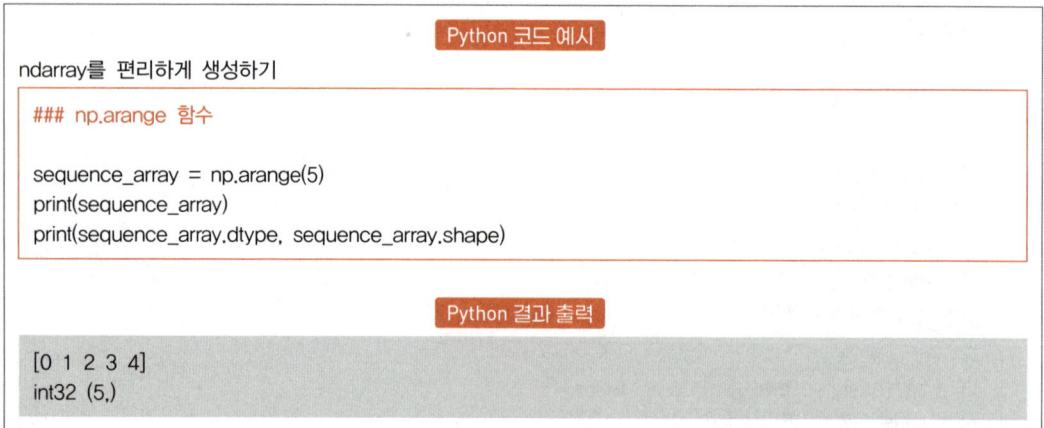

> Python 코드 예시

```
### np.zeros 함수
zero_array = np.zeros((2,3),dtype='int32')
print(zero_array)
print(zero_array.dtype,zero_array.shape)
```

> Python 결과 출력

```
[[0 0 0]
 [0 0 0]]
int32 (2, 3)
```

> Python 코드 예시

```
### np.ones 함수
ones_array = np.ones((3,2),dtype = 'int32')
print(ones_array)
print(ones_array.dtype,ones_array.shape)
```

> Python 결과 출력

```
[[1 1]
 [1 1]
 [1 1]]
int32 (3, 2)
```

(5) ndarray의 차원

① ndarray는 다차원 배열을 지원한다.
② 차원(dimension)에 따라 1차원(Vector), 2차원(Matrix), 3차원 이상의 배열(Tensor)로 확장될 수 있다.
③ ndim 속성을 사용하면 배열의 차원을 확인할 수 있다.
④ shape 속성을 사용하면 각 차원의 크기를 확인할 수 있다.

> Python 코드 예시

```
# 5. ndarray의 차원
print("\n1차원 배열")
arr_1d = np.array([1, 2, 3, 4, 5])
print(arr_1d)
print("차원:", arr_1d.ndim, "\n")
```

```
print("2차원 배열")
arr_2d = np.array([[1, 2, 3], [4, 5, 6]])
print(arr_2d)
print("차원:", arr_2d.ndim, "\n")

print("3차원 배열")
arr_3d = np.array([[[1, 2], [3, 4]], [[5, 6], [7, 8]]])
print(arr_3d)
print("차원:", arr_3d.ndim, "\n")
```

Python 결과 출력

```
1차원 배열
[1 2 3 4 5]
차원: 1

2차원 배열
[[1 2 3]
 [4 5 6]]
차원: 2

3차원 배열
[[[1 2]
  [3 4]]

 [[5 6]
  [7 8]]]
차원: 3
```

Python 코드 예시

```
# 6. ndarray의 형태 확인
print("\n1차원 배열")
arr_1d = np.array([1, 2, 3, 4, 5])
print(arr_1d)
print("형태:", arr_1d.shape, "\n")

print("2차원 배열")
arr_2d = np.array([[1, 2, 3], [4, 5, 6]])
print(arr_2d)
print("형태:", arr_2d.shape, "\n")

print("3차원 배열")
arr_3d = np.array([[[1, 2], [3, 4]], [[5, 6], [7, 8]]])
print(arr_3d)
print("형태:", arr_3d.shape, "\n")
```

```
Python 결과 출력

1차원 배열
[1 2 3 4 5]
형태: (5,)

2차원 배열
[[1 2 3]
 [4 5 6]]
형태: (2, 3)

3차원 배열
[[[1 2]
  [3 4]]

 [[5 6]
  [7 8]]]
형태: (2, 2, 2)
```

(6) ndarray의 정보 확인

① ndarray 정보는 향후 시험과도 직결된 머신러닝 알고리즘에 적용하기 위해 매우 중요하다.
② 시험에서 먼저 익혀야 하는 함수로는 ndarray.ndim, ndarray.shape, ndarray.dtype가 있으며, 이 함수들은 반드시 숙지하고 시험장에 가도록 하자.
③ ndarray 정보를 확인하는 함수

함수	설명	예제 코드	출력 예시
ndarray.ndim	배열의 차원(축의 개수)을 반환	arr.ndim	2(2차원 배열)
ndarray.shape	배열의 각 차원의 크기를 튜플 형태로 반환	arr.shape	(3, 4)(3행 4열)
ndarray.size	배열의 전체 요소 개수를 반환	arr.size	12(3 × 4 = 12)
ndarray.dtype	배열 요소의 데이터 타입을 반환	arr.dtype	int32
ndarray.itemsize	배열 요소 하나의 바이트 크기를 반환	arr.itemsize	4(int32는 4바이트)
ndarray.nbytes	배열 전체가 차지하는 바이트 크기를 반환	arr.nbytes	48(12 × 4바이트)

SECTION 02 numpy의 연산

1 ndarray의 idx

(1) 개요

① ndarray 데이터에서의 인덱싱(indexing, 이하 idx)은 매우 중요한 개념이므로 꼭 숙지하고 넘어가도록 하자.

② numpy의 ndarray 데이터셋을 선택하는 인덱싱은 크게 4가지 종류가 존재한다.
  ㉠ 특정 데이터만 추출
  ㉡ 슬라이싱(Slicing)
  ㉢ 팬시 인덱싱(Fancy Indexing)
  ㉣ 불리언 인덱싱(Boolean Indexing)

③ [Python 코드 예시]를 통해 시험에 필요한 내용만 숙지하고 가도록 하자.

Python 코드 예시

```
#1부터 6까지의 1차원 ndarray 생성
array1 = np.arange(start = 1,stop = 7)
array1
print('array1:',array1)

# index는 0부터 시작하므로 array1[2]는 3번째 index위치의 데이터 값을 의미
value = array1[2]
print('value:', value)
print(type(value))
```

Python 결과 출력

```
array1: [1 2 3 4 5 6]
value: 3
<class 'numpy.int32'>
```

Python 코드 예시

```
print('맨 뒤의 값:', array1[-1], '맨 뒤에서 2번째 값:',array1[-2])
array1[0] = 1025
array1[5] = 0
print('array:',array1)
```

Python 결과 출력

```
맨 뒤의 값: 6 맨 뒤에서 2번째 값: 5
array: [1025    2    3    4    5    0]
```

(2) 인덱싱의 종류

① 특정 데이터를 추출하는 인덱싱

㉠ ndarray 자료형의 최소 단위(요소, element)를 추출하는 방법이다.

㉡ 그 요소를 추출하는 최소 첨자(예 array1[5] 등)가 1개면 1차원, 2개면 2차원이 된다. 2차원 ndarray는 다음과 같이 나타낼 수 있다.

	0	1	2
0	1	2	3
1	4	5	6

Python 코드 예시

```
# 2차원 ndarray는 다음과 같이 나타낼 수 있다.

array1d = np.arange(start = 1, stop = 7)
array2d = array1d.reshape(2,3)
print(array2d)

print('(row = 0, col = 0) index 가리키는 값:', array2d[0,0])
print('(row = 0, col = 1) index 가리키는 값:', array2d[0,1])
print('(row = 1, col = 0) index 가리키는 값:', array2d[1,0])
print('(row = 1, col = 1) index 가리키는 값:', array2d[1,1])
```

Python 결과 출력

```
[[1 2 3]
 [4 5 6]]
(row = 0, col = 0) index 가리키는 값: 1
(row = 0, col = 1) index 가리키는 값: 2
(row = 1, col = 0) index 가리키는 값: 4
(row = 1, col = 1) index 가리키는 값: 5
```

② 슬라이싱(Slicing) : 특정 데이터를 연속해서 추출하는 인덱싱을 슬라이싱(Slicing)이라고 한다.

Python 코드 예시

```
array1 = np.arange(start = 1, stop = 10)
array2 = array1[0:5]
print(array3)
print(type(array3))
```

Python 결과 출력

```
[1 2 3 4 5]
<class 'numpy.ndarray'>
```

Python 코드 예시

```
array1 = np.arange(start = 1, stop = 10)
array3 = array1[:5]
print(array3)

array4 = array1[3:]
print(array4)

array_total = array1[:]
print(array_total)
```

Python 결과 출력

```
[1 2 3 4 5]
[4 5 6 7 8 9]
[1 2 3 4 5 6 7 8 9]
```

Python 코드 예시

```
# 2차원 ndarray는 다음과 같이 나타낼 수 있다.

array1차원 = np.arange(start = 1, stop = 7)
array2차원 = array1차원.reshape(2,3)
print(array2d)

print('array2차원:\n', array2차원[0:2,0:1])
print('array2차원:\n', array2차원[:,:])
print('array2차원:\n', array2차원[0,0:2])
print('array2차원:\n', array2차원[0:2,0:2])
```

Python 결과 출력

```
[[1 2 3]
 [4 5 6]]
array2차원:
[[1]
 [4]]
array2차원:
[[1 2 3]
 [4 5 6]]
array2차원:
[1 2]
array2차원:
[[1 2]
 [4 5]]
```

③ 팬시 인덱싱(Fancy Indexing) : 특정 데이터 추출과 함께 슬라이싱(Slicing) 기법을 함께 사용하는 idx는 팬시 인덱싱이다.

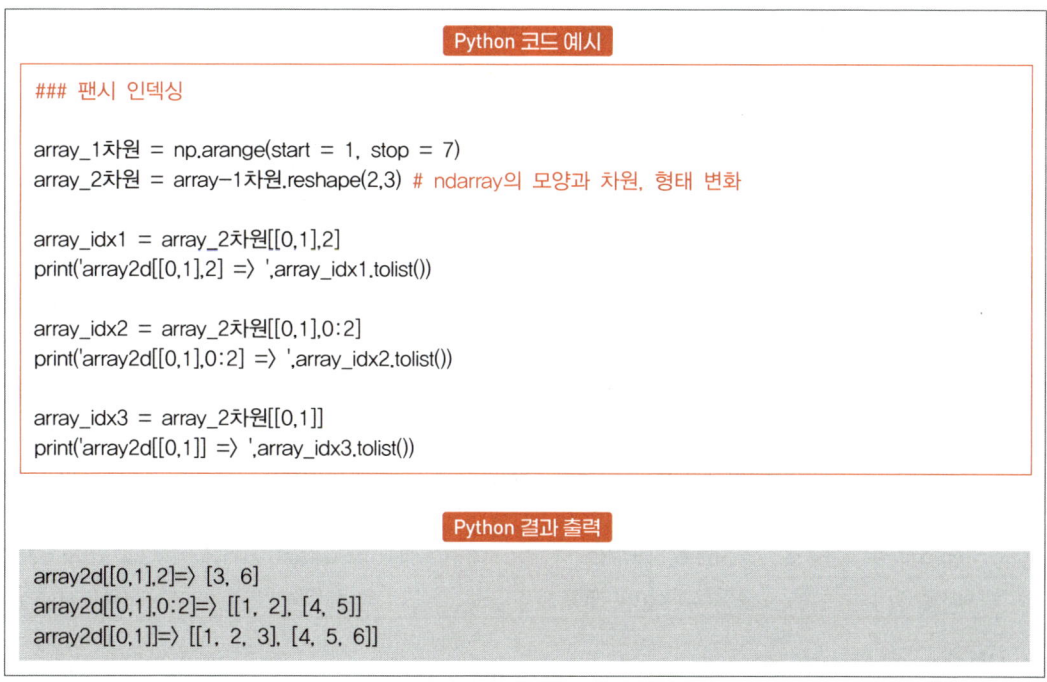

④ 불리언 인덱싱(Boolean Indexing) : 불리언 인덱싱은 조건에 해당하는 값이 'True'인 값들만 추출하는 방식이다.

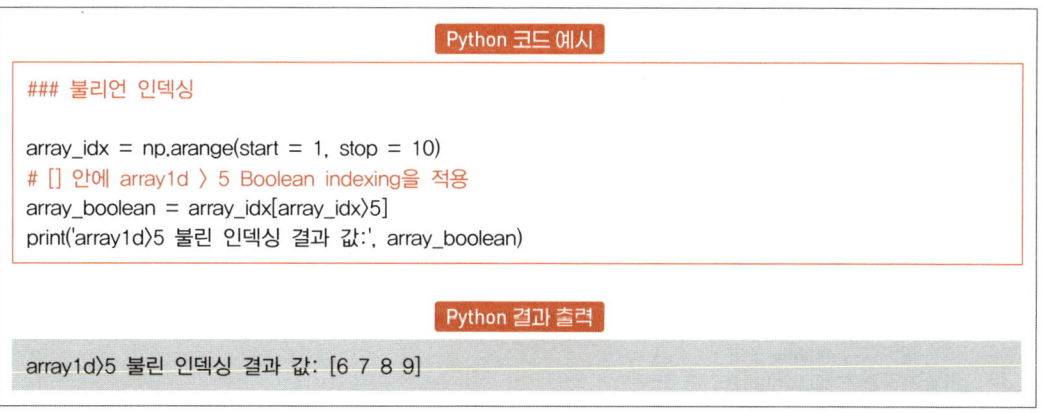

2 ndarray의 원소별 연산

(1) 의의

① numpy의 ndarray는 배열의 각 원소에 대해 효율적인 연산을 제공한다.
② 반복문 없이 벡터화 연산(Vectorized Operation)을 수행하여 계산 속도를 빠르게 할 수 있다.

③ 기본적인 사칙연산(+, -, *, /)뿐만 아니라, 다양한 수학적 연산을 위한 함수들이 제공된다.
④ 연산은 배열의 크기(shape)가 동일할 경우 원소별(Element-wise)로 수행된다.
⑤ 브로드캐스팅(Broadcasting)을 활용하면 크기가 다른 배열 간의 연산도 가능하다.

(2) ndarray의 원소별 연산 함수 정리

연산 함수	설명	예제 코드	출력 예시
np.add()	배열 간 덧셈 수행	np.add(arr1, arr2)	[5 7 9]
np.subtract()	배열 간 뺄셈 수행	np.subtract(arr1, arr2)	[-3 -3 -3]
np.multiply()	배열 간 곱셈 수행	np.multiply(arr1, arr2)	[4 10 18]
np.divide()	배열 간 나눗셈 수행	np.divide(arr1, arr2)	[0.25 0.4 0.5]
np.power()	거듭제곱 수행	np.power(arr1, 2)	[1 4 9]
np.mod()	나머지 연산 수행	np.mod(arr1, arr2)	[1 2 3]
np.exp()	각 원소에 대한 지수 함수 계산(e^x)	np.exp(arr1)	[2.71 7.39 20.08]
np.sqrt()	각 원소의 제곱근 계산	np.sqrt(arr1)	[1. 1.41 1.73]
np.log()	자연로그(ln) 계산	np.log(arr1)	[0. 0.69 1.09]
np.log10()	상용로그(log10) 계산	np.log10(arr1)	[0. 0.3 0.47]

Python 코드 예시

```python
import numpy as np

# 1차원 단일 배열 생성
arr = np.array([1, 2, 3])

# 기본 연산 수행
print("덧셈 (+2):", arr + 2)       # [3 4 5]
print("뺄셈 (-1):", arr - 1)       # [0 1 2]
print("곱셈 (*3):", arr * 3)       # [3 6 9]
print("나눗셈 (/2):", arr / 2)      # [0.5 1. 1.5]
print("거듭제곱 (**2):", arr ** 2)  # [1 4 9]
print("나머지 (%2):", arr % 2)      # [1 0 1]

# 수학 연산 함수 적용
print("절댓값:", np.abs(arr))       # [1 2 3]
print("제곱근:", np.sqrt(arr))      # [1. 1.41 1.73]
print("지수 함수:", np.exp(arr))    # [2.71 7.39 20.08]
print("자연로그:", np.log(arr))     # [0. 0.69 1.09]
print("사인값:", np.sin(arr))       # [0.84 0.91 0.14]
print("코사인값:", np.cos(arr))     # [0.54 -0.42 -0.99]
print("탄젠트값:", np.tan(arr))     # [1.55 -2.18 0.14]
```

Python 결과 출력

덧셈 (+2): [3 4 5]
뺄셈 (-1): [0 1 2]
곱셈 (*3): [3 6 9]
나눗셈 (/2): [0.5 1. 1.5]
거듭제곱 (**2): [1 4 9]
나머지 (%2): [1 0 1]
절댓값: [1 2 3]
제곱근: [1.   1.41421356 1.73205081]
지수 함수: [2.71828183 7.3890561 20.08553692]
자연로그: [0.   0.69314718 1.09861229]
사인값: [0.84147098 0.90929743 0.14112001]
코사인값: [0.54030231 -0.41614684 -0.9899925]
탄젠트값: [1.55740772 -2.18503986 -0.14254654]

Python 코드 예시

```python
import numpy as np

# 두 개의 1차원 배열 생성
arr1 = np.array([1, 2, 3])
arr2 = np.array([4, 5, 6])

# 원소별 연산 수행
print("덧셈:", np.add(arr1, arr2))        # [5 7 9]
print("뺄셈:", np.subtract(arr1, arr2))   # [-3 -3 -3]
print("곱셈:", np.multiply(arr1, arr2))   # [4 10 18]
print("나눗셈:", np.divide(arr1, arr2))   # [0.25 0.4 0.5]

# 추가적인 수학적 연산
print("제곱:", np.power(arr1, 2))         # [1 4 9]
print("제곱근:", np.sqrt(arr1))           # [1. 1.41 1.73]
print("자연로그:", np.log(arr1))          # [0. 0.69 1.09]
print("지수 함수:", np.exp(arr1))         # [2.71 7.39 20.08]
```

Python 결과 출력

덧셈: [5 7 9]
뺄셈: [-3 -3 -3]
곱셈: [4 10 18]
나눗셈: [0.25 0.4 0.5]
제곱: [1 4 9]
제곱근: [1.   1.41421356 1.73205081]
자연로그: [0.   0.69314718 1.09861229]
지수 함수: [2.71828183 7.3890561 20.08553692]

SECTION 03 numpy의 주요함수

1 형태 변환 함수

번호	함수	설명	예제 코드	출력 예시
1	np.reshape()	배열의 차원을 변경	arr.reshape(2,3)	(2, 3)형태의 배열
2	np.flatten()	다차원 배열을 1차원으로 변환	arr.flatten()	[1 2 3 4 5 6]
3	np.ravel()	다차원 배열을 1차원으로 변환(원본 유지)	arr.ravel()	[1 2 3 4 5 6]
4	np.transpose()	배열의 전치(Transpose) 수행	arr.transpose()	행과 열이 바뀐 배열

※ reshape()함수의 경우 총 원소(element)의 수(size)가 같지 않을 경우 변환이 되지 않는다.

Python 코드 예시

```python
import numpy as np

# 예제 배열 생성
arr = np.array([[1, 2, 3], [4, 5, 6]])

# 1. 배열 형태 변경
print("1. 배열 형태 변경 (reshape):\n", arr.reshape(3, 2))

# 2. 다차원 배열을 1차원으로 변환
print("2. 다차원 배열을 1차원으로 변환 (flatten):", arr.flatten())

# 3. 원본 유지하면서 1차원 변환
print("3. 원본 유지하면서 1차원 변환 (ravel):", arr.ravel())

# 4. 전치 행렬 (행과 열 변환)
print("4. 전치 행렬 (transpose):\n", arr.transpose())
```

Python 결과 출력

```
1. 배열 형태 변경 (reshape):
 [[1 2]
  [3 4]
  [5 6]]
2. 다차원 배열을 1차원으로 변환 (flatten): [1 2 3 4 5 6]
3. 원본 유지하면서 1차원 변환 (ravel): [1 2 3 4 5 6]
4. 전치 행렬 (transpose):
 [[1 4]
  [2 5]
  [3 6]]
```

2 통계 관련 함수

번호	카테고리	함수	설명	예제 코드	출력 예시
1	통계 함수	np.mean()	배열의 평균값 계산	np.mean(arr)	3.5
2	통계 함수	np.sum()	배열의 합계 계산	np.sum(arr)	21
3	통계 함수	np.min()	배열 내 최솟값 찾기	np.min(arr)	1
4	통계 함수	np.max()	배열 내 최댓값 찾기	np.max(arr)	6
5	논리 연산	np.where()	조건에 따라 값 선택	np.where(arr 〉 2, 1, 0)	[0 0 1]
6	논리 연산	np.any()	배열 내 하나라도 참(True)이면 반환	np.any(arr 〉 2)	TRUE
7	논리 연산	np.all()	배열의 모든 요소가 참(True)인지 확인	np.all(arr 〉 0)	TRUE

① numpy의 통계관련함수는 CHAPTER 2에서 다룰 Pandas에서 동일한 기능을 가진 함수를 제공하므로 생략하고자 한다.

② numpy에 대한 자세한 설명은 numpy의 공식 문서를 확인하길 바란다.

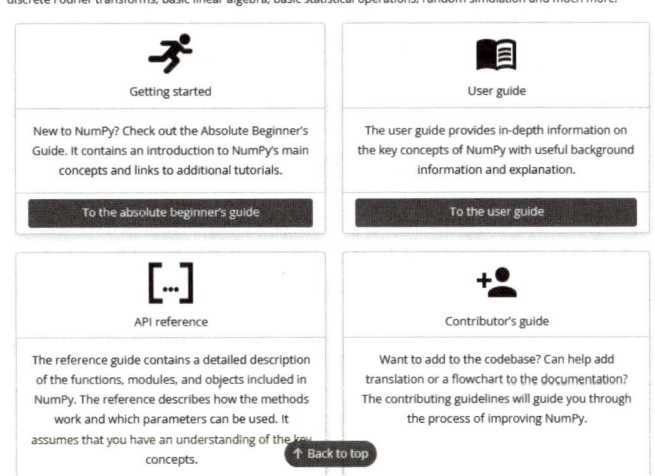

CHAPTER 02 Pandas를 활용한 데이터 다루기

▶ 데이터 위치
- 구글 드라이브(https://bit.ly/ymsbig) 접속 → 1.yemoonsa-source → data → part 2
- 예문에듀 홈페이지(https://yeamoonedu.com/) 접속 → 도서 인증 후 자료 내려받기 → 1.yemoonsa-source → data → part 2

SECTION 01 Series와 DataFrame

1 Series

(1) 정의

① Series는 1차원 배열 형태의 데이터 구조로, Pandas 라이브러리에서 제공된다.
② numpy의 ndarray와 유사하지만, 인덱스를 지정할 수 있다는 점이 특징이다.
③ 각 요소는 값(Value)과 인덱스(Index)로 구성되며, 딕셔너리와 유사한 구조를 가진다.
④ 기본적으로 정수형 인덱스가 자동으로 할당되지만, 사용자가 원하는 인덱스를 직접 지정할 수도 있다.
⑤ Series는 판다스의 핵심 자료구조 중 하나이며, 데이터 분석에서 단일 열(column) 데이터를 표현하는 데 많이 사용된다.

```
Python 코드 예시

import pandas as pd

# 1. 기본 Series 생성 (정수형 인덱스 자동 할당)
data = pd.Series([10, 20, 30, 40])
print("기본 Series 생성:")
print(data)

# 2. 사용자 지정 인덱스를 가진 Series 생성
data_with_index = pd.Series([100, 200, 300], index = ['A', 'B', 'C'])
print("\n사용자 지정 인덱스를 가진 Series:")
print(data_with_index)
```

```python
# 3. 딕셔너리를 이용한 Series 생성
dict_data = {'apple': 150, 'banana': 120, 'cherry': 180}
series_from_dict = pd.Series(dict_data)
print("\n딕셔너리를 이용한 Series 생성:")
print(series_from_dict)

# 4. Series 값 및 인덱스 출력
print("\nSeries의 값:", series_from_dict.values)
print("Series의 인덱스:", series_from_dict.index)

# 5. 특정 값 접근 (라벨 인덱스 사용)
print("\n특정 요소 접근 (라벨 인덱스 사용):", series_from_dict['banana'])

# 6. 특정 값 접근 (정수형 위치 인덱스 사용)
print("특정 요소 접근 (위치 인덱스 사용):", series_from_dict.iloc[1])
```

> Python 결과 출력

```
기본 Series 생성:
0    10
1    20
2    30
3    40
dtype: int64

사용자 지정 인덱스를 가진 Series:
A    100
B    200
C    300
dtype: int64

딕셔너리를 이용한 Series 생성:
apple     150
banana    120
cherry    180
dtype: int64

Series의 값: [150 120 180]
Series의 인덱스: Index(['apple', 'banana', 'cherry'], dtype = 'object')

특정 요소 접근 (라벨 인덱스 사용): 120
특정 요소 접근 (위치 인덱스 사용): 120
```

(2) 시리즈의 정보 확인

Series는 아래의 메서드(method)를 통하여 여러 정보를 확인 가능하다.

번호	카테고리	함수	설명
1	정보 확인	시리즈객체.values	시리즈객체 내 값을 배열(array)로 호출 및 반환
2	정보 확인	시리즈객체.index	시리즈객체 내 인덱스를 레이블 배열(array) 형태로 반환
3	정보 확인	시리즈객체.dtypes	• 시리즈객체의 데이터 타입 확인 • 데이터 타입은 object(일반문자), float(실수), int(정수) 등이 존재
4	정보 확인	시리즈객체.size	시리즈객체의 총 객체 수

Python 코드 예시

```python
# 자료 형태 확인
print(series_1,'\n')

# |시리즈객체.values|
# 시리즈객체 내 값을 배열(array)로 호출 및 반환 배열
print('시리즈의 values:',series_1.values)

# |시리즈객체.index|
# 시리즈객체 내 인덱스를 레이블 배열(array) 형태로 반환
print('시리즈의 인덱스:',series_1.index)

# |시리즈객체.dtypes|시리즈객체의 데이터 타입 확인
# 데이터 타입은 object(일반문자), float(실수), int(정수) 등이 존재
print('시리즈의 데이터 타입:',series_1.dtypes)

# |시리즈객체.size|
# 시리즈객체의 총 객체 수
print('시리즈의 size:',series_1.size)
```

Python 결과 출력

```
apple     150
banana    120
cherry    180
dtype: int64

시리즈의 values: [150 120 180]
시리즈의 인덱스: Index(['apple', 'banana', 'cherry'], dtype = 'object')
시리즈의 데이터 타입: int64
시리즈의 size: 3
```

(3) 시리즈의 인덱싱과 슬라이싱

① Series는 ndarray처럼 특정값을 불러오거나, 범위 지정으로 데이터 선택이 가능하다.
② 아래의 메서드를 사용하여 Series 데이터에 접근 가능하다.

번호	카테고리	함수	설명
1	인덱싱	시리즈객체[인덱스]	지정한 인덱스 위치의 값을 반환
2	인덱싱	시리즈객체.loc[레이블]	명시적 인덱스를 사용하여 특정 값을 가져옴
3	인덱싱	시리즈객체.iloc[정수위치]	정수 위치 기반으로 특정 값을 가져옴
4	슬라이싱	시리즈객체[시작:끝]	지정된 범위의 데이터를 가져옴(기본적으로 끝 인덱스는 포함되지 않음)
5	슬라이싱	시리즈객체.loc[시작레이블:끝레이블]	레이블 기반 슬라이싱(끝 인덱스 포함)
6	슬라이싱	시리즈객체.iloc[시작:끝]	정수 위치 기반 슬라이싱(끝 인덱스 미포함)

Python 코드 예시

```python
import pandas as pd

# 데이터 생성 (Series 객체)
data = pd.Series([10, 20, 30, 40, 50], index = ['a', 'b', 'c', 'd', 'e'])

# 1. 특정 인덱스 값 가져오기
print("1. 특정 인덱스 값 가져오기")
print(data['b'])      # 출력: 20
print(data.loc['c'])  # 출력: 30
print(data.iloc[2])   # 출력: 30
print("-" * 30)

# 2. 여러 개의 인덱스 선택
print("2. 여러 개의 인덱스 선택")
print(data[['a', 'c', 'e']])
# 출력:
# a    10
# c    30
# e    50
# dtype: int64
print("-" * 30)

# 3. 슬라이싱 (기본 인덱스 사용)
print("3. 기본 인덱스 슬라이싱")
print(data['b':'d'])  # loc 사용 (끝 인덱스 포함)
# 출력:
# b    20
# c    30
# d    40
# dtype: int64
print("-" * 30)

# 4. 정수 위치 기반 슬라이싱
print("4. 정수 위치 기반 슬라이싱")
```

```
print(data.iloc[1:4])  # iloc 사용 (끝 인덱스 미포함)
# 출력:
# b    20
# c    30
# d    40
# dtype: int64
print("-" * 30)

# 5. loc을 이용한 슬라이싱 (명시적 인덱스)
print("5. loc을 이용한 슬라이싱")
print(data.loc['c':'d'])  # loc 사용 (끝 인덱스 포함)
# 출력:
# c    30
# d    40
# dtype: int64
print("-" * 30)

# 6. iloc을 이용한 슬라이싱 (정수 인덱스)
print("6. iloc을 이용한 슬라이싱")
print(data.iloc[1:4])  # iloc 사용 (끝 인덱스 미포함)
# 출력:
# b    20
# c    30
# d    40
# dtype: int64
```

Python 결과 출력

```
1. 특정 인덱스 값 가져오기
20
30
30
_____
2. 여러 개의 인덱스 선택
a    10
c    30
e    50
dtype: int64
_____
3. 기본 인덱스 슬라이싱
b    20
c    30
d    40
dtype: int64
_____
4. 정수 위치 기반 슬라이싱
b    20
c    30
d    40
dtype: int64
```

```
5. loc을 이용한 슬라이싱
c    30
d    40
dtype: int64

6. iloc을 이용한 슬라이싱
b    20
c    30
d    40
dtype: int64
```

(4) 시리즈의 집계함수

Series는 numpy의 기술통계 함수를 기반으로 데이터의 요약 통계량을 확인할 수 있는 집계함수를 제공한다.

번호	함수	설명
1	시리즈객체.count()	NaN(결측치)를 제외한 데이터 개수 반환
2	시리즈객체.sum()	모든 값의 합을 반환
3	시리즈객체.mean()	평균값을 반환
4	시리즈객체.median()	중앙값을 반환
5	시리즈객체.std()	표준 편차를 반환
6	시리즈객체.var()	분산을 반환
7	시리즈객체.min()	최솟값을 반환
8	시리즈객체.max()	최댓값을 반환
9	시리즈객체.describe()	데이터의 주요 통계 정보를 요약하여 제공
10	시리즈객체.value_counts()	각 고유값의 개수를 반환

Python 코드 예시

```python
import pandas as pd

# 데이터 생성
data = pd.Series([10, 20, 30, 40, 50, 50, 30, 20, 10, None])   # None은 NaN(결측치) 처리됨

# 1. NaN 제외한 데이터 개수
print("1. 데이터 개수:", data.count())   # 출력: 9

# 2. 총합
print("2. 총합:", data.sum())   # 출력: 260

# 3. 평균
print("3. 평균:", data.mean())   # 출력: 28.88888888888889
```

```python
# 4. 중앙값
print("4. 중앙값:", data.median())   # 출력: 30.0

# 5. 표준 편차
print("5. 표준 편차:", data.std())   # 출력: 14.14213562373095

# 6. 분산
print("6. 분산:", data.var())   # 출력: 200.0

# 7. 최솟값
print("7. 최솟값:", data.min())   # 출력: 10.0

# 8. 최댓값
print("8. 최댓값:", data.max())   # 출력: 50.0

# 9. 데이터 통계 요약
print("9. 데이터 요약 통계:\n", data.describe())
# 출력 예시:
# count      9.000000
# mean      28.888889
# std       14.142136
# min       10.000000
# 25%       20.000000
# 50%       30.000000
# 75%       40.000000
# max       50.000000
# dtype: float64

# 10. 고유값 개수 세기
print("10. 각 값의 개수:\n", data.value_counts())
# 출력 예시:
# 10.0    2
# 20.0    2
# 30.0    2
# 50.0    2
# 40.0    1
# dtype: int64
```

> Python 결과 출력

1. 데이터 개수: 9
2. 총합: 260.0
3. 평균: 28.88888888888889
4. 중앙값: 30.0
5. 표준 편차: 15.36590742882148
6. 분산: 236.11111111111111
7. 최솟값: 10.0
8. 최댓값: 50.0
9. 데이터 요약 통계:

```
count       9.000000
mean       28.888889
std        15.365907
min        10.000000
25%        20.000000
50%        30.000000
75%        40.000000
max        50.000000
dtype: float64
10. 각 값의 개수:
10.0    2
20.0    2
30.0    2
50.0    2
40.0    1
Name: count, dtype: int64
```

2 DataFrame

(1) 개요

① DataFrame은 2차원 테이블 형태의 데이터 구조로, Pandas 라이브러리에서 제공된다.
② 행(row)과 열(column)로 구성되며, 여러 개의 Series 객체로 이루어진다.
③ 엑셀 스프레드시트, SQL 테이블과 유사한 구조를 가지며, 다양한 데이터 분석 작업에 활용된다.
④ 각 열은 서로 다른 데이터 타입을 가질 수 있으며, 각 행과 열에는 인덱스(index)를 지정할 수 있다.
⑤ 기본적으로 정수형 인덱스가 자동으로 할당되지만, 사용자가 원하는 인덱스를 직접 지정할 수도 있다.
⑥ DataFrame은 데이터 분석 및 전처리 과정에서 가장 많이 사용되는 Pandas의 핵심 자료구조이다.
⑦ DataFrame의 약자는 df라 적으며, 예시는 아래의 표와 같다.

	이름	나이	도시
1	홍길동	25	서울
2	김철수	30	부산
3	이영희	28	대구

- 딕셔너리를 활용한 df 생성

> Python 코드 예시

```python
import pandas as pd

# 딕셔너리를 이용한 데이터프레임 생성
data = {
    "이름": ["홍길동", "김철수", "이영희"],
    "나이": [25, 30, 28],
    "도시": ["서울", "부산", "대구"]
}

df = pd.DataFrame(data)

# 출력
print(df)
```

> Python 결과 출력

```
    이름  나이  도시
0  홍길동   25  서울
1  김철수   30  부산
2  이영희   28  대구
```

- 리스트를 활용한 df 생성

> Python 코드 예시

```python
# 리스트를 이용한 데이터프레임 생성
data = [
    ["홍길동", 25, "서울"],
    ["김철수", 30, "부산"],
    ["이영희", 28, "대구"]
]

df = pd.DataFrame(data, columns = ["이름", "나이", "도시"])

# 출력
print(df)
```

> Python 결과 출력

```
    이름  나이  도시
0  홍길동   25  서울
1  김철수   30  부산
2  이영희   28  대구
```

> Python 코드 예시

- numpy 배열을 활용한 df 생성

```python
import numpy as np

# numpy 배열을 이용한 데이터프레임 생성
data = np.array([
    ["홍길동", 25, "서울"],
    ["김철수", 30, "부산"],
    ["이영희", 28, "대구"]
])

df = pd.DataFrame(data, columns = ["이름", "나이", "도시"])

# 출력
print(df)
```

> Python 결과 출력

```
    이름  나이  도시
0  홍길동  25  서울
1  김철수  30  부산
2  이영희  28  대구
```

(2) df(DataFrame)의 정보 확인

df는 아래의 메서드(method)를 통하여 여러 정보를 확인 가능하다.

번호	카테고리	함수	설명
1	정보 확인	df.head(n)	데이터프레임의 처음 n개 행을 출력(기본값 : 5개)
2	정보 확인	df.tail(n)	데이터프레임의 마지막 n개 행을 출력(기본값 : 5개)
3	정보 확인	df.info()	컬럼명, 데이터 타입, 결측치 개수 등 요약 정보 출력
4	정보 확인	df.describe()	수치형 데이터의 기초 통계 정보(평균, 표준편차 등) 제공
5	정보 확인	df.shape	(행, 열) 개수 반환 및 호출
6	정보 확인	df.columns	데이터프레임의 열(column) 이름 반환
7	정보 확인	df.index	데이터프레임의 행(row) 인덱스 정보 반환
8	정보 확인	df.dtypes	각 열의 데이터 타입 확인(object, float, int 등)
9	정보 확인	df.isnull().sum()	각 열의 결측치(null) 개수 반환
10	정보 확인	df.nunique()	각 열의 고유값(unique) 개수 반환
11	정보 확인	df.sample(n)	데이터프레임에서 임의의 n개 샘플 반환

① 예제 데이터 생성

Python 코드 예시

```python
import pandas as pd

# 예제 데이터 생성
data = {
    "이름": ["홍길동", "김철수", "이영희", "박민수", "최지영"],
    "나이": [25, 30, 28, 35, 40],
    "도시": ["서울", "부산", "대구", "인천", "광주"],
    "점수": [90.5, 85.0, 88.0, 92.5, 79.0]
}

# DataFrame 생성
df = pd.DataFrame(data)
```

② 데이터 일부 미리보기

```python
# 1. 데이터 일부 미리보기

print(df.head(2),'\n')   # 상위 2개 행 출력
print(df.tail(2))   # 하위 2개 행 출력
```

Python 결과 출력

```
     이름  나이  도시   점수
0  홍길동  25  서울  90.5
1  김철수  30  부산  85.0

     이름  나이  도시   점수
3  박민수  35  인천  92.5
4  최지영  40  광주  79.0
```

Python 코드 예시

③ 데이터 기본 정보 확인

```python
# 2. 데이터 기본 정보 확인

print(df.info(),'\n')   # 컬럼, 데이터 타입, 결측치 개수 확인
print(df.describe())   # 수치형 데이터에 대한 통계 요약
```

> Python 결과 출력

```
<class 'pandas.core.frame.DataFrame'>
RangeIndex: 5 entries, 0 to 4
Data columns (total 4 columns):
 #   Column   Non-Null Count   Dtype
---  ------   --------------   -----
 0   이름      5 non-null       object
 1   나이      5 non-null       int64
 2   도시      5 non-null       object
 3   점수      5 non-null       float64
dtypes: float64(1), int64(1), object(2)
memory usage: 288.0+ bytes
None

              나이          점수
count     5.00000    5.000000
mean     31.60000   87.000000
std       5.94138    5.279678
min      25.00000   79.000000
25%      28.00000   85.000000
50%      30.00000   88.000000
75%      35.00000   90.500000
max      40.00000   92.500000
```

> Python 코드 예시

④ 행과 열 정보 확인

```python
# 3. 행과 열 정보 확인

print(df.shape,'\n')     # (행, 열) 개수 반환
print(df.columns,'\n')   # 컬럼명 확인
print(df.index,'\n')     # 행 인덱스 확인
```

> Python 결과 출력

```
(5, 4)

Index(['이름', '나이', '도시', '점수'], dtype = 'object')

RangeIndex(start = 0, stop = 5, step = 1)
```

> Python 코드 예시

⑤ 데이터 타입 및 결측치 확인

```python
# 4. 데이터 타입 및 결측치 확인

print(df.dtypes,'\n')        # 각 컬럼의 데이터 타입 확인
print(df.isnull().sum(),'\n') # 결측치 개수 확인
```

Python 결과 출력

```
이름     object
나이      int64
도시     object
점수    float64
dtype: object

이름    0
나이    0
도시    0
점수    0
dtype: int64
```

Python 코드 예시

⑥ 고유값 개수 및 샘플 데이터 출력

```python
# 고유값 개수 및 샘플 데이터 출력
print(df.nunique(),'\n')   # 각 컬럼의 고유값 개수 확인
print(df.sample(2))        # 랜덤하게 2개 샘플 출력
```

Python 결과 출력

```
이름    5
나이    5
도시    5
점수    5
dtype: int64

    이름  나이  도시    점수
4  최지영  40  광주  79.0
0  홍길동  25  서울  90.5
```

(3) df(DataFrame)의 인덱싱과 슬라이싱

① df는 앞서 배웠던 시리즈(Series)와 다르게 행(row)과 열(columns) 그리고 각각의 위치 기반의 인덱스 번호와 레이블 기반의 인덱스를 가지고 있다는 특징을 지닌다.

② 하나의 요소를 추출하기 위해서는 loc, iloc 함수를 활용해야 한다. 이러한 인덱싱을 위한 함수를 인덱서(indexer)라고 한다.

> **참고**
>
> **인덱싱의 종류**
> - idx 1) 열 추출(column) : 열을 추출하기 위해서는 기존 리스트에서의 인덱싱(이하 idx)와 비슷한 형태를 취한다.
> - idx 2) loc 인덱서 활용
>   - loc 인덱서를 활용한 "명칭기반 인덱싱(Label based idx)"
>   - 슬라이싱 기법 적용 가능
> - idx 3) iloc 인덱서 활용
>   - iloc 인덱서를 활용한 "위치기반 인덱싱(Positional idx)"
>   - 슬라이싱 기법 적용 가능

> Python 코드 예시

① 예제 데이터 생성

```
## 딕셔너리를 활용한 예제 데이터 프레임 만들기
import pandas as pd
data = {'Name':['Youngsik','Hyeri','Sookhyun','Yeyoung'],
        'Gender':['Male','Female','Female','Female'],
        'Income':[2100,2200,2300,2400]
        }

data_df = pd.DataFrame(data,index = ['one','Two','Three','Four'])
data_df
```

> Python 결과 출력

	Name	Gender	Income
one	Youngsik	Male	2100
Two	Hyeri	Female	2200
Three	Sookhyun	Female	2300
Four	Yeyoung	Female	2400

> Python 코드 예시

② # idx 1) 열을 활용한 추출

```
# idx 1) 열을 활용한 추출
data_df['Name']   # 컬럼명을 활용한 추출
```

> Python 결과 출력

```
one       Youngsik
Two       Hyeri
Three     Sookhyun
Four      Yeyoung
Name: Name, dtype: object
```

> Python 코드 예시

```
# idx 1) 열을 활용한 추출
data_df.Name   # 컬럼명을 데이터프레임['Name']과 데이터프레임.Name 은 같음
```

> Python 결과 출력

```
one       Youngsik
Two       Hyori
Three     Sookhyun
Four      Yeyoung
Name: Name, dtype: object
```

> Python 코드 예시

```
# 데이터 타입의 결과는 시리즈(series)임
type(data_df['Name'])
```

Python 결과 출력

pandas.core.series.Series

Python 코드 예시

```
## 데이터프레임의 형태로 추출하고 싶다면?
data_df[['Name']]
```

Python 결과 출력

```
        Name
one     Youngsik
Two     Hyeri
Three   Sookhyun
Four    Yeyoung
```

Python 코드 예시

③ # idx 2) loc 인덱서 활용

```
# idx 2) loc 인덱서 활용-1
print(data_df)

## Youngsik을 추출해보자.
## 명칭기반 인덱싱
# [0,0]이 아닌 ['one', 'Name']으로 추출

data_df.loc['one','Name']
```

Python 결과 출력

```
        Name    Gender  Income
one     Youngsik  Male    2100
Two     Hyeri   Female  2200
Three   Sookhyun Female  2300
Four    Yeyoung Female  2400
'Youngsik'
```

Python 코드 예시

```
# idx 2) loc 인덱서 활용-2
print(data_df)

## 슬라이싱을 적용해보자.
# Sookhyun과 Yeyoung을 함께 추출해보자.
data_df.loc['Three':,'Name']
```

Python 결과 출력

```
        Name    Gender  Income
one     Youngsik  Male    2100
Two     Hyeri   Female  2200
Three   Sookhyun Female  2300
Four    Yeyoung Female  2400
Three   Sookhyun
Four    Yeyoung
Name: Name, dtype: object
```

Python 코드 예시

```
# idx 2) loc 인덱서 활용-3
print(data_df)

## 슬라이싱을 적용해보자.
# Youngsik에 해당하는 행 전체를 추출해보자.
data_df.loc['one','Name':'Income']
```

Python 결과 출력

```
        Name  Gender  Income
one     Youngsik   Male    2100
Two     Hyeri      Female  2200
Three   Sookhyun   Female  2300
Four    Yeyoung    Female  2400
Name       Youngsik
Gender         Male
Income         2100
Name: one, dtype: object
```

Python 코드 예시

```
# idx 2) loc 인덱서 활용-4
print(data_df)

## 슬라이싱을 적용해보자.
# Youngsik과 Hyeri에 해당하는 행 전체를 추출해보자.
data_df.loc['one':'Two','Name':'Income']
```

Python 결과 출력

```
        Name  Gender  Income
one     Youngsik   Male    2100
Two     Hyeri      Female  2200
Three   Sookhyun   Female  2300
Four    Yeyoung    Female  2400
```

	Name	Gender	Income
one	Youngsik	Male	2100
Two	Hyeri	Female	2200

Python 코드 예시

④ # idx 3) iloc 인덱서 활용-0

```
# idx 3) iloc 인덱서 활용-0
print(data_df)

## Youngsik을 추출해보자.
# ['one', 'Name']이 아닌 [0,0]으로 추출
# 만약 명칭기반 인덱싱을 활용하면 에러가 난다.

data_df.loc[0,0]
```

Python 결과 출력

```
         Name  Gender  Income
one    Youngsik   Male    2100
Two       Hyeri Female    2200
Three  Sookhyun Female    2300
Four    Yeyoung Female    2400
---------------------------------------------------------------------------
KeyError                                  Traceback (most recent call last)
File ~\miniconda3\lib\site-packages\pandas\core\indexes\base.py:3805, in Index.get_loc(self, key)
   3804 try:
-> 3805     return self._engine.get_loc(casted_key)
   3806 except KeyError as err:

File index.pyx:167, in pandas._libs.index.IndexEngine.get_loc()

File index.pyx:196, in pandas._libs.index.IndexEngine.get_loc()

File pandas\_libs\hashtable_class_helper.pxi:7081, in pandas._libs.hashtable.PyObjectHashTable.get_item()

File pandas\_libs\hashtable_class_helper.pxi:7089, in pandas._libs.hashtable.PyObjectHashTable.get_item()

KeyError: 0

The above exception was the direct cause of the following exception:

KeyError                                  Traceback (most recent call last)
Cell In[21], line 8
      2 print(data_df)
      4 ## Youngsik을 추출해보자.
      5 # ['one', 'Name']이 아닌 [0,0]으로 추출
      6 # 만약 명칭기반 인덱싱을 활용하면 에러가 난다
----> 8 data_df.loc[0,0]

File ~\miniconda3\lib\site-packages\pandas\core\indexing.py:1183, in _LocationIndexer.__getitem__(self, key)
   1181     key = tuple(com.apply_if_callable(x, self.obj) for x in key)
   1182     if self._is_scalar_access(key):
-> 1183         return self.obj._get_value(*key, takeable = self._takeable)
   1184     return self._getitem_tuple(key)
   1185 else:
   1186     # we by definition only have the 0th axis
```

Python 코드 예시

⑤ # idx 3) iloc 인덱서 활용-1

```
1  # idx 3) iloc 인덱서 활용-1
2  print(data_df)
3
4  ## Youngsik을 추출해보자.
5  ## 위치기반 인덱싱
6  # [0,0]이 아닌 ['one', 'Name']으로 추출
7
8  data_df.iloc[0,0]
```

Python 결과 출력

```
        Name  Gender  Income
one    Youngsik   Male    2100
Two       Hyeri Female    2200
Three Sookhyun Female    2300
Four   Yeyoung Female    2400
'Youngsik'
```

Python 코드 예시

```
1  # idx 3) iloc 인덱서 활용-2
2  print(data_df)
3
4  ## 슬라이싱을 적용해보자.
5  # Sookhyun과 Yeyoung을 함께 추출해보자.
6  data_df.iloc[2:,0]
```

Python 결과 출력

```
        Name  Gender  Income
one    Youngsik   Male    2100
Two       Hyeri Female    2200
Three Sookhyun Female    2300
Four   Yeyoung Female    2400
Three Sookhyun
Four   Yeyoung
Name: Name, dtype: object
```

Python 코드 예시

```
1  # idx 3) iloc 인덱서 활용-3
2  print(data_df)
3
4  ## 슬라이싱을 적용해보자.
5  # Youngsik에 해당하는 행 전체를 추출해보자.
6  data_df.iloc[0,0:3]
```

Python 결과 출력

```
        Name  Gender  Income
one    Youngsik   Male    2100
Two       Hyeri Female    2200
Three Sookhyun Female    2300
Four   Yeyoung Female    2400
Name      Youngsik
Gender        Male
Income        2100
Name: one, dtype: object
```

Python 코드 예시

```
1  # idx 3) iloc 인덱서 활용-4
2  print(data_df)
3
4  ## 슬라이싱을 적용해보자.
5  # Youngsik과 Hyeri에 해당하는 행 전체를 추출해보자.
6  data_df.iloc[0:2,0:3]
```

Python 결과 출력

	Name	Gender	Income
one	Youngsik	Male	2100
Two	Hyeri	Female	2200
Three	Sookhyun	Female	2300
Four	Yeyoung	Female	2400

	Name	Gender	Income
one	Youngsik	Male	2100
Two	Hyeri	Female	2200

③ df의 인덱싱은 향후 "작업형 1유형"을 "합격"하기 위해서 기본으로 숙지해야 한다.

④ 마지막으로 연속되지 않은 행 혹은 열을 추출하는 인덱싱의 경우를 파이썬 코드로 설명하고 본 섹션에 대한 서술을 마치고자 한다.

Python 코드 예시

```
⑥ # 연속되지 않은 요소 idx
1  ## Pandas의 데이터프레임 다루기
2  ## 연속되지 않은 요소 추출

1  data_df
```

Python 결과 출력

	Name	Gender	Income
one	Youngsik	Male	2100
Two	Hyeri	Female	2200
Three	Sookhyun	Female	2300
Four	Yeyoung	Female	2400

Python 코드 예시

```
1   ## Hyeri와 Yeyoung을 추출해보자.
2   data_df.iloc[[1,3],[0]]
3
4   ## 결과값에서 나타난
5   ## Two는 행의 1번째 // Four는 행의 3번째 why? 파이썬은 0부터 셈(count)
6   ## Name은 열의 0번째
7
8   ##      행 , 열
9   ### 결론 [[1,3] , 0]
10  #### data_df.iloc[[1,3] , 0] <---- 위치기반 인덱싱
```

Python 결과 출력

	Name
Two	Hyeri
Four	Yeyoung

Python 코드 예시

```
1   ### loc 활용하기
```

```
1   data_df
```

Python 결과 출력

	Name	Gender	Income
one	Youngsik	Male	2100
Two	Hyeri	Female	2200
Three	Sookhyun	Female	2300
Four	Yeyoung	Female	2400

Python 코드 예시

```
1   ## Hyeri와 Yeyoung을 추출해보자.
2   data_df.loc[['Two','Four'],['Name']]
```

Python 결과 출력

	Name
Two	Hyeri
Four	Yeyoung

(4) df의 통계 메서드

① DataFrame의 통계 메서드는 데이터 분석에서 핵심적인 역할을 한다.
② 평균, 최댓값, 최솟값 등 다양한 통계 값을 구하는 방법을 익히고, 시험장에서 활용할 수 있도록 숙지하자.
③ DataFrame의 주요 통계 메서드

함수	설명	예제 코드	출력 예시
df.mean()	각 열의 평균을 반환	df.mean()	A : 4.0, B : 3.5
df.median()	각 열의 중앙값을 반환	df.median()	A : 4.0, B : 3.5
df.std()	각 열의 표준편차를 반환	df.std()	A : 1.58, B : 2.12
df.var()	각 열의 분산을 반환	df.var()	A : 2.5, B : 4.5
df.min()	각 열의 최솟값을 반환	df.min()	A : 2, B : 1
df.max()	각 열의 최댓값을 반환	df.max()	A : 6, B : 7
df.sum()	각 열의 합을 반환	df.sum()	A : 20, B : 17
df.count()	각 열의 데이터 개수를 반환	df.count()	A : 5, B : 5
df.describe()	요약 통계를 반환	df.describe()	평균, 표준편차, 최솟값, 최댓값 등

Python 코드 예시

```python
import pandas as pd

# 예제 DataFrame 생성
data = {'A': [2, 3, 4, 5, 6], 'B': [1, 2, 4, 5, 7]}
df = pd.DataFrame(data)

# 주요 통계 메서드 실행 후 정리
print("▶ 주요 통계 결과")
print("-" * 40)
print(f"평균:\n{df.mean().to_string()}\n")
print(f"중앙값:\n{df.median().to_string()}\n")
print(f"표준편차:\n{df.std().to_string()}\n")
print(f"분산:\n{df.var().to_string()}\n")
print(f"최솟값:\n{df.min().to_string()}\n")
print(f"최댓값:\n{df.max().to_string()}\n")
print(f"합계:\n{df.sum().to_string()}\n")
print(f"데이터 개수:\n{df.count().to_string()}\n")

# 요약 통계
print("▶ 요약 통계")
print("-" * 40)
print(df.describe().round(2))
```

> Python 결과 출력

▶ 주요 통계 결과
_____

평균:
A   4.0
B   3.8

중앙값:
A   4.0
B   4.0

표준편차:
A   1.581139
B   2.387467

분산:
A   2.5
B   5.7

최솟값:
A   2
B   1

최댓값:
A   6
B   7

합계:
A   20
B   19

데이터 개수:
A   5
B   5

▶ 요약 통계
```
          A     B
count  5.00  5.00
mean   4.00  3.80
std    1.58  2.39
min    2.00  1.00
25%    3.00  2.00
50%    4.00  4.00
75%    5.00  5.00
max    6.00  7.00
```

SECTION 02 데이터 로드 및 저장

1 데이터 로드

① 보통 데이터를 로드하는 방법은 '기초 파이썬'에서의 방법과 'Pandas 패키지'를 활용하는 방법으로 나눌 수 있다.

② '기초 파이썬'에서는 'with문과 함께' 활용하는 형태를 취한다.

Python 코드 예시
```
with open("test_sentence.txt", "w") as f:
    f.write("Life is too short, you need python")
```

③ 하지만, 본 시험에서는 Pandas 패키지를 활용하여 데이터를 로드 및 저장한다.

※ 시험환경 Python 코드

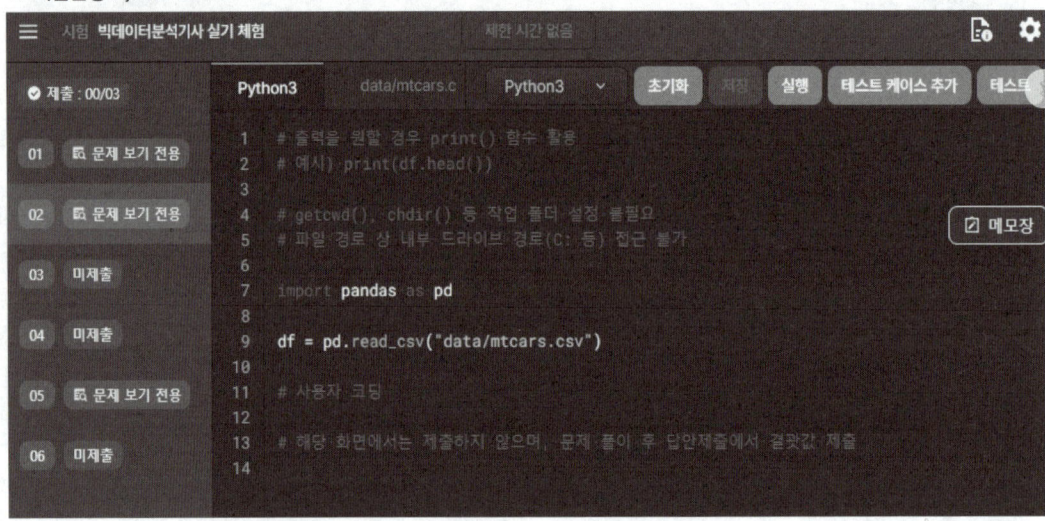

④ Pandas 패키지를 활용하여 데이터를 로드하는 메서드는 정말 다양하지만, 본 시험에서는 하나의 메서드(엄밀히 메서드와 함수는 다르나, 편의를 위해 표현을 혼용함)를 주로 사용한다.

> **참고**
>
> **함수 소개**
> ```
> import pandas as pd
> file_path = "data/mtcars.csv"
> pd.read_csv(file_path, sep = ",")
> ```

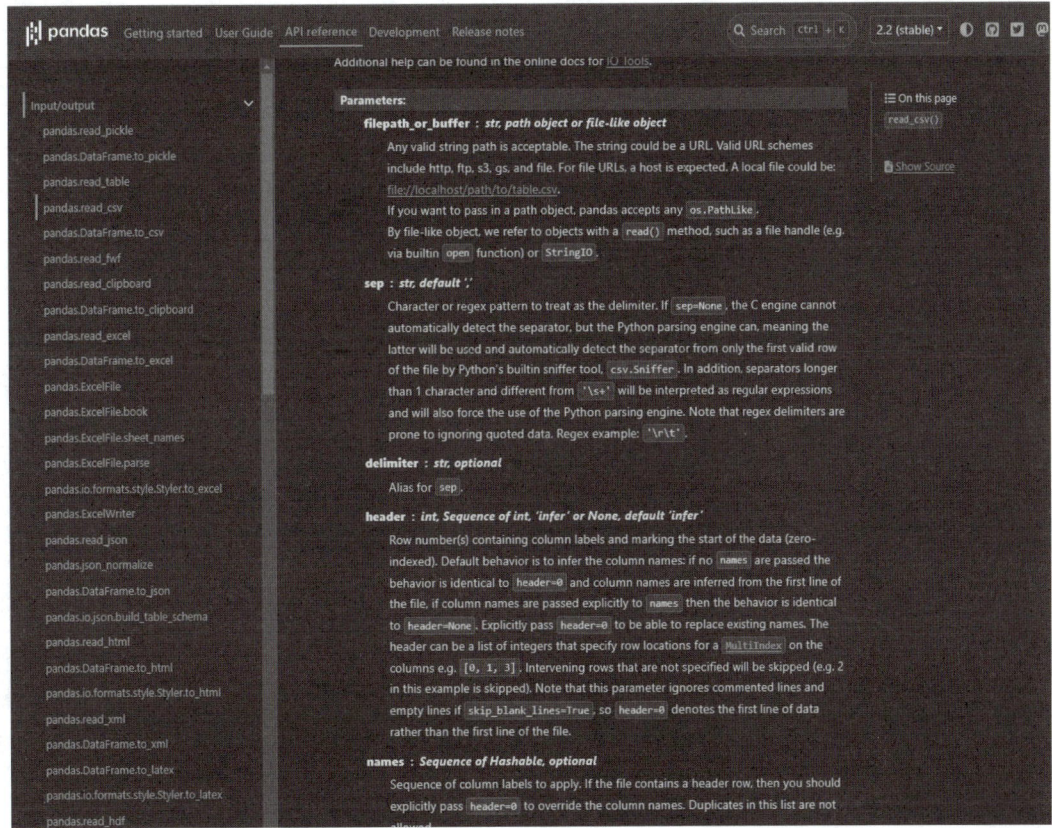

출처: pandas의 공식 documentation

⑤ pandas.read_csv()함수는 보통 pd.read_csv(), 축약어인 pd로 많이 활용된다.
⑥ pandas의 공식 documentation을 보면 read_csv()함수에는 상당히 다양한 인자(파라미터, Parameter)가 존재한다. 하지만 시험 및 실무에서는 주요인자만 활용한다.

주요 파라미터(주요인자)	설명
filepath	csv가 존재하는 경로와 파일명과 확장자까지 포함한다.
sep	데이터를 분할하기 위한 구분자로, default(기본설정)는 ,(콤마, comma)이다.

2 데이터 저장하기

① 분석을 마친 데이터를 csv 파일 형태로 저장하기 위해서는 df.to_csv(path, index...) 메서드를 활용한다.

② 시험 환경의 코드 예시를 살펴보자.

> **참고**
>
> 시험 환경 Python 코드 예시
>
> ```
> # 답안 제출 참고
> # 아래 코드는 예시이며 변수명 등 개인별로 변경하여 활용
> pd.DataFrame변수.to_csv("result.csv", index = False)
> ```

주요 파라미터(주요인자)	설명
path	csv 파일을 저장할 경로와 파일명
index	행 인덱스의 저장여부로써, 시험에서의 기본설정(default)은 False

SECTION 03 데이터 정렬

1 데이터 정렬

① 데이터 정렬은 데이터를 원하는 순서대로 배치하는 과정으로, Pandas에서는 sort_values()와 sort_index() 두 가지 방법을 사용한다.

② sort_values()는 특정 열(column)의 값을 기준으로 정렬하며, sort_index()는 행 인덱스를 기준으로 정렬한다.

③ 데이터 정렬 메서드

메서드	설명	주요 파라미터	예제 코드
sort_values()	특정 열(column)의 값을 기준으로 데이터 정렬	by : 정렬할 열 지정(리스트 가능) ascending : 오름차순 여부(True 기본값) inplace : 원본 변경 여부(False 기본값)	df.sort_values(by='A', ascending = False)
sort_index()	행 인덱스를 기준으로 데이터 정렬	ascending : 오름차순 여부(True 기본값) inplace : 원본 변경 여부(False 기본값)	df.sort_index(ascending = True)

Python 코드 예시

```
1   import pandas as pd
2
3   # 예제 DataFrame 생성
4   data = {'A': [3, 1, 2, 5, 4], 'B': [10, 20, 30, 40, 50]}
5   df = pd.DataFrame(data, index = ['d', 'a', 'c', 'e', 'b'])
6
7   # 값 기준 정렬 (A열 기준 내림차순 정렬)
8   sorted_values = df.sort_values(by = 'A', ascending = False)
9
10  # 인덱스 기준 정렬 (인덱스 오름차순 정렬)
11  sorted_index = df.sort_index()
12
13  print("▶ 값 기준 정렬 (A열 기준 내림차순):\n", sorted_values, "\n")
14  print("▶ 인덱스 기준 정렬 (오름차순):\n", sorted_index)
```

Python 결과 출력

```
▶ 값 기준 정렬 (A열 기준 내림차순):
   A   B
e  5  40
b  4  50
d  3  10
c  2  30
a  1  20

▶ 인덱스 기준 정렬 (오름차순):
   A   B
a  1  20
b  4  50
c  2  30
d  3  10
e  5  40
```

CHAPTER 03 데이터 변환

▶ **데이터 위치**
- 구글 드라이브(https://bit.ly/ymsbig) 접속 → 1.yemoonsa-source → data → part 2
- 예문에듀 홈페이지(https://yeamoonedu.com/) 접속 → 도서 인증 후 자료 내려받기 → 1.yemoonsa-source → data → part 2

SECTION 01 변수 생성 및 제거

1 컬럼 추가

df에서의 컬럼을 추가하는 방법은 dictionary에서 컬럼을 추가하는 방법과 동일하다.

> df['새로운_컬럼명'] = 추가할 컬럼의 객체(values)

풀이

Q1. 예제 데이터인 YS_Korean_Restaurant_Orders.csv 데이터에 quantity컬럼 × 100을 하여 컬럼명 'quantity_100'로 추가해 보자.

Python 코드 예시

```
import pandas as pd

#여기에서 .은 현재 파이썬 쥬피터 노트북 파일의 위치와 같다는 의미이다.
pd.read_csv('./YS_Korean_Restaurant_Orders.csv')
```

Python 결과 출력

	order_id	item_name	quantity	choice_description	item_price
0	1	떡볶이	3	야채추가, 두부, 계란	30600.0
1	1	비빔밥	1	야채추가, 고기추가	6400.0
2	2	김밥	1	파	13800.0
3	2	불고기	1	계란	9600.0
4	2	갈비탕	3	김가루	26100.0
...	...	...	...	...	...
629	200	떡볶이	1	NaN	12200.0
630	200	김밥	1	김가루, 치즈	10700.0
631	200	잡채	2	파, 두부, 치즈	23000.0
632	200	삼겹살	3	고기추가, 야채추가	24300.0
633	200	떡볶이	2	매운맛, 야채추가	19000.0

634 rows × 5 columns

> Python 코드 예시

```
# 변수에 할당
ys_df = pd.read_csv('./YS_Korean_Restaurant_Orders.csv')
```

```
# 데이터 정보 확인
ys_df.info()
```

> Python 결과 출력

```
<class 'pandas.core.frame.DataFrame'>
RangeIndex: 634 entries, 0 to 633
Data columns (total 5 columns):
 #   Column              Non-Null Count   Dtype
---  ------              --------------   -----
 0   order_id            634 non-null     int64
 1   item_name           634 non-null     object
 2   quantity            634 non-null     int64
 3   choice_description  458 non-null     object
 4   item_price          634 non-null     float64
dtypes: float64(1), int64(2), object(2)
memory usage: 24.9+ KB
```

> Python 코드 예시

```
# 데이터에 새로운 컬럼명 "quantity_100" 추가
ys_df['quantity_100'] = ys_df['quantity'] * 100

# 위에서 5행만 찍어본다.
ys_df.head(5)
```

> Python 결과 출력

	order_id	item_name	quantity	choice_description	item_price	quantity_100
0	1	떡볶이	3	야채추가, 두부, 계란	30600.0	300
1	1	비빔밥	1	야채추가, 고기추가	6400.0	100
2	2	김밥	1	파	13800.0	100
3	2	불고기	1	계란	9600.0	100
4	2	갈비탕	3	김가루	26100.0	300

2 컬럼 삭제

df에서의 컬럼을 삭제하는 방법은 drop 메서드를 활용하는 방법이다. 활용법은 아래의 표와 같이 사용할 수 있다.

df.drop(labels, axis = 0, inplace = False,...)

파라미터	설명	기본값
labels	삭제할 컬럼(또는 행)의 이름을 리스트 형태로 지정	필수
axis	0이면 행(row) 삭제, 1이면 열(column) 삭제	0
inplace	원본 변경 여부(True면 원본 변경)	FALSE
errors	존재하지 않는 컬럼 처리 방식(ignore 설정 시 에러 방지)	raise

풀이

Python 코드 예시

Q2. 예제 데이터인 YS_Korean_Restaurant_Orders.csv 데이터에 quantity컬럼 × 100을 하여 추가한 컬럼명 'quantity_100'을 제거하고, 새로운 변수 ys_df2에 적용된 데이터프레임을 할당하시오.

```
## Q1 변수 생성 예제의 결과
ys_df
```

Python 결과 출력

	order_id	item_name	quantity	choice_description	item_price	quantity_100
0	1	떡볶이	3	야채추가, 두부, 계란	30600.0	300
1	1	비빔밥	1	야채추가, 고기추가	6400.0	100
2	2	김밥	1	파	13800.0	100
3	2	불고기	1	계란	9600.0	100
4	2	갈비탕	3	김가루	26100.0	300
...	...	...	...	...	...	...
629	200	떡볶이	1	NaN	12200.0	100
630	200	김밥	1	김가루, 치즈	10700.0	100
631	200	잡채	2	파, 두부, 치즈	23000.0	200
632	200	삼겹살	3	고기추가, 야채추가	24300.0	300
633	200	떡볶이	2	매운맛, 야채추가	19000.0	200

634 rows × 6 columns

Python 코드 예시

```
## quantity_100 변수(= 컬럼명) 제거
ys_df2 = ys_df.drop(['quantity_100'], axis = 1)
ys_df2
```

Python 결과 출력

	order_id	item_name	quantity	choice_description	item_price
0	1	떡볶이	3	야채추가, 두부, 계란	30600.0
1	1	비빔밥	1	야채추가, 고기추가	6400.0
2	2	김밥	1	파	13800.0
3	2	불고기	1	계란	9600.0
4	2	갈비탕	3	김가루	26100.0
...	...	...	...	...	...
629	200	떡볶이	1	NaN	12200.0
630	200	김밥	1	김가루, 치즈	10700.0
631	200	잡채	2	파, 두부, 치즈	23000.0
632	200	삼겹살	3	고기추가, 야채추가	24300.0
633	200	떡볶이	2	매운맛, 야채추가	19000.0

SECTION 02 데이터 인코딩

1 레이블 인코딩(Label Encoding)

(1) 정의

① 레이블 인코딩(Label Encoding)은 범주형 데이터를 숫자형(정수형)으로 변환하는 기법이다.
② 주로 순서 없는 범주형 데이터를 머신러닝 모델에서 처리할 수 있도록 변환할 때 사용한다.
③ sklearn.preprocessing 모듈의 LabelEncoder 클래스를 활용하여 구현할 수 있다.

(2) 주요 특징

① 장점
  ㉠ 간편한 변환
    • 문자열 형태의 범주형 데이터를 0부터 시작하는 정수 값으로 변환할 수 있다.
    • 데이터 변환 과정이 간단하며, 적용이 쉽다.
  ㉡ 적은 메모리 사용
    • One-Hot Encoding과 비교하여 메모리 사용량이 적고, 데이터 크기가 줄어든다.
    • 특히, 고유한 범주 개수가 많을 때 효율적이다.

ⓒ 트리 기반 모델과 궁합이 좋음
- RandomForest, XGBoost와 같은 트리 기반 알고리즘에서는 레이블 인코딩이 적절하게 활용된다.
- 트리 모델은 데이터를 순서 없이 다룰 수 있어 인코딩된 숫자의 크기에 영향을 받지 않는다.

② 단점
ⓐ 순서 정보 왜곡 가능성
- 모델은 정수 값이 크거나 작다고 해서 의미가 있는 것이 아님에도 이를 학습할 수 있다.
- 예를 들어, ['Red', 'Blue', 'Green']을 [0, 1, 2]로 변환하면 모델은 Green 〉 Blue 〉 Red라는 잘못된 순서 관계를 학습할 가능성이 있다.
- 선형 회귀(Linear Regression), 로지스틱 회귀(Logistic Regression) 등에서는 적절하지 않다.

ⓑ 범주 개수 증가 시 정보 손실 위험
- 범주 개수가 많아질수록 숫자로 변환된 값이 커지고, 의미 해석이 어려워질 수 있다.
- 범주 간 거리가 왜곡될 수 있으며, 모델이 오해할 가능성이 있다.

ⓒ 새로운 데이터 처리 문제 : 훈련 데이터에 없는 새로운 범주 값이 들어오면, 기존 인코더로 변환할 수 없어 오류가 발생할 수 있다.

Python 코드 예시

```python
from sklearn.preprocessing import LabelEncoder
import pandas as pd

# 예제 데이터 생성
data = {'Category': ['Apple', 'Banana', 'Orange', 'Apple', 'Orange', 'Banana']}
df = pd.DataFrame(data)

# Label Encoding 적용
encoder = LabelEncoder()
df['Category_encoded'] = encoder.fit_transform(df['Category'])

# 변환 결과 출력
print(df)
print("\n매핑 정보:", dict(zip(encoder.classes_, encoder.transform(encoder.classes_))))
```

Python 결과 출력

```
   Category  Category_encoded
0     Apple                 0
1    Banana                 1
2    Orange                 2
3     Apple                 0
4    Orange                 2
5    Banana                 1

매핑 정보: {'Apple': 0, 'Banana': 1, 'Orange': 2}
```

③ 요약
  ㉠ 레이블 인코딩은 범주형 데이터를 숫자로 변환하는 기법으로, 트리 기반 모델에서 주로 사용된다.
  ㉡ 선형 모델에서는 숫자의 크기가 순서적 의미를 가질 수 있으므로 사용에 주의가 필요하다.
  ㉢ 범주 간 관계가 왜곡되지 않게 하기 위해서는 경우에 따라 One-Hot Encoding이 더 적절할 수 있다.

2 원-핫 인코딩

(1) 주요 특징

① 장점
  ㉠ 순서 정보 왜곡 없음
    • 레이블 인코딩과 달리, 범주 간의 순서 정보가 왜곡될 위험이 없다.
    • 예를 들어, ['Red', 'Blue', 'Green']을 [0, 1, 2]로 변환하면 숫자의 크기 차이가 발생하지만, 원-핫 인코딩은 이를 [1, 0, 0], [0, 1, 0], [0, 0, 1]로 변환하여 순서 영향을 배제한다.
  ㉡ 선형 모델과 잘 맞음 : 로지스틱 회귀(Logistic Regression) 및 선형 회귀(Linear Regression) 모델에서는 원-핫 인코딩이 숫자 크기 왜곡 없이 올바른 학습을 가능하게 한다.
  ㉢ 다양한 머신러닝 모델에서 활용 가능 : 트리 기반 모델뿐만 아니라 딥러닝, 신경망, 거리 기반 알고리즘(KNN) 등에서도 많이 사용된다.

② 단점
  ㉠ 차원의 증가 문제(고차원화)
    • 범주 개수가 많아질수록 컬럼 개수가 급격히 증가한다.
    • 예를 들어, 1,000개의 서로 다른 카테고리를 원-핫 인코딩하면 1,000개의 컬럼이 생성되어 메모리 사용량이 증가하고, 연산이 비효율적일 수 있다.
  ㉡ 희소 행렬(Sparse Matrix) 문제
    • 대부분의 원-핫 벡터 값이 0이므로, 희소 행렬(Sparse Matrix)이 생성된다.
    • 행렬 크기가 커지면 연산 속도가 저하될 수 있다.
    • Pandas의 SparseDataFrame 또는 Scipy의 csr_matrix를 사용하면 메모리를 절약할 수 있다.
  ㉢ 새로운 범주 처리 문제 : 훈련 데이터에 없던 새로운 범주가 테스트 데이터에서 등장하면, 해당 범주에 대한 원-핫 벡터를 생성할 수 없어 오류가 발생할 수 있다.

Python 코드 예시

```python
from sklearn.preprocessing import OneHotEncoder
import pandas as pd

# 예제 데이터 생성
data = {'Category': ['Apple', 'Banana', 'Orange', 'Apple', 'Orange', 'Banana']}
df = pd.DataFrame(data)

# One-Hot Encoding 적용 (sklearn)
encoder = OneHotEncoder(sparse_output = False)  # 최신 버전 대응
encoded_array = encoder.fit_transform(df[['Category']])

# 변환된 데이터를 DataFrame으로 변환
df_encoded = pd.DataFrame(encoded_array, columns = encoder.get_feature_names_out(['Category']))

# 결과 출력
print("▶ 원-핫 인코딩 결과")
print(df_encoded)
```

Python 결과 출력

```
▶ 원-핫 인코딩 결과
   Category_Apple  Category_Banana  Category_Orange
0             1.0              0.0              0.0
1             0.0              1.0              0.0
2             0.0              0.0              1.0
3             1.0              0.0              0.0
4             0.0              0.0              1.0
5             0.0              1.0              0.0
```

③ 요약

　㉠ 원-핫 인코딩은 범주형 데이터를 0과 1로 변환하여 모델이 순서 관계 없이 처리할 수 있도록 한다.

　㉡ 선형 모델에서 유리하지만, 컬럼 수가 급격히 증가할 수 있어 차원의 저주(고차원화) 문제를 고려해야 한다.

　㉢ 범주 개수가 많을 경우 차원 축소 기법(PCA 등)을 병행하여 활용할 수도 있다.

풀이

Q3. 예제 데이터인 titanic 데이터셋의 train.csv 데이터를 활용하여 타이타닉 데이터의 성별(Sex) 및 좌석 등급(Pclass)에 레이블 인코딩과 원-핫 인코딩을 적용해 보자.

Python 코드 예시

```
import pandas as pd
from sklearn.preprocessing import LabelEncoder, OneHotEncoder

# 타이타닉 데이터셋 불러오기
url = "https://raw.githubusercontent.com/datasciencedojo/datasets/master/titanic.csv"
df = pd.read_csv(url)

# 성별(Sex) 레이블 인코딩 적용
sex_encoder = LabelEncoder()
df['Sex_encoded'] = sex_encoder.fit_transform(df['Sex'])

# 좌석 등급(Pclass) 원-핫 인코딩 적용
pclass_encoder = OneHotEncoder(sparse_output = False)   # 최신 버전 대응
pclass_encoded = pclass_encoder.fit_transform(df[['Pclass']])

# 변환된 데이터를 데이터프레임으로 변환
pclass_columns = pclass_encoder.get_feature_names_out(['Pclass'])
df_pclass_encoded = pd.DataFrame(pclass_encoded, columns = pclass_columns)

# 원본 Pclass와 원-핫 인코딩 결과를 병합
df_final = pd.concat([df[['Sex', 'Sex_encoded', 'Pclass']], df_pclass_encoded], axis = 1)

# 결과 출력
print("▶ 타이타닉 데이터 인코딩 결과")
print(df_final.head())
```

Python 결과 출력

```
▶ 타이타닉 데이터 인코딩 결과
      Sex  Sex_encoded  Pclass  Pclass_1  Pclass_2  Pclass_3
0    male            1       3       0.0       0.0       1.0
1  female            0       1       1.0       0.0       0.0
2  female            0       3       0.0       0.0       1.0
3  female            0       1       1.0       0.0       0.0
4    male            1       3       0.0       0.0       1.0
```

SECTION 03 데이터 스케일링

1 표준화(Standardization, Z-score Normalization)

① 표준화(Standardization, Z-score Normalization)는 데이터의 평균을 0, 표준편차를 1로 변환하는 방법이다.
② 변환된 값은 정규 분포를 따르는 형태로 조정되며, 평균인 0을 중심으로 데이터가 퍼지게 된다.
③ StandardScaler를 사용하여 구현할 수 있다.
④ 거리 기반 알고리즘(KNN, SVM, PCA 등)에서 주로 사용된다.

Python 코드 예시

```python
import pandas as pd
from sklearn.preprocessing import StandardScaler

# 예제 데이터 생성
data = {'Feature1': [10, 20, 30, 40, 50], 'Feature2': [5, 10, 15, 20, 25]}
df = pd.DataFrame(data)

# 표준화 적용
scaler = StandardScaler()
df_standardized = pd.DataFrame(scaler.fit_transform(df), columns = df.columns)

# 원본 데이터와 비교하여 출력
df_comparison = pd.concat([df, df_standardized], axis = 1)
df_comparison.columns = ['Feature1 (Original)', 'Feature2 (Original)', 'Feature1 (Standardized)', 'Feature2 (Standardized)']

# 결과 출력
print("▶ 표준화 결과 (원본 비교)")
df_comparison
```

Python 결과 출력

▶ 표준화 결과 (원본 비교)

	Feature1 (Original)	Feature2 (Original)	Feature1 (Standardized)	Feature2 (Standardized)
0	10	5	−1.414214	−1.414214
1	20	10	−0.707107	−0.707107
2	30	15	0.000000	0.000000
3	40	20	0.707107	0.707107
4	50	25	1.414214	1.414214

2 정규화(Normalization, Min-Max Scaling)

① 정규화(Normalization, Min-Max Scaling)는 데이터를 0과 1 사이의 범위로 변환하는 방법이다.
② 각 데이터 값이 최솟값 0, 최댓값 1 사이에서 조정되어 상대적인 크기 비교가 용이하다.
③ MinMaxScaler를 사용하여 구현할 수 있다.
④ 딥러닝, 신경망 모델에서 활성화 함수의 영향을 줄이기 위해 많이 사용된다.

Python 코드 예시

```python
from sklearn.preprocessing import MinMaxScaler

# 정규화 적용
scaler = MinMaxScaler()
df_normalized = pd.DataFrame(scaler.fit_transform(df), columns = df.columns)

# 원본 데이터와 비교하여 출력
df_comparison = pd.concat([df, df_normalized], axis = 1)
df_comparison.columns = ['Feature1 (Original)', 'Feature2 (Original)', 'Feature1 (Normalized)', 'Feature2 (Normalized)']

# 결과 출력
print("▶ 정규화 결과 (원본 비교)")
df_comparison
```

Python 결과 출력

▶ 표준화 결과 (원본 비교)

	Feature1 (Original)	Feature2 (Original)	Feature1 (Normalized)	Feature2 (Normalized)
0	10	5	0.00	0.00
1	20	10	0.25	0.25
2	30	15	0.50	0.50
3	40	20	0.75	0.75
4	50	25	1.00	1.00

CHAPTER 04 데이터 결합 및 요약

▶ 데이터 위치
- 구글 드라이브(https://bit.ly/ymsbig) 접속 → 1.yemoonsa-source → data → part 2
- 예문에듀 홈페이지(https://yeamoonedu.com/) 접속 → 도서 인증 후 자료 내려받기 → 1.yemoonsa-source → data → part 2

SECTION 01 데이터 결합(merge, concat)

1 concat()과 merge()를 활용한 데이터 결합

① 데이터 결합은 여러 개의 DataFrame을 하나로 합치는 과정이다.
② concat()은 단순한 행(row) 또는 열(column) 기준 연결을 수행한다.
③ merge()는 관계형 데이터베이스의 JOIN과 유사한 방식으로 데이터를 병합한다.

2 concat()을 활용한 데이터 결합

① concat()은 여러 DataFrame을 단순히 상하(행) 또는 좌우(열)로 결합할 때 사용된다.
② axis = 0(기본값)으로 설정하면 행(row) 기준으로 결합, axis = 1로 설정하면 열(column) 기준으로 결합한다.
③ 함수 활용법(concat())

> pd.concat(objs, axis = 0, join = 'outer', ignore_index = False, ...)

주요 파라미터	설명
axis	결합 방향(0 : 행 기준, 1 : 열 기준)
ignore_index	True로 설정하면 기존 인덱스를 무시하고 새 인덱스를 부여함
keys	각 데이터프레임에 그룹 키를 추가하여 구분 가능
join	outer(기본값) 또는 inner(공통 컬럼만 유지) 방식 선택

Python 코드 예시

```python
# 원본 데이터프레임 생성
df3 = pd.DataFrame({'ID': [1, 2, 3], 'Score': [85, 90, 95]})
df4 = pd.DataFrame({'ID': [4, 5, 6], 'Score': [88, 92, 96]})

print("▶ 원본 데이터프레임 3 (df3)")
print(df3, "\n")

print("▶ 원본 데이터프레임 4 (df4)")
print(df4, "\n")

# 행(row) 기준 결합 (위아래 연결)
df_concat_rows = pd.concat([df3, df4], axis = 0, ignore_index = True)

# 열(column) 기준 결합 (좌우 연결)
df_concat_cols = pd.concat([df3, df4], axis = 1)

# 결과 출력
print("▶ concat() 결과 (행 기준)")
print(df_concat_rows, "\n")

print("▶ concat() 결과 (열 기준)")
print(df_concat_cols)
```

Python 결과 출력

```
▶ 원본 데이터프레임 3 (df3)
   ID  Score
0   1     85
1   2     90
2   3     95

▶ 원본 데이터프레임 4 (df4)
   ID  Score
0   4     88
1   5     92
2   6     96

▶ concat() 결과 (행 기준)
   ID  Score
0   1     85
1   2     90
2   3     95
3   4     88
4   5     92
5   6     96
```

▶ concat() 결과 (열 기준)
```
   ID  Score  ID  Score
0   1     85   4     88
1   2     90   5     92
2   3     95   6     96
```

3 merge()

① merge()는 두 개 이상의 데이터프레임을 특정 키(기준) 컬럼을 기준으로 병합할 때 사용된다.
② SQL의 JOIN과 동일한 방식으로 병합할 수 있으며, "on 파라미터"를 활용하여 병합 기준을 지정할 수 있다.
③ 함수 활용법(merge())

df.merge(right, how = 'inner', on = None, left_on = None, right_on = None, ...)

주요 파라미터	설명
on	병합할 기준이 되는 컬럼명(동일한 컬럼이 있어야 함)
how	병합 방식(inner, outer, left, right)
left_on, right_on	서로 다른 컬럼명을 기준으로 병합할 때 사용
suffixes	중복된 컬럼명에 추가할 접미사(예 _x, _y)

Python 코드 예시

```python
import pandas as pd

# 원본 데이터프레임 생성
df1 = pd.DataFrame({'ID': [1, 2, 3], 'Name': ['Alice', 'Bob', 'Charlie'], 'Age': [25, 30, 35]})
df2 = pd.DataFrame({'ID': [1, 2, 4], 'Salary': [50000, 60000, 70000]})

print("▶ 원본 데이터프레임 1 (df1)")
print(df1, "\n")

print("▶ 원본 데이터프레임 2 (df2)")
print(df2, "\n")

# INNER JOIN (교집합) - 공통 ID(1,2)만 유지
df_inner = pd.merge(df1, df2, on = 'ID', how = 'inner')
print("▶ INNER JOIN 결과")
print(df_inner, "\n")

# OUTER JOIN (합집합) - 모든 ID 유지, 없는 값은 NaN 처리
df_outer = pd.merge(df1, df2, on = 'ID', how = 'outer')
print("▶ OUTER JOIN 결과")
print(df_outer, "\n")
```

```python
# LEFT JOIN - df1(왼쪽) 기준, 없는 값은 NaN 처리
df_left = pd.merge(df1, df2, on = 'ID', how = 'left')
print("▶ LEFT JOIN 결과")
print(df_left, "\n")

# RIGHT JOIN - df2(오른쪽) 기준, 없는 값은 NaN 처리
df_right = pd.merge(df1, df2, on = 'ID', how = 'right')
print("▶ RIGHT JOIN 결과")
print(df_right)
```

Python 결과 출력

```
▶ 원본 데이터프레임 1 (df1)
   ID    Name  Age
0   1   Alice   25
1   2     Bob   30
2   3  Charlie  35

▶ 원본 데이터프레임 2 (df2)
   ID  Salary
0   1   50000
1   2   60000
2   4   70000

▶ INNER JOIN 결과
   ID   Name  Age  Salary
0   1  Alice   25   50000
1   2    Bob   30   60000

▶ OUTER JOIN 결과
   ID     Name   Age    Salary
0   1    Alice  25.0   50000.0
1   2      Bob  30.0   60000.0
2   3  Charlie  35.0       NaN
3   4      NaN   NaN   70000.0

▶ LEFT JOIN 결과
   ID     Name  Age   Salary
0   1    Alice   25  50000.0
1   2      Bob   30  60000.0
2   3  Charlie   35      NaN

▶ RIGHT JOIN 결과
   ID   Name   Age  Salary
0   1  Alice  25.0   50000
1   2    Bob  30.0   60000
2   4    NaN   NaN   70000
```

SECTION 02 데이터 요약

1 그룹별 통계 요약

① groupby() 함수는 특정 컬럼을 기준으로 데이터를 그룹화하여, 통계량(평균, 합계 등)을 계산할 때 사용된다.

② 그룹화한 결과에 대해 mean(), sum(), count(), max(), min() 등 다양한 집계 함수와 함께 사용할 수 있다.

③ as_index = True(기본값)면 그룹 기준 컬럼이 인덱스로 설정되고, False로 설정하면 일반 컬럼으로 유지된다.

④ 함수 활용법(groupby)

> DataFrame.groupby(by, as_index = True, sort = True, ...)

주요 파라미터	설명
by	그룹화를 수행할 기준 컬럼 또는 컬럼 리스트
as_index	그룹 기준 컬럼을 인덱스로 설정할지 여부(기본값 : True)
sort	그룹 기준값 기준으로 정렬 여부(기본값 : True)
dropna	NA 값이 있는 그룹 제외 여부(기본값 : True)

Python 코드 예시

```python
import pandas as pd

# 예시 데이터 생성
data = {
    '지역': ['서울', '서울', '부산', '부산', '서울'],
    '성별': ['남', '여', '남', '여', '남'],
    '소득': [300, 250, 220, 210, 330]
}
df = pd.DataFrame(data)

# 지역별 평균 소득
grouped1 = df.groupby('지역')['소득'].mean()
print(grouped1)

# 지역과 성별별 평균 소득
grouped2 = df.groupby(['지역', '성별'])['소득'].mean()
print('\n',grouped2)

# as_index = False 사용
grouped3 = df.groupby('지역', as_index = False)['소득'].mean()
print('\n',grouped3)
```

Python 결과 출력

```
지역
부산    215.000000
서울    293.333333
Name: 소득, dtype: float64

지역   성별
부산   남     220.0
     여     210.0
서울   남     315.0
     여     250.0
Name: 소득, dtype: float64

   지역        소득
0  부산    215.000000
1  서울    293.333333
```

⑤ 함수 활용법(agg)

DataFrame.groupby(기준컬럼).agg(함수 또는 함수 목록)

주요 파라미터	설명
func	• 그룹화에 적용될 집계 함수(예 count(), mean(), max(), min()) • 문자열, 함수 객체, 함수 리스트 또는 딕셔너리 형식 가능
**kwargs	그룹 기준 컬럼을 인덱스로 설정할지 여부(기본값 : True)

Python 코드 예시

```python
import pandas as pd

# 예시 데이터 생성
data = {
    '부서': ['영업', '영업', '기획', '기획', '개발', '개발'],
    '직원': ['홍길동', '김철수', '이영희', '박민수', '최은지', '장민호'],
    '급여': [300, 320, 280, 290, 400, 410],
    '성과': [80, 75, 90, 85, 95, 92]
}
df = pd.DataFrame(data)

# 부서별 평균 급여 및 성과
print(df.groupby('부서').agg({'급여': 'mean', '성과': 'mean'}))

# 부서별 급여 평균, 최대값, 최소값
print(df.groupby('부서')['급여'].agg(['mean', 'max', 'min']))

# 부서별 급여는 평균, 성과는 합계로 계산
print(df.groupby('부서').agg({'급여': 'mean', '성과': 'sum'}))
```

> Python 결과 출력

```
        급여     성과
부서
개발    405.0   93.5
기획    285.0   87.5
영업    310.0   77.5

       mean   max   min
부서
개발    405.0   410   400
기획    285.0   290   280
영업    310.0   320   300

        급여    성과
부서
개발    405.0   187
기획    285.0   175
영업    310.0   155
```

2 데이터에 함수 적용하기

(1) 시리즈(Series)에 map() 함수 적용하기

① map() 함수는 Series 객체의 각 원소에 함수를 적용할 때 사용된다.
② 람다 함수(lambda)나 사용자 정의 함수, 딕셔너리 매핑 등을 활용하여 데이터를 변환할 수 있다.
③ 주로 한 컬럼에 조건 기반으로 값을 치환하거나 변형할 때 많이 사용된다.
④ 함수 활용법(map)

> Series.map(함수 또는 매핑 딕셔너리)

> Python 코드 예시

```python
import pandas as pd

# 예시 데이터
df = pd.DataFrame({'성별': ['f', 'm', 'f', 'm']})

# 성별을 숫자로 치환 (남:1, 여:0)
df['성별코드'] = df['성별'].map({'m': 1, 'f': 0})

# 람다 함수로 변환
df['성별대문자'] = df['성별'].map(lambda x: x.upper())

df
```

Python 결과 출력

	성별	성별코드	성별대문자
0	f	0	F
1	m	1	M
2	f	0	F
3	m	1	M

(2) DataFrame에 apply() 함수 적용하기

① apply() 함수는 DataFrame의 행(row) 또는 열(column)에 함수를 적용하는 데 사용된다.
② axis=0이면 컬럼 단위로 함수를 적용, axis=1이면 행 단위로 함수를 적용한다.
③ 복잡한 조건 처리나 여러 컬럼을 동시에 사용하는 함수를 적용하는 데 유용하다.
④ 함수 활용법(apply)

DataFrame.apply(함수, axis=0 또는 1)

Python 코드 예시

```python
import pandas as pd

# 예시 데이터
df = pd.DataFrame({
    '이름': ['홍길동', '김철수'],
    '국어': [90, 85],
    '영어': [80, 95],
    '수학': [70, 100]
})

# 학생별 평균 점수 계산 (행 단위)
df['평균'] = df.apply(lambda row: (row['국어'] + row['영어'] + row['수학']) / 3, axis=1)

# 과목별 최고 점수 계산 (열 단위)
최고점수 = df[['국어', '영어', '수학']].apply(max, axis=0)
```

Python 결과 출력

dt

	이름	국어	영어	수학	평균
0	홍길동	90	80	70	80.000000
1	김철수	85	95	100	93.333333

print(최고점수)

```
국어     90
영어     95
수학    100
dtype: int64
```

CHAPTER 05 결측치와 이상치

▶ 데이터 위치
- 구글 드라이브(https://bit.ly/ymsbig) 접속 → 1.yemoonsa-source → data → part 2
- 예문에듀 홈페이지(https://yeamoonedu.com/) 접속 → 도서 인증 후 자료 내려받기 → 1.yemoonsa-source → data → part 2

SECTION 01 결측치(missing value)

1 정의

① 결측치란 값이 존재해야 할 위치에 값이 없는 상태를 의미한다.
② 데이터 분석 시 결측치를 처리하지 않으면 계산 오류 또는 왜곡된 결과가 발생할 수 있으므로, 사전에 적절히 처리해야 한다.
③ Pandas에서는 NaN(Not a Number) 또는 None 값으로 결측치를 표현한다.

2 결측치 확인

① isnull() 또는 isna() 함수를 사용하여 결측치 여부를 확인할 수 있다.
② sum()과 함께 사용하면 컬럼별 결측치 개수를 확인할 수 있다.

> Python 코드 예시
```
import pandas as pd
import numpy as np

# 예시 데이터
df = pd.DataFrame({
    '이름': ['홍길동', '김철수', '이영희'],
    '나이': [25, np.nan, 30],
    '성별': ['남', '남', None]
})

# 결측치 여부 확인
print(df.isnull())

# 컬럼별 결측치 개수
print(df.isnull().sum())
```

```
        이름    나이     성별
0      False   False   False
1      False   True    False
2      False   False   True
이름     0
나이     1
성별     1
dtype: int64
```

3 결측치 처리 방법

① 결측치는 분석 목적에 따라 삭제하거나 적절한 값으로 대체할 수 있다.
② 삭제는 간단하지만 데이터 손실이 발생할 수 있으므로 신중하게 선택해야 한다.
③ 대체는 평균값, 최빈값, 중간값 등 통계량을 활용하거나 지정한 값으로 채우는 방식이 있다.

처리 방식	설명
삭제(drop)	결측치가 있는 행 또는 열을 삭제
대체(fill)	평균값, 최빈값, 중간값 또는 지정된 값으로 결측치를 채움
예측값으로 대체	머신러닝 모델 등을 활용하여 결측값을 예측한 후 채움

Python 코드 예시

```
df
```

	이름	나이	성별
0	홍길동	25.0	남
1	김철수	NaN	남
2	이영희	30.0	None

Python 코드 예시

```
# 모든 결측치를 0으로 채우기
df.fillna(0)

# 나이 컬럼의 평균으로 채우기
df['나이'] = df['나이'].fillna(df['나이'].mean())

# 성별 컬럼을 '알수없음'으로 채우기
df['성별'] = df['성별'].fillna('알수없음')
df
```

Python 결과 출력

	이름	나이	성별
0	홍길동	25.0	남
1	김철수	27.5	남
2	이영희	30.0	알수없음

4 결측치 여부를 조건으로 활용

① isnull() 또는 isna() 함수는 조건 필터링에도 활용할 수 있다.
② 결측치가 있는 행만 선택하거나, 결측치가 없는 데이터만 선별할 수 있어 데이터 전처리에 매우 유용하다.

Python 코드 예시

```python
import pandas as pd
import numpy as np

# 예시 데이터
df = pd.DataFrame({
    '이름': ['홍길동', '김철수', '이영희'],
    '나이': [25, np.nan, 30],
    '성별': ['남', '남', None]
})

# 결측치가 있는 행만 추출
df[df['나이'].isnull()]

# 결측치가 없는 행만 추출
df[df['나이'].notnull()]
```

Python 결과 출력

	이름	나이	성별
0	홍길동	25.0	남
2	이영희	30.0	None

SECTION 02 이상치(outlier)

1 정의

① 이상치란 데이터 분포에서 벗어나 있는 극단적인 값을 의미한다.
② 이상치는 입력 오류, 측정 오류, 특이한 사례 등으로 인해 발생할 수 있으며, 분석 결과에 큰 영향을 미치기 때문에 사전에 탐지하고 처리할 필요가 있다.
③ 이상치를 제거하거나 대체하는 방법은 분석 목적에 따라 달라질 수 있다.

2 이상치 확인 방법

(1) 개요

① 기술 통계량(Descriptive Statistics) 또는 시각화 기법을 통해 이상치를 탐지할 수 있다.
② 일반적으로 이상치 판단 기준은 사분위수(IQR ; Interquartile Range)를 기반으로 설정한다.
③ boxplot, describe(), 조건 필터링을 함께 활용하면 이상치를 쉽게 찾을 수 있다.

(2) IQR을 활용한 이상치 기준

① IQR(Interquartile Range) = Q3 − Q1
② 이상치 기준
  ㉠ 하한 : $Q1 - 1.5 \times IQR$
  ㉡ 상한 : $Q3 + 1.5 \times IQR$

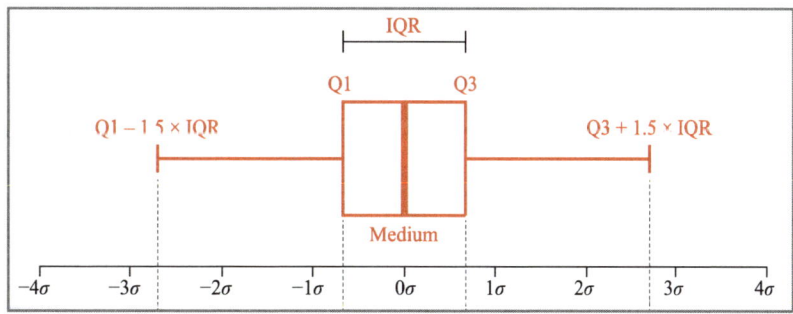

> Python 코드 예시

```
import pandas as pd

# 예시 데이터
df = pd.DataFrame({'값': [10, 12, 14, 15, 18, 20, 100]})

# IQR 계산
Q1 = df['값'].quantile(0.25)
Q3 = df['값'].quantile(0.75)
IQR = Q3 - Q1

# 이상치 조건
lower_bound = Q1 - 1.5 * IQR
upper_bound = Q3 + 1.5 * IQR

# 이상치 확인
df[(df['값'] < lower_bound) | (df['값'] > upper_bound)]
```

> Python 결과 출력

	값
6	100

(3) boxplot으로 이상치 시각화

boxplot() 함수는 이상치를 시각적으로 파악할 수 있게 해주는 유용한 도구이다.

> Python 코드 예시

```
import pandas as pd
import matplotlib.pyplot as plt

# Example data
df = pd.DataFrame({'value': [10, 12, 14, 15, 18, 20, 100]})

# Calculate IQR
Q1 = df['value'].quantile(0.25)
Q3 = df['value'].quantile(0.75)
IQR = Q3 - Q1

# Define outlier bounds
lower_bound = Q1 - 1.5 * IQR
upper_bound = Q3 + 1.5 * IQR
```

```
# Detect outliers
outliers = df[(df['value'] < lower_bound) | (df['value'] > upper_bound)]

# Boxplot to visualize outliers
plt.boxplot(df['value'])
plt.title('Boxplot for Outlier Detection')
plt.show()

# Remove outliers
df_clean = df[(df['value'] >= lower_bound) & (df['value'] <= upper_bound)]

# Replace outliers with mean of non-outlier values
outlier_condition = (df['value'] < lower_bound) | (df['value'] > upper_bound)
mean_value = df['value'][~outlier_condition].mean()
df.loc[outlier_condition, 'value'] = mean_value
```

Python 결과 출력

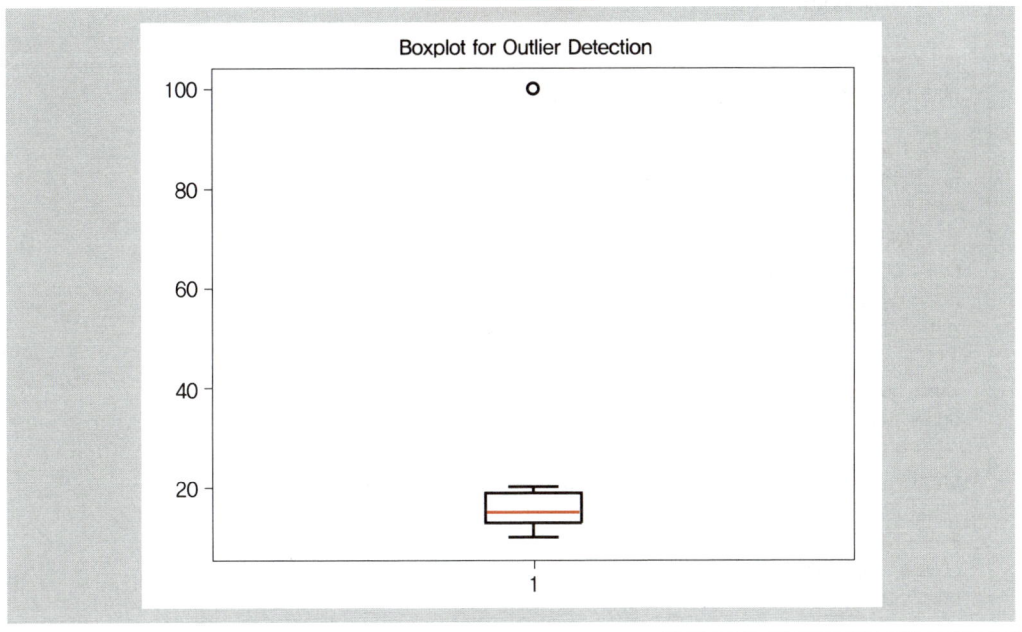

3 이상치 처리 방법

① 이상치 역시 결측치와 마찬가지로 삭제하거나 대체할 수 있다.
② 단순 삭제 외에도 평균값, 중간값 등으로 대체하거나, 정규화·표준화를 통해 이상치의 영향력을 줄이기도 한다.

처리 방식	설명
삭제	이상치 조건에 해당하는 행을 제거
평균값/중간값 대체	이상치를 중앙 경향값으로 변경하여 분석의 왜곡을 줄임
변환(로그, 정규화)	로그 변환, 표준화 등으로 분포를 조정하여 이상치의 영향 완화

Python 코드 예시

```python
import pandas as pd
import matplotlib.pyplot as plt

# 1. 데이터 생성
df = pd.DataFrame({'value': [10, 12, 14, 15, 18, 20, 100]})

# 2. 기술통계 확인 (선택사항)
print("기술 통계:\n", df['value'].describe())

# 3. IQR 계산을 통한 이상치 기준 설정
Q1 = df['value'].quantile(0.25)
Q3 = df['value'].quantile(0.75)
IQR = Q3 - Q1

lower_bound = Q1 - 1.5 * IQR
upper_bound = Q3 + 1.5 * IQR

print(f"\nLower Bound: {lower_bound}, Upper Bound: {upper_bound}")

# 4. 이상치 탐지
outliers = df[(df['value'] < lower_bound) | (df['value'] > upper_bound)]
print("\nDetected Outliers:\n", outliers)

# 5. Boxplot 시각화
plt.boxplot(df['value'])
plt.title('Boxplot for Outlier Detection')
plt.ylabel('value')
plt.grid(True)
plt.show()
```

```
# 6. 이상치 제거
df_clean = df[(df['value'] >= lower_bound) & (df['value'] <= upper_bound)]
print("\nData after removing outliers:\n", df_clean)

# 7. 이상치를 평균값으로 대체한 데이터 (선택적 방법)
df_replace = df.copy()
outlier_condition = (df_replace['value'] < lower_bound) | (df_replace['value'] > upper_bound)
mean_value = df_replace['value'][~outlier_condition].mean()
df_replace.loc[outlier_condition, 'value'] = mean_value
print("\nData after replacing outliers with mean:\n", df_replace)
```

Python 결과 출력

```
기술 통계:
count      7.000000
mean      27.000000
std       32.367679
min       10.000000
25%       13.000000
50%       15.000000
75%       19.000000
max      100.000000
Name: value, dtype: float64

Lower Bound: 4.0, Upper Bound: 28.0

Detected Outliers:
   value
6    100
```

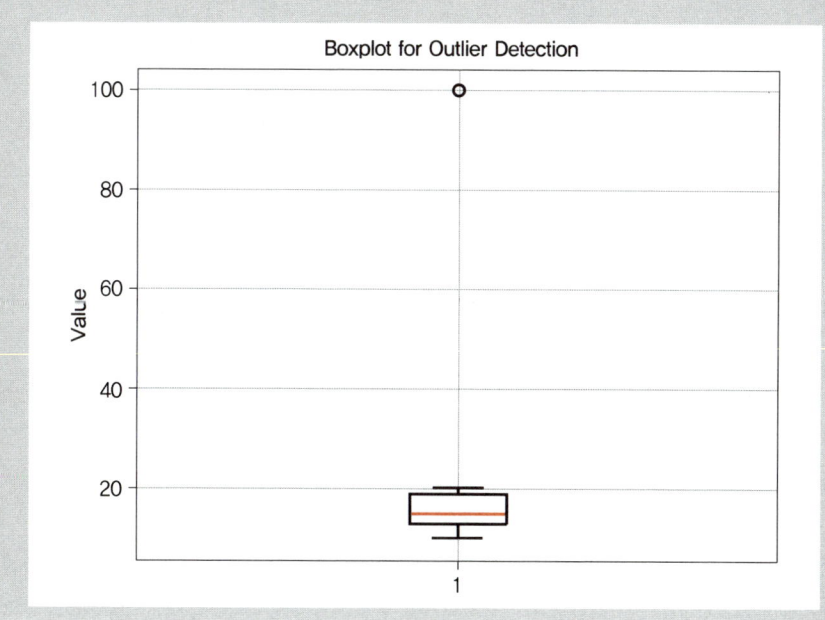

```
Data after removing outliers:
   value
0     10
1     12
2     14
3     15
4     18
5     20

Data after replacing outliers with mean:
       value
0  10.000000
1  12.000000
2  14.000000
3  15.000000
4  18.000000
5  20.000000
6  14.833333
```

CHAPTER 06 날짜시간 데이터

▶ **데이터 위치**
- 구글 드라이브(https://bit.ly/ymsbig) 접속 → 1.yemoonsa-source → data → part 2
- 예문에듀 홈페이지(https://yeamoonedu.com/) 접속 → 도서 인증 후 자료 내려받기 → 1.yemoonsa-source → data → part 2

SECTION 01 날짜시간 데이터 다루기

1 데이터 타입

① 날짜 및 시간 데이터를 다루기 위해 Pandas에서는 datetime64[ns] 타입을 사용한다.
② 일반적으로 문자열(String) 형태로 되어 있는 날짜 데이터를 to_datetime() 함수를 통해 변환한다.
③ 변환 후에는 날짜 연산, 인덱싱, 필터링, 시계열 분석 등에 활용할 수 있다.
④ 함수 활용법(to_datetime)

> pd.to_datetime(arg, format = None, errors = 'raise')

주요 파라미터	설명
arg	문자열 또는 datetime으로 변환할 데이터
format	날짜 형식 지정(예 %Y-%m-%d)
errors	오류 처리 방식('raise', 'coerce', 'ignore')

Python 코드 예시

```
import pandas as pd

# 문자열을 날짜로 변환
df = pd.DataFrame({'날짜': ['2023-01-01', '2023-02-15', '2023-03-10']})
print(df.dtypes)
df
```

> **Python 결과 출력**

```
날짜    object
dtype: object
        날짜
    0   2023-01-01
    1   2023-02-15
    2   2023-03-10
```

> **Python 코드 예시**

```python
df['날짜'] = pd.to_datetime(df['날짜'])

# 데이터 타입 확인
print(df.dtypes)
```

> **Python 결과 출력**

```
날짜    datetime64[ns]
dtype: object
```

2 데이터 전처리

① 날짜 데이터를 처리할 때는 .dt 접근자를 통해 연도, 월, 일, 요일, 분기, 주차 등 다양한 정보를 추출하거나, 날짜 계산 및 필터링을 수행할 수 있다.

② 아래는 날짜 처리 시 자주 사용하는 주요 속성 및 메서드 목록이다.

③ 날짜 처리 주요 속성 및 메서드

속성/메서드	설명
.dt.year	연도 추출
.dt.month	월 추출
.dt.day	일 추출
.dt.weekday	요일(0 ~ 6 = 월요일 ~ 일요일)
.dt.day_name()	요일 이름(예 'Monday')
.dt.quarter	분기(1~4)
.dt.is_month_start	해당 날짜가 월 초인지 여부
.dt.is_month_end	해당 날짜가 월 말인지 여부
.dt.is_leap_year	윤년 여부
.dt.weekofyear	연중 몇 번째 주인지 계산(경고 있음)
.dt.to_period('M')	기간(1개월 등)으로 변환
.diff()	날짜 차이 계산
.dt.normalize()	시간 제거, 날짜만 유지

Python 코드 예시

```python
import pandas as pd

# 예시 날짜 데이터 생성
df = pd.DataFrame({
    '이름': ['홍길동', '김철수', '이영희', '박민수', '최은지'],
    '입사일': ['2020-01-03', '2021-06-15', '2022-02-28', '2023-12-01', '2024-05-31']
})

# 문자열을 날짜형으로 변환
df['입사일'] = pd.to_datetime(df['입사일'])

# 연도, 월, 일 추출
df['연도'] = df['입사일'].dt.year
df['월'] = df['입사일'].dt.month
df['일'] = df['입사일'].dt.day

# 요일 관련 정보
df['요일번호'] = df['입사일'].dt.weekday         # 0=월요일
df['요일이름'] = df['입사일'].dt.day_name()      # 예: 'Tuesday'

# 분기 및 주차 정보
df['분기'] = df['입사일'].dt.quarter
df['주차'] = df['입사일'].dt.isocalendar().week  # .weekofyear 대신 사용 권장

# 월 초 / 월 말 여부
df['월초'] = df['입사일'].dt.is_month_start
df['월말'] = df['입사일'].dt.is_month_end

# 윤년 여부
df['윤년여부'] = df['입사일'].dt.is_leap_year

# 날짜 차이 계산 (오늘 기준)
df['오늘까지_경과일수'] = (pd.Timestamp.today() - df['입사일']).dt.days

# 시계열 정규화 (시간 제거)
df['정규화_날짜'] = df['입사일'].dt.normalize()

# 기간(월 단위)으로 변환
df['월단위_기간'] = df['입사일'].dt.to_period('M')

# 결과 확인
df
```

Python 결과 출력

	이름	입사일	연도	월	일	요일번호	요일이름	분기	주차	월초	월말	윤년여부	오늘까지_경과일수	정규화_날짜	월단위_기간
0	홍길동	2020-01-03	2020	1	3	4	Friday	1	1	False	False	True	1910	2020-01-03	2020-01
1	김철수	2021-06-15	2021	6	15	1	Tuesday	2	24	False	False	False	1381	2021-06-15	2021-06
2	이영희	2022-02-28	2022	2	28	0	Monday	1	9	False	True	False	1123	2022-02-28	2022-02
3	박민수	2023-12-01	2023	12	1	4	Friday	4	48	True	False	False	482	2023-12-01	2023-12
4	최은지	2024-05-31	2024	5	31	4	Friday	2	22	False	True	True	300	2024-05-31	2024-05

작업형 제1유형-연습문제

▶ 데이터 위치
- 구글 드라이브(https://bit.ly/ymsbig) 접속 → 1.yemoonsa-source → data → 작업형(1유형) 데이터
- 예문에듀 홈페이지(https://yeamoonedu.com/) 접속 → 도서 인증 후 자료 내려받기 → 1.yemoonsa-source → data → 작업형(1유형) 데이터

01~05 Cars93의 데이터를 활용하여 아래의 문제를 풀이하시오.

01 Manufacturer별 평균 MPG.city를 구하여 내림차순으로 정렬하고, 상위 5개 제조사를 출력하시오.

해설

Python 코드 풀이

```
import pandas as pd

df = pd.read_csv('./Cars93.csv')
df = df.iloc[:,1:]

df.groupby('Manufacturer')['MPG.city'].mean().sort_values(ascending = False).head(5)
```

Python 결과 출력

```
Manufacturer
Suzuki    39.0
Geo       38.0
Honda     30.0
Saturn    28.0
Subaru    27.0
Name: MPG.city, dtype: float64
```

02 Type이 "Sporty"면서, MPG.highway가 전체 평균보다 높은 차종의 이름(Model)과 해당 연비를 출력하시오.

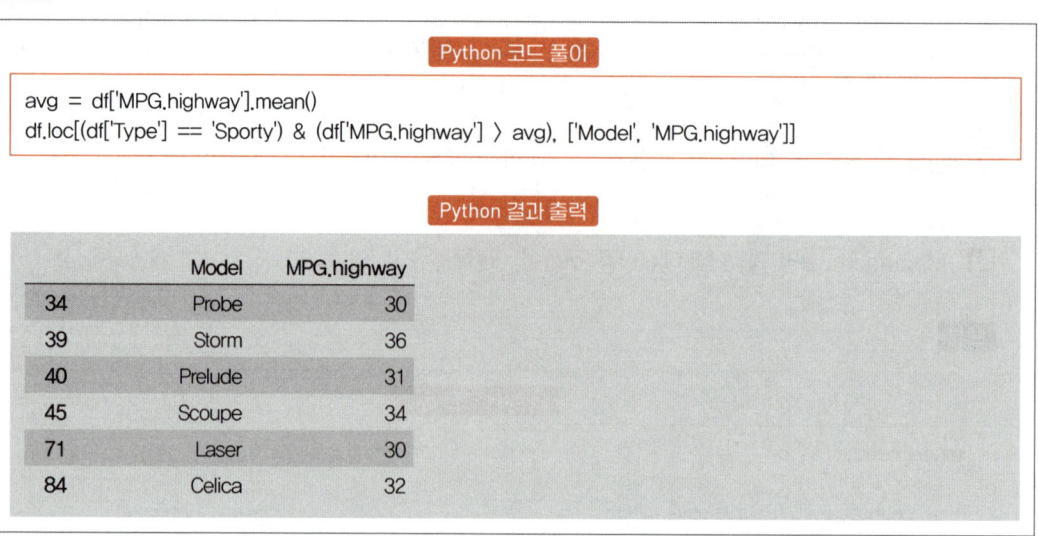

03 AirBags값별 개수를 구하고, 가장 많이 사용된 에어백 종류를 구하시오.

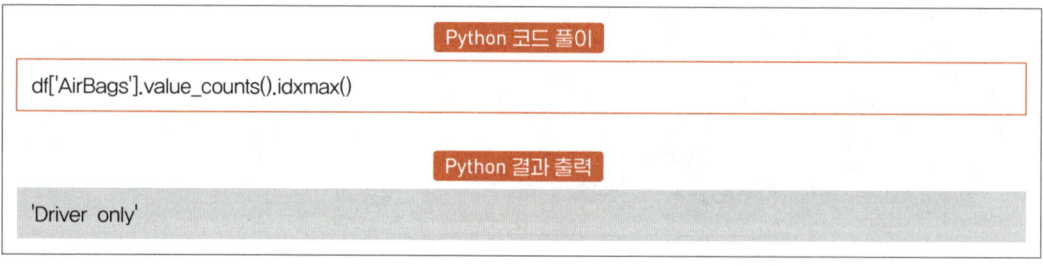

04 EngineSize≥3.0, DriveTrain이 'Rear'인 차량의 평균 Horsepower를 구하시오.

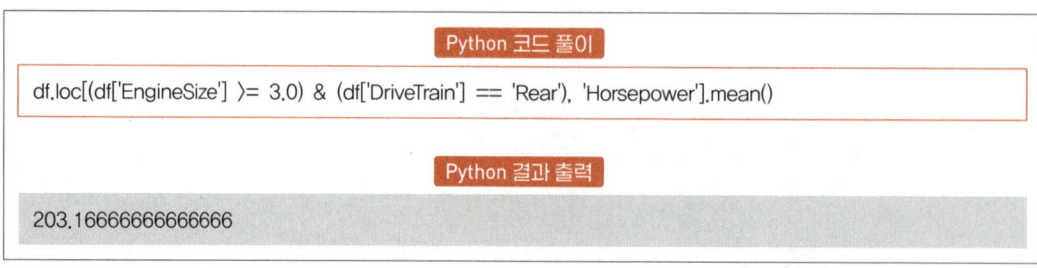

05 전체 차량의 Length와 Weight 간의 상관계수를 구하시오.

해설

Python 코드 풀이

df[['Length', 'Weight']].corr().loc['Length', 'Weight']

Python 결과 출력

0.8062743010798965

06~10 California Housing의 데이터를 활용하여 아래의 문제를 풀이하시오.

06 MedInc가 상위 10%인 지역의 평균 HouseAge를 구하시오.

해설

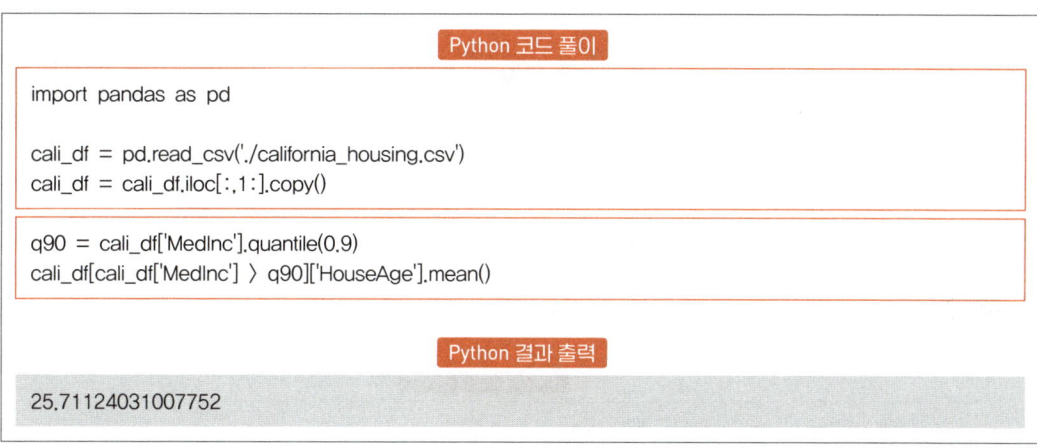

Python 코드 풀이

```
import pandas as pd

cali_df = pd.read_csv('./california_housing.csv')
cali_df = cali_df.iloc[:,1:].copy()
```

```
q90 = cali_df['MedInc'].quantile(0.9)
cali_df[cali_df['MedInc'] > q90]['HouseAge'].mean()
```

Python 결과 출력

25.71124031007752

07 AveRooms이 평균을 초과하고, AveOccup이 2 이하인 지역의 수를 구하시오.

해설

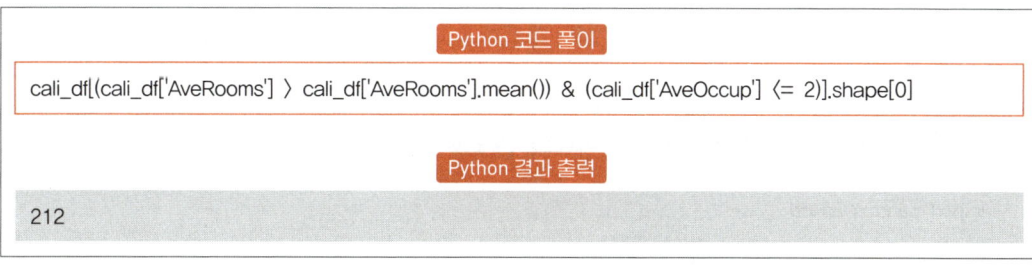

Python 코드 풀이

cali_df[(cali_df['AveRooms'] > cali_df['AveRooms'].mean()) & (cali_df['AveOccup'] <= 2)].shape[0]

Python 결과 출력

212

08 MedHouseVal의 3분위수(Q3) 초과 지역의 평균 Population을 구하시오.

해설

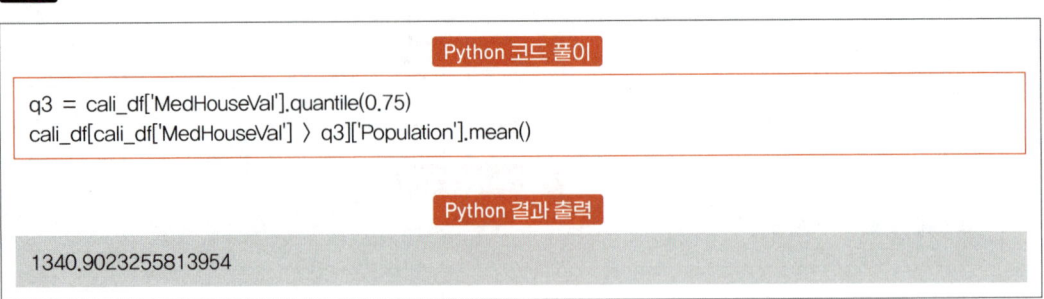

09 Latitude가 35 이상이며, Longitude가 -120 이하인 지역의 평균 주택 가격을 구하시오.

해설

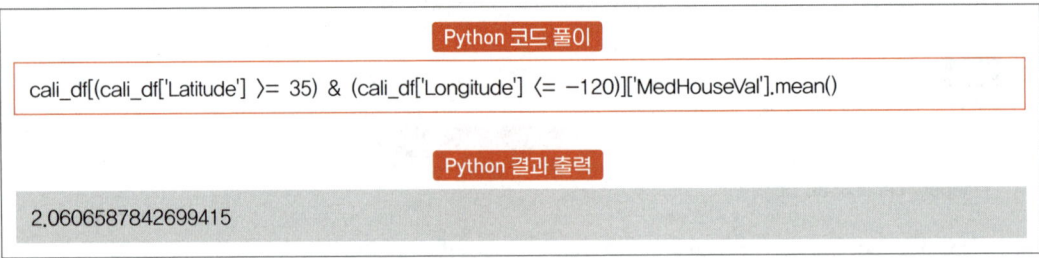

10 가장 인구가 많은 지역의 전체 데이터를 출력하시오.

해설

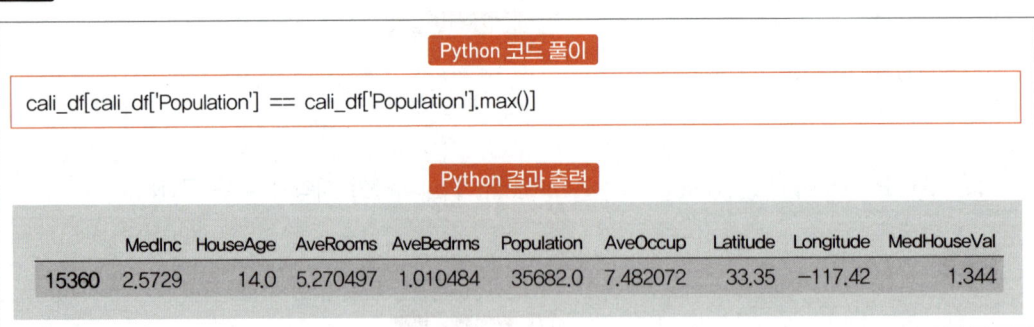

11~15 Titanic의 데이터를 활용하여 아래의 문제를 풀이하시오.

```
import pandas as pd

titan_df = pd.read_csv('./titanic.csv')
titan_df = titan_df.iloc[:,1:].copy()
```

11 성별(sex)별 생존율(survived)을 구하고, 내림차순으로 정렬하시오.

해설

Python 코드 풀이
```
titan_df.groupby('sex')['survived'].mean().sort_values(ascending=False)
```

Python 결과 출력
```
sex
female    0.742038
male      0.188908
Name: survived, dtype: float64
```

12 age가 10 이하이고, pclass가 1등급인 승객 수를 구하시오.

해설

Python 코드 풀이
```
titan_df[(titan_df['age'] <= 10) & (titan_df['pclass'] == 1)].shape[0]
```

Python 결과 출력
```
3
```

13 fare의 IQR 이상치 기준을 벗어난 승객 수를 구하시오.

해설

Python 코드 풀이
```
q1 = titan_df['fare'].quantile(0.25)
q3 = titan_df['fare'].quantile(0.75)
iqr = q3 - q1
lower = q1 - 1.5 * iqr
upper = q3 + 1.5 * iqr
titan_df[(titan_df['fare'] < lower) | (titan_df['fare'] > upper)].shape[0]
```

Python 결과 출력
```
116
```

14 embarked가 'S'이고, 성별이 여성(female)이며, 나이(age)가 30세 이하인 사람들의 평균요금(fare)을 구하시오.

해설

Python 코드 풀이
```
titan_df[(titan_df['embarked'] == 'S') & (titan_df['sex'] == 'female') & (titan_df['age'] <= 30)]['fare'].mean()
```

Python 결과 출력
```
35.38613539823009
```

15 결측치가 있는 컬럼명을 리스트로 출력하시오.

해설

Python 코드 풀이
```
titan_df.columns[titan_df.isnull().any()].tolist()
```

Python 결과 출력
```
['age', 'embarked', 'deck', 'embark_town']
```

16~20 날짜형 데이터셋(사용자 정의)

```
import pandas as pd

# 예제 날짜 데이터 생성
date_df = pd.DataFrame({
    '이름': ['홍길동', '김철수', '이영희', '박민수', '최은지'],
    '입사일': pd.to_datetime(['2020-01-03', '2021-06-15', '2022-02-28', '2023-12-01', '2024-05-31'])
})
```

16 2100년 1월 1일 기준까지의 경과일수를 계산하여 '오늘까지_경과일수' 변수에 할당하시오.

해설

Python 코드 풀이
```
date_df['오늘까지_경과일수'] = (pd.to_datetime('2100-01-01') - date_df['입사일']).dt.days
date_df
```

Python 결과 출력

	이름	입사일	오늘까지_경과일수
0	홍길동	2020-01-03	29218
1	김철수	2021-06-15	28689
2	이영희	2022-02-28	28431
3	박민수	2023-12-01	27790
4	최은지	2024-05-31	27608

17 분기, 요일이름, 월시작일 컬럼을 생성하시오.

해설

Python 코드 풀이

```
date_df['분기'] = date_df['입사일'].dt.quarter
date_df['요일이름'] = date_df['입사일'].dt.day_name()
date_df['월시작일'] = date_df['입사일'].dt.is_month_start
date_df
```

Python 결과 출력

	이름	입사일	오늘까지_경과일수	분기	요일이름	월시작일
0	홍길동	2020-01-03	29218	1	Friday	False
1	김철수	2021-06-15	28689	2	Tuesday	False
2	이영희	2022-02-28	28431	1	Monday	False
3	박민수	2023-12-01	27790	4	Friday	True
4	최은지	2024-05-31	27608	2	Friday	False

18 윤년(2월에 29일까지 있는 년도)에 입사한 직원의 이름과 입사일을 출력하시오.

해설

Python 코드 풀이

```
date_df[date_df['입사일'].dt.is_leap_year][['이름', '입사일']]
```

Python 결과 출력

	이름	입사일
0	홍길동	2020-01-03
4	최은지	2024-05-31

19 입사일을 기준으로 정렬한 후 상위 3명을 출력하시오.

해설

Python 코드 풀이

```
date_df.sort_values(by = '입사일').head(3)
```

Python 결과 출력

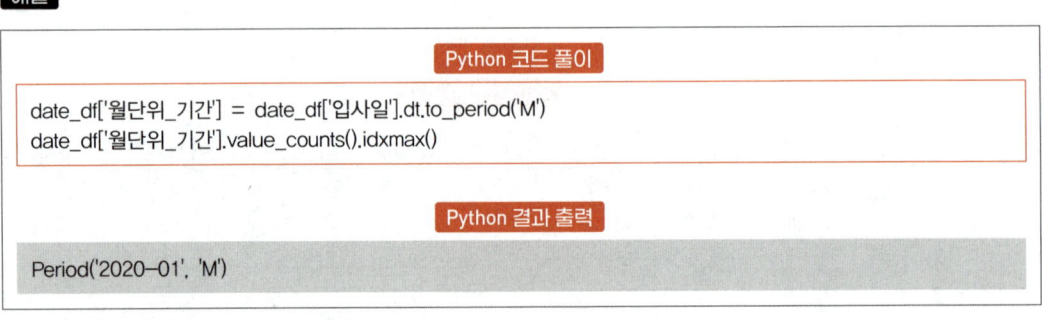

	이름	입사일	오늘까지_경과일수	분기	요일이름	월시작일
0	홍길동	2020-01-03	29218	1	Friday	False
1	김철수	2021-06-15	28689	2	Tuesday	False
2	이영희	2022-02-28	28431	1	Monday	False

20 '월단위_기간'으로 그룹화하여 입사자 수를 세고, 입사자 수가 가장 많은 월을 출력하시오.

해설

Python 코드 풀이

```
date_df['월단위_기간'] = date_df['입사일'].dt.to_period('M')
date_df['월단위_기간'].value_counts().idxmax()
```

Python 결과 출력

Period('2020-01', 'M')

PART 03

통계분석

CHAPTER 01 가설 검정

▶ 데이터 위치
- 구글 드라이브(https://bit.ly/ymsbig) 접속 → 1.yemoonsa-source → data → part 3
- 예문에듀 홈페이지(https://yeamoonedu.com/) 접속 → 도서 인증 후 자료 내려받기 → 1.yemoonsa-source → data → part 3

SECTION 01 상관분석

1 상관분석 개요

① 상관분석은 두 변수 간 선형 관계의 강도와 방향을 측정하는 통계 기법이다.
② 대표적으로 피어슨(Pearson), 스피어만(Spearman), 켄달(Kendall)의 상관계수가 있다.
③ 상관계수는 -1에서 1 사이의 값을 가지며, 0에 가까울수록 관계가 약함을 의미한다.

상관계수 유형	설명	사용 조건
Pearson	두 연속형 변수 간 선형 관계 측정	정규성 가정 필요
Spearman	순위 기반 상관분석	비선형 가능
Kendall	순위 간 일관성 측정	표본 수가 적을 때 유리

④ 함수 활용법(corr)

```
# DataFrame 전체 변수 간 상관계수
DataFrame.corr(method = 'pearson')

# Series 간 상관계수
Series.corr(other, method = 'pearson')
```

주요 파라미터	설명
method	상관계수 방식 : 'pearson(기본)', 'spearman', 'kendall'

풀이

Q. Seaborn 패키지로부터 내장 데이터셋 'tips'를 호출하여 DataFrame으로 로드한 후 'total_bill'과 'tip' 간의 피어슨 및 스피어만 상관계수를 계산해 보자.

Python 코드 예시

```python
import pandas as pd
import seaborn as sns

# tips 데이터셋 불러오기
tips = sns.load_dataset("tips")

# 상관계수 계산
pearson_corr = tips['total_bill'].corr(tips['tip'], method = 'pearson')
spearman_corr = tips['total_bill'].corr(tips['tip'], method = 'spearman')

print("피어슨 상관계수:", round(pearson_corr, 3))
print("스피어만 상관계수:", round(spearman_corr, 3))
```

Python 결과 출력

```
피어슨 상관계수: 0.676
스피어만 상관계수: 0.679
```

Python 코드 예시

```python
import pandas as pd
import seaborn as sns
from scipy.stats import pearsonr, spearmanr

# seaborn 패키지로부터 내장 데이터셋 'tips'를 호출하여 DataFrame으로 로드
tips = sns.load_dataset("tips")

# 'total_bill'과 'tip' 간의 피어슨 및 스피어만 상관계수 계산
pearson_corr = tips['total_bill'].corr(tips['tip'], method='pearson')
spearman_corr = tips['total_bill'].corr(tips['tip'], method='spearman')

print("피어슨 상관계수:", round(pearson_corr, 3))
print("스피어만 상관계수:", round(spearman_corr, 3))

# scipy 패키지를 활용하여 p-value까지 함께 확인
pearson_r, pearson_p = pearsonr(tips['total_bill'], tips['tip'])
print(f"피어슨 상관계수: {pearson_r:.3f}, p-value: {pearson_p:.4f}")

spearman_r, spearman_p = spearmanr(tips['total_bill'], tips['tip'])
print(f"스피어만 상관계수: {spearman_r:.3f}, p-value: {spearman_p:.4f}")
```

Python 결과 출력

```
피어슨 상관계수: 0.676
스피어만 상관계수: 0.679
피어슨 상관계수: 0.676, p-value: 0.0000
스피어만 상관계수: 0.679, p-value: 0.0000
```

SECTION 02 정규성 검정

1 정규성 검정 개요

① 정규성 검정은 데이터가 정규분포(가우시안 분포)를 따르는지 판단하는 통계 기법이다.
② 일반적으로 샤피로-윌크 검정, 콜모고로프-스미르노프 검정, 앤더슨-달링 검정 등이 사용된다.
③ 하지만 빅데이터 분석기사 실기 시험에서는 R의 환경 제약 등의 이유로 본 과정에서는 '샤피로-윌크 검정'만 기술한다.
④ 함수 활용법(shapiro)

```
from scipy.stats import shapiro

# 샤피로-윌크 검정
shapiro(data)
```

주요 파라미터	설명
Statistic	검정통계량(W 통계량)
p-value	귀무가설(정규성)을 기각할 수 있는지 판단 기준

풀이

Q. 샤피로 윌크 검정을 활용하여 total_bill 변수의 정규성 점검을 수행하시오.

Python 코드 예시

```
import pandas as pd
import seaborn as sns
from scipy.stats import shapiro

# seaborn의 내장 데이터셋 'tips' 불러오기
tips = sns.load_dataset("tips")

# 'total_bill' 변수의 정규성 검정 수행
stat, p = shapiro(tips['total_bill'])

print("Shapiro-Wilk 통계량:", round(stat, 3))
print("p-value:", round(p, 4))
```

Python 결과 출력

```
Shapiro-Wilk 통계량: 0.92
p-value: 0.0
```

p-value가 0.05보다 작기 때문에, 'total_bill' 변수는 정규분포를 따른다고 보기 어렵다.

⑤ 실기 시험에서는 R 환경과 동일한 방식으로 평가되기 때문에 다른 정규성 검정이 아닌 shapiro() 함수만 숙지하면 충분하다.

SECTION 03 모평균과 모분산 검정

1 모평균 검정

(1) 단일표본 t검정(One-sample t-test)

① 모집단의 평균과 표본 평균이 통계적으로 같은지 확인한다.
   예 팁의 평균이 3달러인지 검정
② 함수 활용법(ttest_1samp)

```
from scipy.stats import ttest_1samp

# 단일표본 t검정
ttest_1samp(data, popmean)
```

주요 파라미터	설명
data	샘플 데이터(array 또는 Series)
popmean	비교할 모집단의 평균값

풀이

Q. tips 데이터셋의 팁 금액(tip)이 평균 3달러와 통계적으로 유의한 차이가 있는지를 검정해 보자.

Python 코드 예시

가. 단일표본 t-검정

```
from scipy.stats import ttest_1samp
tips = sns.load_dataset("tips")
t_stat, p = ttest_1samp(tips['tip'], popmean = 3)
print("t통계량:", round(t_stat, 3), "p-value:", round(p, 4))
```

Python 결과 출력

t통계량: -0.019 p-value: 0.9845

- p-value가 0.9845로 0.05보다 훨씬 크므로
  → 귀무가설을 기각할 수 없다.
- 즉, 팁금액(tip)은 3달러라고 할 수 있다.

(2) 짝을 이룬 t검정(Paired t-test)

① 동일 대상의 두 시점 또는 조건의 차이를 비교한다.
  예 식사 전/후 몸무게 차이
② 함수 활용법(ttest_rel)

```
from scipy.stats import ttest_rel

# 짝을 이룬 t검정
ttest_rel(sample1, sample2)
```

풀이

Q. 예시 데이터를 활용해서 동일 대상의 두 시점 또는 조건의 차이를 비교 검정해 보자.

Python 코드 예시

나. 짝을 이룬 t검정

```
# 예시 데이터
before = [80, 85, 78, 90, 88]
after = [82, 87, 79, 92, 89]

from scipy.stats import ttest_rel
t_stat, p = ttest_rel(before, after)
print("t통계량:", round(t_stat, 3), "p-value:", round(p, 4))
```

Python 결과 출력

t통계량: -6.532 p-value: 0.0028

- p-value가 0.028로 0.05보다 작으므로,
  → 귀무가설을 기각한다.
- 즉, 모평균은 서로 다르다고 할 수 있다.

(3) 독립표본 t검정 (Independent t-test)

① 서로 독립적인 두 집단의 평균 차이를 비교할 때 사용한다.
  예 식사 전/후 몸무게 차이
② 함수 활용법(ttest_ind)

```
from scipy.stats import ttest_ind

# 독립표본 t검정
ttest_ind(sample1, sample2, equal_var = True)
```

주요 파라미터	설명
sample1	첫 번째 독립 집단 데이터(array 또는 Series)
sample2	두 번째 독립 집단 데이터
equal_var	두 집단의 분산이 같다고 가정할 경우 True(기본값)

풀이

Q. 남성과 여성의 팁 평균에 통계적으로 유의한 차이가 있는지를 검정해 보자.

Python 코드 예시

다. 독립표본 t검정

```
import pandas as pd
import seaborn as sns
from scipy.stats import ttest_ind

# tips 데이터 불러오기
tips = sns.load_dataset("tips")

# 성별에 따른 팁 데이터 추출
male = tips[tips['sex'] == 'Male']['tip']
female = tips[tips['sex'] == 'Female']['tip']

# 독립표본 t검정 수행
t_stat, p = ttest_ind(male, female, equal_var = True)
print("t통계량:", round(t_stat, 3), "p-value:", round(p, 4))
```

Python 결과 출력

t통계량: 1.388 p-value: 0.1665

- p-value가 0.1665로 0.05보다 크므로,
  → 귀무가설을 지지한다.
- 즉, 남성과 여성의 팁 평균은 통계적으로 차이가 있다고 할 수 없다.

2 모분산 검정

(1) 단일표본분산 검정

① 하나의 표본분산이 특정한 이론적 분산(σ^2)과 통계적으로 유의한 차이가 있는지를 검정한다.
② scipy에서는 직접 제공하지 않으며, 카이제곱 분포 기반 수식을 사용하여 계산한다.
③ 귀무가설 : 표본분산 = 이론분산

$$x^2 = \frac{(n-1)*s^2}{\sigma^2}$$

검정 방향	귀무가설	대립가설	p-value 계산법
양측검정	표본분산 = 이론분산	표본분산 ≠ 이론분산	p = 2*min(cdf, 1−cdf)
우측검정	표본분산 ≤ 이론분산	표본분산 > 이론분산	p = 1−chi2.cdf(chi2_stat, df)
좌측검정	표본분산 ≥ 이론분산	표본분산 < 이론분산	p = chi2.cdf(chi2_stat, df)

Python 코드 예시

```python
import numpy as np
from scipy.stats import chi2

sample = np.array([10, 12, 8, 11, 13])
n = len(sample)
s2 = np.var(sample, ddof = 1)
sigma2_0 = 4    # 가설 분산

chi2_stat = (n - 1) * s2 / sigma2_0  # 표본분산은 약 3.7
df = n - 1

# 양측검정
p_two_tailed = 2 * min(chi2.cdf(chi2_stat, df), 1 - chi2.cdf(chi2_stat, df))

# 우측검정
p_right = 1 - chi2.cdf(chi2_stat, df)

# 좌측검정
p_left = chi2.cdf(chi2_stat, df)

print("카이제곱 통계량:", round(chi2_stat, 3))
print("양측검정 p-value:", round(p_two_tailed, 4))
print("우측검정 p-value:", round(p_right, 4))
print("좌측검정 p-value:", round(p_left, 4))
```

> **Python 결과 출력**
>
> 카이제곱 통계량: 3.7
> 양측검정 p-value: 0.8963
> 우측검정 p-value: 0.4481
> 좌측검정 p-value: 0.5519
>
> | 상황 | 검정 방향 |
> |---|---|
> | 표본분산이 이론분산보다 큼 → 분산이 커졌는지 검정 | 우측검정 |
> | 표본분산이 이론분산보다 작음 → 분산이 작아졌는지 검정 | 좌측검정 |
> | 단순히 다르기만 하면 되는 경우 | 양측검정 |
>
> 본 사례에서의 표본분산은 약 3.7이며, 이론분산은 4이다. 표본분산이 이론분산보다 더 작은 상황이므로, "분산이 유의하게 작아졌는지"를 검정하고 싶다면 좌측검정을 수행해야 한다.

(2) 분산비 검정(F-test)

① 두 집단 간의 분산이 동일한지 여부를 비교한다.
　　예 A 그룹과 B 그룹의 점수 분산이 같은지 검정
② 분산비 검정은 독립표본 t-검정에서 equal_var = True를 설정할 때 전제로 사용된다.
③ 함수 활용법(f-직접계산)

```
from scipy.stats import f

# 분산비 계산
f_stat = s1² / s2²  (단, 항상 큰 분산을 분자에)
```

주요 계산 요소	설명
$s1^2$, $s2^2$	두 표본의 분산(sample variance)
df1, df2	각각의 자유도(n1-1, n2-1)

풀이

Q. 집단 A와 집단 B 두 집단의 분산이 같은지를 검정해 보자.

검정 방향	귀무가설	대립가설	사용 목적 예시
양측검정	두 집단의 분산이 같음	두 집단의 분산이 같지 않음	단순히 분산이 다르다는 것만 알고 싶을 때
우측검정	집단 A의 분산≤집단 B의 분산	집단 A의 분산 > 집단 B의 분산	집단 A가 더 불안정한지, 혹은 집단 A의 변동이 큰지 알고 싶을 때
좌측검정	집단 A의 분산≥집단 B의 분산	집단 A의 분산 < 집단 B의 분산	집단 A가 더 안정적인지, 혹은 집단 A의 분산이 작은지 알고 싶을 때

Python 코드 예시

```python
import numpy as np
from scipy.stats import f

group1 = np.array([5, 7, 6, 9, 8])
group2 = np.array([15, 17, 14, 18, 16])

# 두 표본의 분산
var1 = np.var(group1, ddof = 1)
var2 = np.var(group2, ddof = 1)

# 큰 분산을 분자로 하여 F-통계량 계산
f_stat = var2 / var1 if var2 > var1 else var1 / var2
df1 = len(group1) - 1
df2 = len(group2) - 1

# 양측 검정 p-value 계산
p_value = 2 * min(f.cdf(f_stat, df1, df2), 1 - f.cdf(f_stat, df1, df2))

print("F 통계량:", round(f_stat, 3), "p-value:", round(p_value, 4))
```

Python 결과 출력

F 통계량: 1.0 p-value: 1.0

- 본 사례에 적용된 검정 방향은 양측검정이다. 검정의 목적이 두 집단의 분산이 서로 같다고 볼 수 있는지 확인하는 것이기 때문이다.
- 어느 한쪽이 더 크거나 작을 것으로 특정 방향을 가정하지 않고, 단순히 "같지 않다"는 것만 검정하려고 하였다. 따라서, 양측검정(two-tailed test)을 사용한 것이 타당하다.
- 결과적으로 p-value가 1.0으로 0.05보다 훨씬 크기 때문에 귀무가설을 기각할 수 없다. 즉, 두 집단의 분산은 통계적으로 동일하다고 볼 수 있다. 실제 계산된 분산이 같기 때문에 분산비가 정확히 1로 나왔고, 차이가 전혀 없다는 결과가 도출되었다.

(3) Bartlett 검정

① Bartlett 검정은 2개 이상의 집단 간 분산이 동일한지(분산의 동질성)를 검정하는 통계 방법이다.
② 각 집단의 데이터가 정규분포를 따른다는 전제하에 사용된다.
③ 즉, 각 그룹의 분산이 동일한지를 전제 조건으로 가정하는 분산분석(ANOVA) 전에 분산 동질성을 평가할 때 자주 활용된다.
④ 함수 활용법

```
from scipy.stats import bartlett

# Bartlett 검정
bartlett(group1, group2, group3, ...)
```

풀이

Q. Seaborn의 내장 데이터셋 tips를 이용하여 요일별 팁 금액(tip)의 분산이 서로 동일한지 확인하고자 한다. 이때 통질성 검정을 수행하시오.

Python 코드 예시

```
import pandas as pd
import seaborn as sns
from scipy.stats import bartlett

# tips 데이터 불러오기
tips = sns.load_dataset("tips")

# 요일별 팁 데이터 추출
thur = tips[tips['day'] == 'Thur']['tip']
fri = tips[tips['day'] == 'Fri']['tip']
sat = tips[tips['day'] == 'Sat']['tip']

# Bartlett 검정 수행
stat, p = bartlett(thur, fri, sat)
print("Bartlett 통계량:", round(stat, 3), "p-value:", round(p, 4))
```

Python 결과 출력

Bartlett 통계량: 8.714 p-value: 0.0128

- 분석 결과, Bartlett 검정통계량은 8.714, p-value는 0.0128로 나타났다. 이때 p-value가 0.05보다 충분히 작으므로, 귀무가설을 기각한다.
- 즉, 요일별 팁 금액의 분산은 통계적으로 유의미한 차이가 있으며, 모든 요일에서 팁의 분산은 동일하지 않다(분산 동질성 없음)고 판단가능하다.

(4) Levene 검정

① Levene 검정은 두 개 이상의 집단 간 분산의 동일성(동질성)을 평가하는 통계 방법이다.
② Bartlett 검정과 유사하게 분산분석(ANOVA) 등을 실시하기 전, 분산이 서로 동일한지를 확인하는 전처리 단계로 활용된다.

③ 다만, Bartlett 검정과 달리 정규성을 가정하지 않아도 되기 때문에 보다 일반적인 상황에서 유용하게 사용된다.

④ 함수 활용법

```
from scipy.stats import levene

# Levene 검정
levene(group1, group2, group3, ...)
```

풀이

Q. Seaborn의 tips 데이터셋을 활용하여 요일별 팁 금액(tip)의 분산이 동일한지 Levene 검정을 통해 확인해 보자.

Python 코드 예시

```
from scipy.stats import levene

# 요일별 팁 데이터 추출 (앞서 tips 데이터셋 불러왔음)
thur = tips[tips['day'] == 'Thur']['tip']
fri = tips[tips['day'] == 'Fri']['tip']
sat = tips[tips['day'] == 'Sat']['tip']

# Levene 검정 수행
stat, p = levene(thur, fri, sat)
print("Levene 통계량:", round(stat, 3), "p-value:", round(p, 4))
```

Python 결과 출력

Levene 통계량: 0.686 p-value: 0.5052

- Levene 검정을 수행한 결과, 통계량은 0.686, p-value는 0.5052로 나타났다. p-value가 유의수준 0.05보다 크므로, 귀무가설을 기각할 수 없다.
- 즉, 요일별 팁 금액의 분산은 통계적으로 유의미한 차이가 없으며, 요일에 관계없이 팁의 분산은 서로 동일하다(분산 동질성 있음)고 해석할 수 있다.
- 따라서, 이후에 분산분석(ANOVA)을 수행할 때 분산의 동질성 가정이 충족되었다고 판단할 수 있다.

참고

- Bartlett 검정과 Levene 검정은 모두 분산의 동질성을 검정하는 데 사용되지만, Bartlett 검정은 데이터가 정규분포를 따른다는 전제를 갖는 반면, Levene 검정은 정규성 가정을 필요로 하지 않아 일반적인 실무 환경에서 더 안전하게 활용된다.
- 위의 사례에서 두 검정의 결과가 다르게 나타난 이유는, 데이터가 완전한 정규분포를 따르지 않거나 이상치의 영향으로 인해 Bartlett 검정이 민감하게 반응했을 가능성이 높기 때문이다.
- 따라서 실무적 판단과 실기 시험 기준에서는, Levene 검정의 결과(분산은 동일함)를 우선적으로 채택하는 것이 바람직하다.

3 분산분석(Analysis of Variance, ANOVA)

(1) 일원배치 분산분석 (One-way ANOVA)

① 일원배치 분산분석은 세 집단 이상 간의 평균 차이를 검정할 때 사용되는 대표적인 통계 기법이다.
② 예를 들어, 요일별 팁 금액의 평균이 서로 다른지를 확인하고자 할 때 적용할 수 있다.
③ 귀무가설은 "모든 집단의 평균은 같다"이며, 대립가설은 "적어도 하나의 집단 평균이 다르다"이다.
④ 분산의 동질성 가정이 충족되었는지 먼저 확인한 후 사용하는 것이 원칙이다.
⑤ 함수 활용법

```
from scipy.stats import f_oneway

# 일원배치 분산분석
f_oneway(group1, group2, group3, ...)
```

풀이

Q. diamonds 데이터셋을 활용하여, 다이아몬드 컷 등급(cut)에 따라 가격(price)에 유의한 차이가 있는지를 분석하시오. (단, cut은 범주형 변수이며, price는 연속형 변수로 ANOVA에 적합하다.)

Python 코드 예시

```python
import seaborn as sns
from scipy.stats import f_oneway

# diamonds 데이터셋 로드
diamonds = sns.load_dataset("diamonds")

# cut 등급별로 가격(price) 추출
ideal = diamonds[diamonds['cut'] == 'Ideal']['price']
premium = diamonds[diamonds['cut'] == 'Premium']['price']
good = diamonds[diamonds['cut'] == 'Good']['price']
very_good = diamonds[diamonds['cut'] == 'Very Good']['price']
fair = diamonds[diamonds['cut'] == 'Fair']['price']

# 일원배치 분산분석 수행
stat, p = f_oneway(ideal, premium, good, very_good, fair)
print("F 통계량:", round(stat, 3), "p-value:", round(p, 4))
```

Python 결과 출력

```
F 통계량: 175.689 p-value: 0.0
```

- 분석 결과, F 통계량은 175.689, p-value는 0.0으로 나타났다. p-value가 유의수준 0.05보다 훨씬 작기 때문에, 귀무가설을 기각할 수 있다.
- 즉, 다이아몬드의 컷(cut) 등급에 따라 가격(price)의 평균은 통계적으로 유의미한 차이가 있다고 해석된다.
- 이는 다이아몬드가 어떤 품질의 컷을 가지고 있느냐에 따라 소비자가 지불하는 평균 가격에 차이가 발생함을 의미하며, 실제 시장에서 컷 품질이 가격 형성에 중요한 요인이라는 점을 뒷받침한다.

(2) 사후검정(Tukey's HSD Test)

① 일원배치 분산분석에서 유의한 차이가 있는 것으로 나타났다면, 어떤 집단 간에 차이가 존재하는지를 확인하기 위해서는 사후검정(Post-hoc Test)을 수행해야 한다.
② 가장 널리 사용되는 방법은 Tukey HSD(Honestly Significant Difference) 검정이다.
③ Tukey's HSD 검정은 모든 그룹 간 평균 차이를 쌍(pair) 단위로 비교하여 통계적으로 유의한 차이의 유무를 판별해준다.
④ 함수 활용법

```python
from statsmodels.stats.multicomp import pairwise_tukeyhsd

# Tukey HSD 검정
pairwise_tukeyhsd(endog, groups, alpha=0.05)
```

파라미터	설명
endog	종속변수(연속형 예 price)
groups	그룹 구분 변수(범주형 예 cut)
alpha	유의수준(기본값 0.05)

풀이

Q. 앞서 일원배치 분산분석에서 다이아몬드의 컷(cut) 등급에 따라 가격 차이가 유의미한 것으로 나타났다. 컷 등급 간 평균 가격 차이가 유의미한지를 사후검정으로 분석해 보자.

Python 코드 예시

```python
import statsmodels.api as sm
from statsmodels.stats.multicomp import pairwise_tukeyhsd
import seaborn as sns

# diamonds 데이터셋 로드
diamonds = sns.load_dataset("diamonds")

# 사후검정 수행
tukey_result = pairwise_tukeyhsd(endog=diamonds['price'], groups=diamonds['cut'], alpha=0.05)

# 결과 출력
print(tukey_result)
```

> **Python 결과 출력**

```
Multiple Comparison of Means - Tukey HSD, FWER=0.05
====================================================================
  group1      group2      meandif    p-adj      lower      upper    reject
--------------------------------------------------------------------
    Fair        Good     -429.8933   0.0015   -740.4593  -119.3273    True
    Fair       Ideal     -901.2158   0.0     -1180.5808  -621.8507    True
    Fair     Premium      225.4999   0.1951    -59.2763   510.2762   False
    Fair   Very Good     -376.9979   0.0031   -663.8719   -90.1239    True
    Good       Ideal     -471.3225   0.0      -642.3685  -300.2765    True
    Good     Premium      655.3933   0.0       475.6451   835.1414    True
    Good   Very Good       52.8954   0.9341   -130.1581   235.9489   False
   Ideal     Premium     1126.7157   0.0      1008.8048  1244.6267    True
   Ideal   Very Good      524.2179   0.0       401.327    647.1088    True
 Premium   Very Good     -602.4978   0.0      -737.2377  -467.7579    True
--------------------------------------------------------------------
```

- Tukey HSD 사후검정 결과, 다이아몬드의 컷(cut) 등급 간 평균 가격 차이를 쌍(pair) 단위로 비교한 결과, 총 10개의 조합 중 8개의 조합에서 통계적으로 유의미한 평균 차이가 존재하는 것으로 나타났다.
- 구체적으로 살펴보면,
  - Fair 등급은 Good, Ideal, Very Good과 모두 유의미한 차이를 보였으며,
  - 특히 Fair와 Ideal 간의 평균 가격 차이는 약 901달러로 가장 컸으며, p-value가 0.0000으로 유의수준 0.05에서 확실히 유의미한 차이임을 보여준다.
  - 반면, Fair와 Premium 간의 가격 차이(p = 0.1951), Good과 Very Good 간의 차이(p = 0.9341)는 유의수준 0.05 이상으로 나타났으므로, 통계적으로 유의하지 않다(False)는 결론이 도출되었다.

(3) 이원배치 분산분석(Two-way ANOVA)

① 이원배치 분산분석은 두 개 이상의 범주형 독립변수가 하나의 연속형 종속변수에 미치는 영향을 동시에 분석하는 기법이다.

② 또한, 각 독립변수의 주효과(main effect)뿐만 아니라, 두 독립변수 간의 상호작용 효과(interaction effect)도 함께 분석할 수 있다는 점에서 일원배치 분산분석보다 확장된 형태라고 할 수 있다.

③ 예를 들어, 다이아몬드의 cut(컷 품질)과 color(색상)가 price(가격)에 어떤 영향을 주는지를 동시에 검토할 수 있다.

④ 함수 활용법

```
import statsmodels.api as sm
from statsmodels.formula.api import ols

# 이원분산분석 수행
ols('종속변수 ~ C(독립변수1) + C(독립변수2) + C(독립변수1):C(독립변수2)', data = 데이터).fit()
```

용어	설명
주효과(main effect)	각 독립변수가 종속변수에 미치는 개별적인 영향
상호작용 효과(interaction)	두 독립변수의 조합이 종속변수에 미치는 복합 효과

풀이

Q. diamonds 데이터셋을 이용하여, cut과 color가 다이아몬드의 price에 미치는 영향을 이원배치 분산분석으로 검정하시오.

Python 코드 예시

```
import pandas as pd
import seaborn as sns
import statsmodels.api as sm
from statsmodels.formula.api import ols

# 데이터 로드
diamonds = sns.load_dataset("diamonds")

# 모델 적합 및 ANOVA 실행
model = ols('price ~ C(cut) + C(color) + C(cut):C(color)', data = diamonds).fit()
anova_table = sm.stats.anova_lm(model, typ = 2)

# 결과 출력
print(anova_table)
```

Python 결과 출력

	sum_sq	df	F	PR(>F)
C(cut)	9.699679e+09	4.0	159.356253	7.880786e-136
C(color)	2.550704e+10	6.0	279.370558	0.000000e+00
C(cut):C(color)	1.653455e+09	24.0	4.527442	1.000780e-12
Residual	8.202709e+11	53905.0	NaN	NaN

- 이원배치 분산분석 결과, cut(컷 품질)과 color(색상)는 각각 다이아몬드의 price(가격)에 대해 매우 유의미한 주효과(main effect)를 가지는 것으로 나타났다.
  - cut의 F 통계량은 159.36, p-value는 7.88e-136으로 유의수준 0.05를 훨씬 하회하며, 이는, 컷 등급이 가격에 강한 영향을 준다고 해석할 수 있다.
  - color의 F 통계량은 279.37, p-value는 0.000000으로 나타나, 다이아몬드의 색상 또한 가격 결정에 있어 매우 유의한 영향력을 갖는다고 해석이 가능하다.
  - 또한, cut과 color 간의 상호작용 효과(interaction effect) 역시 F 통계량이 4.53, p-value는 1.00e-12로 유의미하였다.
  - 이는 특정 컷 등급에서 색상에 따른 가격 변화가 더 크거나 작을 수 있다는 것을 의미한다. 즉, 두 변수의 조합에 따라 다이아몬드 가격이 복합적으로 결정될 수 있다는 점을 시사한다.
- 결론적으로, 이 분석을 통해 다이아몬드의 가격은 cut과 color 각각의 영향뿐만 아니라, 두 속성의 상호작용에 의해서도 의미 있는 차이가 발생한다는 사실을 확인할 수 있다.

SECTION 04 카이제곱 검정

1 개요

- 카이제곱(χ^2) 검정은 범주형 변수 간의 관련성 또는 관측값과 기대값 간의 차이를 분석하는 통계 방법이다.
- 카이제곱 검정은 다음 세 가지 유형으로 구분된다.

구분	설명	검정 목적
적합성 검정	관측 빈도와 이론(기대) 빈도의 차이가 유의한지 검정	단일 범주 분포가 특정 이론과 일치하는지 검정
동질성 검정	서로 다른 두 집단 간 **분포의 유사성**을 비교	그룹 간 특정 속성의 분포가 같은지 검정
독립성 검정	두 범주형 변수 간의 **상관 또는 독립성**을 검정	변수 간 연관성 존재 여부 확인

2 적합성 검정

① 적합성 검정은 한 범주형 변수의 관측 빈도가 특정한 기대 이론 분포를 따르는지를 검정한다.
② 예를 들어, 동전을 100번 던졌을 때 앞면과 뒷면이 정확히 50:50으로 나오는지를 확인하는 데 사용된다.
③ 함수 활용법

```
from scipy.stats import chisquare

# 적합성 검정
chisquare(f_obs = 관측값, f_exp = 기대값)
```

파라미터	설명
f_obs	관측 빈도(list 또는 array)
f_exp	기대 빈도(list 또는 array, 생략 가능)

풀이

Q. 한 학생이 주사위를 60번 던졌을 때 나온 눈의 개수는 다음과 같다: [8, 9, 10, 11, 12, 10] 이 결과가 균등분포(각 면이 동일한 확률)를 따른다고 할 수 있는지 검정하시오.

Python 코드 예시

```python
from scipy.stats import chisquare

# 관측 빈도
observed = [8, 9, 10, 11, 12, 10]

# 기대 빈도: 균등하게 나올 경우 (60 / 6 = 10씩)
expected = [10, 10, 10, 10, 10, 10]

# 적합성 검정 수행
stat, p = chisquare(f_obs = observed, f_exp = expected)
print("Chi-square 통계량:", round(stat, 3), "p-value:", round(p, 4))
```

Python 결과 출력

Chi-square 통계량: 1.0 p-value: 0.9626

- 분석 결과, χ^2 통계량은 1.0, p-value는 0.9626로 나타났다.
- p-value가 0.05보다 훨씬 크므로 귀무가설을 기각할 수 없다.
- 즉, 관측된 주사위의 눈 개수 분포는 균등분포와 통계적으로 유의미한 차이가 없다고 판단되며, 해당 주사위는 공정한 주사위일 가능성이 높다고 해석할 수 있다.

3 동질성 검정

① 동질성 검정은 두 개 이상의 서로 다른 집단에서 특정 속성의 분포가 동일한지를 검정하는 방법이다.
② 즉, "집단 간 분포가 같은가?"를 확인하는 것이 목적이며, 카이제곱 독립성 검정과 수학적으로는 유사하지만, 해석과 적용 맥락이 다르다.
③ 예를 들어, 지역별로 선호하는 커피 브랜드가 같은지(동질한지) 알아보는 데 사용할 수 있다.
④ 함수 활용법

```python
from scipy.stats import chi2_contingency

# 교차표 기반 카이제곱 검정
chi2_contingency(분할표)
```

파라미터	설명
분할표(2D 배열)	교차표 형태의 관측 빈도 데이터

풀이

Q. 세 개의 지역(서울, 부산, 대전)에서 선호하는 음료(A, B, C)에 대한 설문 결과는 다음과 같다. 세 지역 간 음료 선호 분포가 동일한지(동질한지)를 검정하시오.

역	A	B	C
서울	30	10	10
부산	20	20	10
대전	10	20	20

Python 코드 예시

```
import numpy as np
from scipy.stats import chi2_contingency

# 관측 데이터 (분할표)
table = np.array([[30, 10, 10],
                  [20, 20, 10],
                  [10, 20, 20]])

# 동질성 검정 수행
chi2, p, dof, expected = chi2_contingency(table)
print("Chi-square 통계량:", round(chi2, 3), "p-value:", round(p, 4))
```

Python 결과 출력

Chi-square 통계량: 19.0 p-value: 0.0008

- 카이제곱 검정 결과, 통계량은 19.0, p-value는 0.0008로 나타났다.
- p-value가 유의수준 0.05보다 작기 때문에 귀무가설을 기각할 수 있다.
- 즉, 세 지역 간 음료 선호 분포는 통계적으로 유의미하게 다르며, 지역에 따라 선호 음료가 동질하지 않다고 해석할 수 있다.

4 독립성 검정

① 독립성 검정은 두 개의 범주형 변수 간에 통계적으로 유의미한 관련성(연관성)이 존재하는지를 검정하는 방법이다.
  ㉠ 귀무가설은 "두 변수는 서로 독립이다"이다.
  ㉡ 대립가설은 "두 변수는 서로 연관이 있다"이다.
② 예를 들어, 성별과 생존 여부, 나이대와 구매 여부, 교육 수준과 직업군 간의 관계를 확인하는 데 활용된다.

③ 함수 활용법

```
from scipy.stats import chi2_contingency

# 교차표 기반 독립성 검정
chi2_contingency(분할표)
```

※ 독립성 검정은 동질성 검정과 동일한 함수(chi2_contingency)를 사용하며, 데이터 구성 목적이 다를 뿐 적용 방식은 동일하다.

파라미터	설명
분할표(2D 배열)	두 범주형 변수 간 교차표 형태의 관측 빈도 데이터

풀이

Q. titanic 데이터셋을 이용하여, 성별(sex)과 생존 여부(survived)가 통계적으로 독립적인지(즉, 관련이 없는지)를 검정하시오.

Python 코드 예시

```python
import pandas as pd
import seaborn as sns
from scipy.stats import chi2_contingency

# 타이타닉 데이터 불러오기
titanic = sns.load_dataset("titanic")

# 성별과 생존 여부에 대한 교차표 생성
table = pd.crosstab(titanic['sex'], titanic['survived'])

# 독립성 검정 수행
chi2, p, dof, expected = chi2_contingency(table)
print("Chi-square 통계량:", round(chi2, 3), "p-value:", round(p, 4))
```

Python 결과 출력

Chi-square 통계량: 260.717 p-value: 0.0

- 카이제곱 독립성 검정 결과, 통계량은 260.717, p-value는 0.0000으로 나타났다.
- p-value가 유의수준 0.05보다 작기 때문에 귀무가설을 기각할 수 있다.
- 즉, 성별과 생존 여부는 통계적으로 유의미한 관련이 있다고 해석할 수 있다.
- 이는 타이타닉 탑승자 중에서 성별이 생존 확률에 영향을 미쳤다는 통계적 증거를 의미하며, 여성의 생존율이 더 높았다는 사실을 뒷받침할 수 있다.

1 비모수 검정 개요

① 비모수 검정(Nonparametric Test)은 데이터가 정규분포를 따르지 않거나, 표본 수가 작아 정규성 검정 결과가 기각되었을 때 사용되는 검정 기법이다.
② 정규성을 가정하는 t-검정이나 분산분석(ANOVA)과 달리, 비모수 검정은 순위(rank) 또는 중앙값(median)을 기반으로 두 집단 또는 여러 집단 간 차이를 비교한다.

대응 검정	비모수 검정 대응	사용 목적
단일표본 t검정	(사용 빈도 낮음)	표본의 중앙값이 특정 값과 다른지 검정
독립표본 t검정	Mann-Whitney U 검정	두 독립 집단 간의 중앙값 비교
짝을 이룬 t검정	Wilcoxon Signed-Rank 검정	두 관련된 집단(짝)의 중앙값 차이 검정
ANOVA	Kruskal-Wallis H 검정	세 집단 이상 간의 중앙값 차이 검정

2 Mann-Whitney U 검정(독립표본 비모수 검정)

① 두 독립된 집단 간에 중앙값의 차이가 있는지를 검정하는 비모수 검정 방법이다.
② 정규성이 없는 경우, 독립표본 t-검정 대신 사용된다.
③ 함수 활용법

```
from scipy.stats import mannwhitneyu

# Mann-Whitney U 검정
mannwhitneyu(sample1, sample2, alternative = 'two-sided')
```

파라미터	설명
sample1, sample2	두 집단의 수치형 데이터
alternative	'two-sided'(양측), 'greater', 'less' 가능

풀이

Q. 타이타닉 데이터에서 남성과 여성의 나이(age)에 유의미한 차이가 있는지를 Mann-Whitney U 검정을 통해 확인하시오.

Python 코드 예시

```python
from scipy.stats import mannwhitneyu
import seaborn as sns

# 데이터 불러오기
titanic = sns.load_dataset("titanic")

# 남성과 여성 나이 추출 (결측치 제거)
male_age = titanic[titanic['sex'] == 'male']['age'].dropna()
female_age = titanic[titanic['sex'] == 'female']['age'].dropna()

# Mann-Whitney U 검정 수행
stat, p = mannwhitneyu(male_age, female_age, alternative = 'two-sided')
print("U 통계량:", round(stat, 3), "p-value:", round(p, 4))
```

Python 결과 출력

U 통계량: 65020.5 p-value: 0.0261

- Mann-Whitney U 검정을 수행한 결과, U 통계량은 65020.5, p-value는 0.0261로 나타났다.
- p-value가 유의수준 0.05보다 작기 때문에 귀무가설을 기각할 수 있다.
- 따라서, 타이타닉 데이터에서 남성과 여성의 나이 중앙값은 통계적으로 유의미하게 차이가 있다고 해석할 수 있다.
- 이는 성별에 따라 나이 분포가 동일하지 않으며, 특정 성별의 승객이 상대적으로 더 젊거나 나이가 많았을 수 있다는 사실을 시사한다.

3 Wilcoxon Signed-Rank 검정(짝을 이룬 t-검정의 비모수 대안)

① Wilcoxon Signed-Rank 검정은 같은 대상의 두 시점 또는 조건 간 차이가 통계적으로 유의한지를 판단하는 비모수 짝 비교 검정이다.
② 즉, 정규성을 만족하지 않을 경우 짝을 이룬 t-검정(paired t-test) 대신 사용할 수 있다.
③ 예를 들어, 운동 전과 후의 혈압, 학습 전후의 점수처럼 두 값이 짝을 이루는 경우에 적용된다.

④ 함수 활용법

```
from scipy.stats import wilcoxon

# Wilcoxon 검정
wilcoxon(sample1, sample2, alternative = 'two-sided')
```

파라미터	설명
sample1, sample2	짝을 이루는 두 그룹의 수치형 데이터
alternative	'two-sided'(양측), 'greater', 'less' 선택 가능

풀이

Q. 다섯 명의 학생에게 동일한 시험을 전후로 시행하여, 사전 점수와 사후 점수가 유의미하게 달라졌는지를 Wilcoxon 검정을 통해 확인하시오.

Python 코드 예시

```
from scipy.stats import wilcoxon

# 사전/사후 점수
before = [70, 65, 90, 85, 60]
after  = [75, 70, 88, 90, 65]

# Wilcoxon 검정 수행
stat, p = wilcoxon(before, after, alternative = 'two-sided')
print("Wilcoxon 통계량:", round(stat, 3), "p-value:", round(p, 4))
```

Python 결과 출력

Wilcoxon 통계량: 1.0 p-value: 0.125

- Wilcoxon Signed-Rank 검정을 수행한 결과, 통계량은 1.0, p-value는 0.125로 나타났다.
- p-value가 유의수준 0.05보다 크므로, 귀무가설을 기각할 수 없다.
- 따라서, 사전 점수와 사후 점수 간에 통계적으로 유의미한 차이가 없다고 해석할 수 있다.
- 이는 교육이나 훈련이 학습자의 성과 향상에 실질적인 영향을 주었다고 보기 어렵다는 결과로 해석된다.

4 Kruskal-Wallis H 검정(비모수 분산분석)

① Kruskal-Wallis H 검정은 3개 이상의 독립 집단 간 중앙값 차이를 검정하는 비모수 분산분석 기법이다.
② 일원배치 분산분석(ANOVA)과 유사한 목적을 가지지만, 정규성을 만족하지 않거나 이상치가 존재하는 경우에 더 적합하다.
③ 데이터는 서로 독립적이며, 측정 수준은 최소 서열(순위)척도 이상이어야 한다.

④ 함수 활용법

```
from scipy.stats import kruskal

# Kruskal-Wallis 검정
kruskal(group1, group2, group3, ...)
```

파라미터	설명
group1, ...	서로 독립된 세 집단 이상의 수치형 데이터

풀이

Q. 다이아몬드 데이터셋에서 cut 등급이 "Ideal", "Premium", "Fair"인 경우만 추출하여, 이들 세 그룹 간 가격 (price)의 중앙값이 동일한지 Kruskal-Wallis H 검정을 통해 확인하시오.

Python 코드 예시

```python
import seaborn as sns
from scipy.stats import kruskal

# diamonds 데이터셋 로드
diamonds = sns.load_dataset("diamonds")

# 세 개의 cut 등급별 가격 데이터 추출
ideal = diamonds[diamonds['cut'] == 'Ideal']['price']
premium = diamonds[diamonds['cut'] == 'Premium']['price']
fair = diamonds[diamonds['cut'] == 'Fair']['price']

# Kruskal-Wallis 검정 수행
stat, p = kruskal(ideal, premium, fair)
print("Kruskal-Wallis 통계량:", round(stat, 3), "p-value:", round(p, 4))
```

Python 결과 출력

Kruskal-Wallis 통계량: 968.077 p-value: 0.0

- Kruskal-Wallis H 검정을 수행한 결과, 검정통계량은 968.077, p-value는 0.0으로 나타났다.
- p-value가 유의수준 0.05보다 작기 때문에 귀무가설을 기각할 수 있다.
- 즉, 다이아몬드의 cut 등급이 "Fair", "Premium", "Ideal"인 세 그룹 간 가격의 중앙값은 통계적으로 유의미하게 다르다고 해석할 수 있다.
- 이는 정규성을 가정하지 않는 조건에서도 cut 등급이 가격 차이에 실질적인 영향을 미친다는 통계적 근거로 볼 수 있다.

CHAPTER 02 통계모형

▶ **데이터 위치**
- 구글 드라이브(https://bit.ly/ymsbig) 접속 → 1.yemoonsa-source → data → part 3
- 예문에듀 홈페이지(https://yeamoonedu.com/) 접속 → 도서 인증 후 자료 내려받기 → 1.yemoonsa-source → data → part 3

SECTION 01 선형회귀모형(Linear Regression)

1 단순선형회귀분석

① 선형회귀모형은 하나 이상의 독립변수를 사용하여 연속형 종속변수를 예측하는 기본적인 통계 모델이다.
② 독립변수 X와 종속변수 y 간의 관계를 직선(선형식)으로 설명하며, 예측력, 계수의 유의성, 결정계수(R^2) 등을 통해 모델의 적합도를 평가할 수 있다.
③ 함수 활용법

```
from sklearn.linear_model import LinearRegression

# 선형회귀 모델 생성 및 학습
model = LinearRegression()
model.fit(X_train, y_train)

# 예측
y_pred = model.predict(X_test)
```

메서드	설명
.fit()	모델 학습
.predict()	예측 수행
.coef_	회귀계수
.intercept_	절편 값
.score()	R^2 결정계수 반환

풀이

Q. 자동차 연비 데이터셋(mpg)을 이용하여 배기량(displacement)을 사용해 연비(mpg)를 예측하는 선형회귀 모형을 구축하시오.

Python 코드 예시

```python
import seaborn as sns
from sklearn.linear_model import LinearRegression
from sklearn.model_selection import train_test_split

# 데이터 로드 및 전처리
data = sns.load_dataset("mpg").dropna()
X = data[['displacement']]
y = data['mpg']

# 학습용/테스트용 데이터 분할
X_train, X_test, y_train, y_test = train_test_split(X, y, test_size = 0.2, random_state = 0)

# 선형회귀 모델 생성 및 학습
model = LinearRegression()
model.fit(X_train, y_train)

# 결과 확인
print("회귀계수:", model.coef_)
print("절편:", model.intercept_)
print("R² score:", model.score(X_test, y_test))
```

Python 결과 출력

```
회귀계수: [-0.06034059]
절편: 35.11534248382034
R² score: 0.6796867949447237
```

- 모형 학습 결과, displacement(배기량)의 회귀계수는 -0.0603, 절편은 35.1153으로 나타났다.
- 이는 배기량이 1단위 증가할 때마다 예측 연비(mpg)는 평균적으로 약 0.06씩 감소한다는 것을 의미한다.
- 또한 결정계수(R^2)는 0.6797로, 본 회귀모형이 테스트 데이터의 약 68%를 설명할 수 있는 수준의 설명력을 갖고 있음을 보여준다.
- 따라서, displacement 변수 하나만으로도 연비를 예측하는 데 상당히 유의미한 선형적 설명력이 있으며, 단순 선형회귀모형으로도 기초적인 회귀분석과 변수 해석이 가능하다는 점에서 의미가 있다.

2 다중선형회귀분석

① 다중선형회귀는 두 개 이상의 독립변수를 사용하여 하나의 종속변수를 예측하는 회귀모형이다.
② 이는 단일 변수만 사용하는 단순회귀보다 더 높은 설명력과 예측 성능을 기대할 수 있다.

 **풀이**

Q. 자동차 연비 데이터셋(mpg)을 활용하여 다중회귀분석을 수행하시오. (단, 상수항 추가할 것)

Python 코드 예시

```python
import seaborn as sns
import statsmodels.api as sm

# 데이터 불러오기
df = sns.load_dataset("mpg").dropna()

# 독립변수 여러 개 선택 (다중회귀)
X = df[['displacement', 'horsepower', 'weight']]
y = df['mpg']

# 상수항 추가
X = sm.add_constant(X)

# 회귀모형 적합
model = sm.OLS(y, X).fit()

# 결과 요약 출력
print(model.summary())
```

Python 결과 출력

```
                            OLS Regression Results
==============================================================================
Dep. Variable:                    mpg   R-squared:                       0.707
Model:                            OLS   Adj. R-squared:                  0.705
Method:                 Least Squares   F-statistic:                     312.0
Date:                Thu, 27 Mar 2025   Prob (F-statistic):          5.10e-103
Time:                        17:18:44   Log-Likelihood:                -1120.6
No. Observations:                 392   AIC:                             2249.
Df Residuals:                     388   BIC:                             2265.
Df Model:                           3
Covariance Type:            nonrobust
================================================================================
                   coef    std err          t      P>|t|      [0.025      0.975]
--------------------------------------------------------------------------------
const           44.8559      1.196     37.507      0.000      42.505      47.207
displacement    -0.0058      0.007     -0.876      0.381      -0.019       0.007
horsepower      -0.0417      0.013     -3.252      0.001      -0.067      -0.016
weight          -0.0054      0.001     -7.513      0.000      -0.007      -0.004
==============================================================================
Omnibus:                       37.603   Durbin-Watson:                   0.859
Prob(Omnibus):                  0.000   Jarque-Bera (JB):               49.946
Skew:                           0.707   Prob(JB):                     1.43e-11
Kurtosis:                       4.029   Cond. No.                     1.73e+04
==============================================================================

Notes:
[1] Standard Errors assume that the covariance matrix of the errors is correctly specified.
[2] The condition number is large, 1.73e+04. This might indicate that there are
strong multicollinearity or other numerical problems.
```

- mpg 데이터셋을 활용하여 displacement, horsepower, weight를 독립변수로, mpg(연비)를 종속변수로 설정한 다중선형회귀 분석 결과는 다음과 같다.
  - 먼저, 결정계수(R-squared)는 0.707, 수정 결정계수(Adj. R-squared)는 0.705로 나타났으며, 이는 세 독립변수가 종속변수인 mpg를 약 70.5% 수준으로 설명하고 있음을 의미한다.
  - 또한 F-통계량은 312.0, p-value는 5.10e-103으로, 전체 모형이 통계적으로 매우 유의미하다는 점을 보여준다.
  - 각 독립변수의 회귀계수 및 유의성은 다음과 같다.

변수	계수	p-value	해석
displacement	-0.0058	0.381	유의하지 않음(p > 0.05) → mpg 예측에 기여하지 않음
horsepower	-0.0417	0.001	유의함 → 마력이 높을수록 연비가 유의하게 감소
weight	-0.0054	0	유의함 → 차량 무게가 증가할수록 연비가 유의하게 감소

- 따라서, 이 모형에서는 horsepower와 weight 변수가 mpg에 통계적으로 유의한 영향을 주는 주요 요인으로 나타났으며, displacement는 다른 변수들과 함께 고려할 경우에는 추가적인 설명력을 제공하지 않는 변수로 해석된다.
- 추가적으로 Omnibus 및 Jarque-Bera 검정 결과를 보면 잔차가 정규성을 다소 위반하고 있을 가능성이 있으며, Durbin-Watson 통계량이 0.859로 2에서 멀어, 잔차의 자기상관이 존재할 수 있음을 시사한다.
- 또한 조건수(Cond. No.)가 1.73e+04로 다소 크기 때문에, 다중공선성 가능성에 대한 점검도 필요하다.

SECTION 02 로지스틱 회귀모형(Logistic Regression)

1 로지스틱 회귀모형

① 로지스틱 회귀는 종속변수가 **이진 범주형(0 또는 1)**일 때 사용하는 회귀모형이다.
② 선형회귀와 달리, 예측값을 0~1 사이의 확률로 변환하는 **시그모이드 함수(logit 함수)**를 기반으로 한다.
③ 로지스틱 회귀의 주요 목적은 특정 사건이 발생할 확률을 예측하거나, 어떤 변수들이 결과에 영향을 미치는지 해석하는 것이다.
④ 함수 활용법

```
import statsmodels.api as sm

# 상수항 추가
X = sm.add_constant(독립변수)

# 로지스틱 회귀모형 적합
model = sm.Logit(종속변수, X).fit()

# 결과 요약 출력
model.summary()
```

함수/메서드	설명
sm.Logit(y, X)	로지스틱 회귀모형 객체 생성(y : 종속변수, X : 독립변수)
.fit()	모형 학습

함수/메서드	설명
.summary()	회귀 결과 요약표 출력
.params	회귀계수 확인
np.exp(model.params)	오즈비(odds ratio) 해석 시 사용

풀이

Q. titanic 데이터셋을 이용하여 sex, age, fare 변수를 활용해 survived(생존 여부)를 예측하는 로지스틱 회귀 모형을 statsmodels 방식으로 구축하시오.

Python 코드 예시

```python
import pandas as pd
import seaborn as sns
import statsmodels.api as sm
from sklearn.preprocessing import LabelEncoder

# 데이터 불러오기 및 전처리
df = sns.load_dataset("titanic").dropna(subset = ['sex', 'age', 'fare', 'survived'])
df['sex'] = LabelEncoder().fit_transform(df['sex'])   # 남자 = 1, 여자 = 0

# 독립변수, 종속변수 설정
X = df[['sex', 'age', 'fare']]
X = sm.add_constant(X)
y = df['survived']

# 로지스틱 회귀모형 적합
model = sm.Logit(y, X).fit()

# 결과 요약 출력
print(model.summary())
```

Python 결과 출력

```
Optimization terminated successfully.
         Current function value: 0.501450
         Iterations 6
                           Logit Regression Results
==============================================================================
Dep. Variable:                survived   No. Observations:                  714
Model:                           Logit   Df Residuals:                      710
Method:                            MLE   Df Model:                            3
Date:                 Thu, 27 Mar 2025   Pseudo R-squ.:                  0.2576
Time:                         17:31:04   Log-Likelihood:                -358.04
converged:                        True   LL-Null:                       -482.26
Covariance Type:             nonrobust   LLR p-value:                 1.419e-53
==============================================================================
                 coef    std err          z      P>|z|      [0.025      0.975]
------------------------------------------------------------------------------
const          0.9348      0.239      3.910      0.000       0.466       1.403
sex           -2.3476      0.190    -12.359      0.000      -2.720      -1.975
age           -0.0106      0.006     -1.627      0.104      -0.023       0.002
fare           0.0128      0.003      4.738      0.000       0.007       0.018
==============================================================================
```

- titanic 데이터셋을 바탕으로 sex, age, fare를 독립변수로 설정하여 survived(생존 여부)를 종속변수로 한 로지스틱 회귀모형을 적합한 결과는 다음과 같다.
- 로그가능도 함수(Log-Likelihood) 값은 -358.04, 모형의 유의성 검정 지표인 LLR p-value는 1.42e-53으로 전체 모형이 통계적으로 유의미함을 나타낸다.
- 의사결정계수(Pseudo R^2)는 0.2576으로, 해당 모형이 생존 여부의 약 25.8% 정도를 설명하고 있음을 의미한다.

변수	계수	p-value	해석 요약
const	0.9348	0	절편. 별도 해석 생략 가능
sex	-2.3476	0	여성(0)이 남성(1)보다 생존 확률이 유의하게 높음
age	-0.0106	0.104	나이가 많을수록 생존 확률은 감소, 다만 통계적으로 유의하지 않음
fare	0.0128	0	지불한 요금이 높을수록 생존 확률이 유의하게 증가함

- sex 변수의 회귀계수가 -2.35로 매우 크고 유의확률이 0.000으로, 성별이 생존에 매우 강한 영향을 주는 변수임을 의미한다. 여성(0)이 기준이며, 남성(1)은 생존 확률이 크게 낮다.
- fare 변수는 양의 계수로, 지불한 요금이 많을수록 생존 확률이 증가한다는 통계적으로 유의한 결과를 보여준다.
- age 변수는 계수가 음수이나, 유의확률(p = 0.104)이 0.05보다 크기 때문에 나이 변수는 통계적으로 유의한 설명력을 가진다고 보기 어렵다.

참고

오즈비 변환

- 회귀계수의 지수(exp)를 취하면 오즈비(odds ratio)로 해석할 수 있으며, 다음과 같이 변환 가능하다.

Python 코드 예시

```
import numpy as np
np.exp(model.params)
```

Python 결과 출력

```
const    2.546808
sex      0.095598
age      0.989486
fare     1.012855
dtype: float64
```

- sex 변수의 오즈비가 0.096이라는 것은, 남성이 여성에 비해 생존할 확률이 약 1/10이라는 의미이다.
- age 변수의 오즈비는 0.989로 1보다 작아, 나이가 많을수록 생존 가능성은 다소 낮아지는 경향을 보인다.
- fare 변수의 오즈비가 1.0129로 1보다 크며, 요금을 더 낼수록 생존 가능성이 소폭 증가함을 의미한다.
- 이와 같이 로지스틱 회귀모형에서의 오즈비 해석은 변수의 효과 방향성과 영향 정도를 정량적으로 이해하는 데 유용하다.

작업형 제3유형-연습문제

▶ **데이터 위치**
- 구글 드라이브(https://bit.ly/ymsbig) 접속 → 1.yemoonsa-source → data → 작업형(3유형) 데이터
- 예문에듀 홈페이지(https://yeamoonedu.com/) 접속 → 도서 인증 후 자료 내려받기 → 1.yemoonsa-source → data → 작업형(3유형) 데이터

01 [혈압 변화 비교]

주어진 데이터(Rabbit_Five.csv)는 신약 개발을 위해 실험에 사용된 데이터이다. 아래 데이터를 이용하여 실험군(MDL)과 대조군(Control) 간 혈압 변화(BPchange)의 차이가 있는지를 대응표본 t-검정(paired t-test)을 통해 답하고자 한다.

가설 : H0: md = 0 vs H1: md ≠ 0

(a) md의 점추정량을 구하시오. (단, 소수점 둘째 자리까지 반올림함)
(b) 대응표본 t-검정의 검정통계량을 구하시오.
(c) p-value를 구하고(단, 소수점 셋째 자리까지 반올림함), 유의수준 0.05 이하에서 가설을 '채택' 또는 '기각'하시오.

해설

Python 코드 예시

```
import pandas as pd
from scipy import stats

data = pd.read_csv('./Rabbit_Test_YS.csv')

# (a) 점추정량 계산
diff = data['MDL'] - data['Control']
md_estimate = round(diff.mean(), 2)

# (b) 대응표본 t-검정
t_stat, p_value = stats.ttest_rel(data['MDL'], data['Control'])
t_stat_rounded = round(t_stat, 3)

# (c) p-value 및 가설검정 결과
p_value_rounded = round(p_value, 3)
decision = '기각' if p_value < 0.05 else '채택'

print(md_estimate, t_stat_rounded, p_value_rounded, decision)
```

Python 결과 출력

-4.0 -12.961 0.0 기각
(a) 점추정량: -4.00

(b) 검정통계량: -12.961

(c) p-value: 0.000 → 가설검정 결과: 기각

02 [타이타닉 생존 예측 – 로지스틱 회귀]

주어진 데이터(Titanic.csv)를 사용하여, 성별(Gender), 형제자매 수(SibSp), 부모자식 수(Parch), 요금(Fare)을 독립변수로 설정하고 Survived를 종속변수로 설정하여 로지스틱 회귀분석을 수행하시오.

(a) Parch 변수의 회귀계수를 구하시오. (단, 소수점 셋째 자리까지 반올림함)
(b) SibSp 변수가 한 단위 증가할 때 오즈비(Odds ratio)를 구하시오.
(c) 전체 모델의 정확도(Accuracy)를 계산하시오. (단, 소수점 셋째 자리까지 반올림함)

해설

Python 코드 예시

```python
import pandas as pd
import numpy as np
import statsmodels.api as sm
from sklearn.metrics import accuracy_score

# 1. 데이터 불러오기
df = pd.read_csv("Titanic.csv")

# 2. 성별(Gender) 숫자로 변환
df['Gender'] = df['Sex'].map({'male': 0, 'female': 1})

# 3. 분석 변수 선택
X = df[['Gender', 'SibSp', 'Parch', 'Fare']]
y = df['Survived']

# 4. 결측치 제거
data = pd.concat([X, y], axis = 1).dropna()
X = data[['Gender', 'SibSp', 'Parch', 'Fare']]
y = data['Survived']

# 5. 상수항 추가
X = sm.add_constant(X)

# 6. 로지스틱 회귀 모델 적합
model = sm.Logit(y, X)
result = model.fit()

# 7. (a) Parch 회귀계수 (소수 셋째 자리)
parch_coef = round(result.params['Parch'], 3)
print(f"(a) Parch 회귀계수: {parch_coef}")

# 8. (b) SibSp 오즈비 (Odds Ratio)
sibsp_odds_ratio = round(np.exp(result.params['SibSp']), 3)
print(f"(b) SibSp 오즈비: {sibsp_odds_ratio}")

# 9. (c) 전체 정확도 (Accuracy)
y_pred_prob = result.predict(X)
y_pred = (y_pred_prob >= 0.5).astype(int)
acc = round(accuracy_score(y, y_pred), 3)
print(f"(c) 전체 모델 정확도: {acc}")
```

> Python 결과 출력

```
Optimization terminated successfully.
         Current function value: 0.482065
         Iterations 6
(a) Parch 회귀계수: -0.201
(b) SibSp 오즈비: 0.702
(c) 전체 모델 정확도: 0.79
```

03 [독립성 검정 – 성별과 생존 여부]

타이타닉 데이터에서 성별(Gender)과 생존 여부(Survived)간의 독립성 검정을 수행하시오. (카이제곱 독립성 검정)

(a) 관측도수와 기대도수를 포함한 혼동행렬을 제시하시오.
(b) 카이제곱 통계량을 계산하시오. (단, 소수점 셋째 자리까지 반올림함)
(c) p-value를 계산하고 유의수준 0.05에서 가설을 '채택' 또는 '기각'하시오.

해설

> Python 코드 예시

```python
import pandas as pd
from scipy.stats import chi2_contingency

# 1. 데이터 불러오기
df = pd.read_csv("Titanic.csv")

# 2. 성별을 숫자형(Gender)으로 변환
df['Gender'] = df['Sex'].map({'male': 0, 'female': 1})

# 3. 교차표 (관측도수)
observed = pd.crosstab(df['Gender'], df['Survived'])

# 4. 카이제곱 독립성 검정
chi2, p, dof, expected = chi2_contingency(observed)

# 5. 기대도수 DataFrame 생성
expected_df = pd.DataFrame(expected, index = observed.index, columns = observed.columns)

# 6. 결과 출력
print("▶ (a) 관측도수:")
print(observed)
print("\n▶ (a) 기대도수:")
print(expected_df)
```

```
# 7. (b) 카이제곱 통계량
print(f"\n▶ (b) 카이제곱 통계량: {chi2:.3f}")

# 8. (c) p-value와 가설 판단
print(f"▶ (c) p-value: {p:.3f}")
if p < 0.05:
    print("▶ 결론: 유의수준 0.05에서 귀무가설 기각 → 성별과 생존은 독립이 아님.")
else:
    print("▶ 결론: 유의수준 0.05에서 귀무가설 채택 → 성별과 생존은 독립.")
```

Python 결과 출력

```
▶ (a) 관측도수:
Survived    0     1
Gender
0          468   109
1           81   233

▶ (a) 기대도수:
Survived         0            1
Gender
0          355.525253   221.474747
1          193.474747   120.525253

▶ (b) 카이제곱 통계량: 260.717
▶ (c) p-value: 0.000
▶ 결론: 유의수준 0.05에서 귀무가설 기각 → 성별과 생존은 독립이 아님.
```

04 [상관분석]

California_Housing_Prices.csv 데이터를 사용하여, 총 방 수 대비 가구 수(total_rooms ÷ households)와 주택 중위 가격(median_house_value) 간의 상관관계를 파악하시오. (피어슨 상관분석)

(a) 상관계수 r값을 계산하시오. (단, 소수점 셋째 자리까지 반올림함)
(b) 유의확률(p-value)을 계산하시오.
(c) 상관계수의 해석 : 강도(높음/보통/낮음), 방향(양/음), 유의성(유의/비유의)을 평가하시오.

Python 코드 예시

```python
import pandas as pd
from scipy.stats import pearsonr

# 1. 데이터 불러오기
df = pd.read_csv("California_Housing_Prices.csv")

# 2. 파생 변수 생성: 평균 방 수 (AveRooms)
df['AveRooms'] = df['total_rooms'] / df['households']

# 3. 분석에 사용할 변수 선택 및 결측치 제거
df_clean = df[['AveRooms', 'median_house_value']].dropna()

# 4. 피어슨 상관계수 및 p-value 계산
r, p_value = pearsonr(df_clean['AveRooms'], df_clean['median_house_value'])

# 5. 상관계수 해석
abs_r = abs(r)
if abs_r >= 0.7:
    strength = "높음"
elif abs_r >= 0.4:
    strength = "보통"
else:
    strength = "낮음"

direction = "양의 상관" if r > 0 else "음의 상관"
significance = "유의" if p_value < 0.05 else "비유의"

# 6. 결과 출력
print(f"(a) 상관계수 r: {r:.3f}")
print(f"(b) p-value: {p_value:.3f}")
print(f"(c) 해석: 강도 = {strength}, 방향 = {direction}, 유의성 = {significance}")
```

Python 결과 출력

(a) 상관계수 r: 0.152
(b) p-value: 0.000
(c) 해석: 강도 = 낮음, 방향 = 양의 상관, 유의성 = 유의

05 [선형회귀모형]

Advertising.csv에서 TV 광고비(TV)를 독립변수, 매출(sales)을 종속변수로 하는 **단순선형회귀모형**을 구축하시오.

(a) 회귀계수(기울기)를 구하시오. (단, 소수점 셋째 자리까지 반올림함)
(b) 결정계수 R^2 값을 계산하시오.
(c) MAE와 RMSE를 구하시오. (단, 각각 소수점 둘째 자리까지 반올림함)

해설

Python 코드 예시

```python
import pandas as pd
from sklearn.linear_model import LinearRegression
from sklearn.metrics import mean_absolute_error, mean_squared_error
import numpy as np

# 1. 데이터 불러오기
df = pd.read_csv("Advertising.csv", index_col = 0)

# 2. 독립변수(TV), 종속변수(sales) 지정
X = df[['TV']]
y = df['sales']

# 3. 선형 회귀 모델 적합
model = LinearRegression()
model.fit(X, y)

# 4. (a) 회귀계수(기울기)
slope = round(model.coef_[0], 3)

# 5. (b) 결정계수 R²
r2 = round(model.score(X, y), 3)

# 6. 예측값 계산
y_pred = model.predict(X)

# 7. (c) MAE 및 RMSE 계산
mae = round(mean_absolute_error(y, y_pred), 2)
rmse = round(np.sqrt(mean_squared_error(y, y_pred)), 2)

# 8. 결과 출력
print(f"(a) 회귀계수(기울기): {slope}")
print(f"(b) 결정계수 R²: {r2}")
print(f"(c) MAE: {mae}, RMSE: {rmse}")
```

Python 결과 출력

(a) 회귀계수(기울기): 0.048
(b) 결정계수 R^2: 0.612
(c) MAE: 2.55, RMSE: 3.24

06 [분산분석-ANOVA]

PlantGrowth.csv에서 세 가지 비료 그룹(Trt1, Trt2, Control)에 따른 식물 생장량(Height)의 평균 차이를 일원분산분석(ANOVA)으로 검정하시오.

(a) 세 그룹의 평균값을 계산하시오.
(b) F-통계량을 계산하시오. (단, 소수점 셋째 자리까지 반올림함)
(c) p-value를 기준으로 유의수준 0.05에서 귀무가설을 '채택' 또는 '기각'하시오.

해설

Python 코드 예시

```python
import pandas as pd
import statsmodels.api as sm
from statsmodels.formula.api import ols

# 데이터 불러오기
df = pd.read_csv("PlantGrowth.csv")

# (a) 그룹별 평균값
group_means = df.groupby('group')['weight'].mean().round(3)
print("(a) 그룹별 평균값:")
print(group_means)

# (b) 일원분산분석
model = ols('weight ~ C(group)', data = df).fit()
anova_table = sm.stats.anova_lm(model, typ = 2)
f_stat = round(anova_table['F'][0], 3)
print(f"\n(b) F-통계량: {f_stat}")

# (c) p-value와 가설 판단
p_value = round(anova_table['PR(>F)'][0], 3)
decision = "기각" if p_value < 0.05 else "채택"
print(f"(c) p-value: {p_value} → 귀무가설 {decision}")
```

Python 결과 출력

```
(a) 그룹별 평균값:
group
ctrl    5.032
trt1    4.661
trt2    5.526
Name: weight, dtype: float64

(b) F-통계량: 4.846
(c) p-value: 0.016 → 귀무가설 기각
```

07 [정규성 검정]

자동차 연비 데이터(auto-mpg.csv)의 연비(mpg) 변수에 대해 정규성 검정을 수행하시오. (Shapiro-Wilk 검정)

(a) 검정통계량(W)을 구하시오. (단, 소수점 셋째 자리까지 반올림함)
(b) p-value를 계산하시오.
(c) 유의수준 0.05에서 정규성을 만족하는지 판단하시오.

해설

Python 코드 예시

```python
import pandas as pd
from scipy.stats import shapiro

# 1. 데이터 불러오기
df = pd.read_csv("auto-mpg.csv")

# 2. mpg 변수에서 결측치 제거
mpg_data = df['mpg'].dropna()

# 3. Shapiro-Wilk 정규성 검정
w_stat, p_value = shapiro(mpg_data)

# 4. 결과 반올림
w_stat_rounded = round(w_stat, 3)
p_value_rounded = round(p_value, 3)
decision = "정규성 만족" if p_value >= 0.05 else "정규성 불만족"

# 5. 결과 출력
print(f"(a) 검정통계량 W: {w_stat_rounded}")
print(f"(b) p-value: {p_value_rounded}")
print(f"(c) 유의수준 0.05 기준: {decision}")
```

Python 결과 출력

(a) 검정통계량 W: 0.968
(b) p-value: 0.0
(c) 유의수준 0.05 기준: 정규성 불만족

08 [모분산 검정 - Bartlett]

winequality-red.csv에서 품질(quality)이 3, 5, 7인 세 그룹을 추출하고, 세 그룹 간 분산의 동질성을 검정하기 위해 각 그룹의 alcohol 함량에 대해 Bartlett 검정을 수행하시오.

(a) 각 그룹의 분산을 제시하시오.
(b) Bartlett 검정통계량을 구하시오.
(c) p-value를 기준으로 분산이 동일한지 유의수준 0.05에서 판단하시오.

해설

Python 코드 예시

```python
import pandas as pd
from scipy.stats import bartlett

# 1. 데이터 불러오기
df = pd.read_csv("winequality-red.csv", sep=';')

# 2. 품질 3, 5, 7인 그룹 추출
group3 = df[df['quality'] == 3]['alcohol']
group5 = df[df['quality'] == 5]['alcohol']
group7 = df[df['quality'] == 7]['alcohol']

# 3. (a) 각 그룹의 분산 계산
var3 = round(group3.var(ddof = 1), 3)
var5 = round(group5.var(ddof = 1), 3)
var7 = round(group7.var(ddof = 1), 3)

print(f"(a) 분산 - quality 3: {var3}, quality 5: {var5}, quality 7: {var7}")

# 4. (b) Bartlett 검정
stat, p_value = bartlett(group3, group5, group7)
print(f"(b) Bartlett 검정통계량: {round(stat, 3)}")

# 5. (c) 유의수준 0.05 판단
print(f"(c) p-value: {round(p_value, 3)}")
if p_value < 0.05:
    print("→ 귀무가설 기각: 세 그룹의 분산은 동일하지 않음")
else:
    print("→ 귀무가설 채택: 세 그룹의 분산은 동일함")
```

Python 결과 출력

(a) 분산 - quality 3: 0.669, quality 5: 0.542, quality 7: 0.925
(b) Bartlett 검정통계량: 23.502
(c) p-value: 0.0
→ 귀무가설 기각: 세 그룹의 분산은 동일하지 않음

09 [비모수 검정 – Mann-Whitney U Test]

StudentsPerformance.csv에서 성별(gender)이 남성(male)과 여성(female)인 두 그룹 간의 수학 점수(math score) 차이를 비교하기 위해 Mann-Whitney U 검정을 수행하시오.

(a) U-통계량을 구하시오.
(b) p-value를 구하시오. (단, 소수점 셋째 자리까지 반올림함)
(c) 유의수준 0.05에서 성과 차이가 유의한지 여부를 판단하시오.

해설

Python 코드 예시

```python
import pandas as pd
from scipy.stats import mannwhitneyu

# 1. 데이터 불러오기
df = pd.read_csv("StudentsPerformance.csv")

# 2. 성별 그룹 분리
male_scores = df[df['gender'] == 'male']['math score']
female_scores = df[df['gender'] == 'female']['math score']

# 3. Mann-Whitney U 검정
u_stat, p_value = mannwhitneyu(male_scores, female_scores, alternative = 'two-sided')

# 4. 결과 반올림 및 출력
u_stat = round(u_stat, 3)
p_value = round(p_value, 3)
decision = "성과 차이 유의함 (귀무가설 기각)" if p_value < 0.05 else "성과 차이 없음 (귀무가설 채택)"

print(f"(a) U-통계량: {u_stat}")
print(f"(b) p-value: {p_value}")
print(f"(c) 판단: {decision}")
```

Python 결과 출력

(a) U-통계량: 147907.5
(b) p-value: 0.0
(c) 판단: 성과 차이 유의함 (귀무가설 기각)

10 [이원분산분석 – 반복측정]

DietStudy.csv에서 세 종류의 다이어트(D1, D2, D3)와 시간(Time1, Time2, Time3) 조건에서 체중 변화(WeightChange)를 측정하였다. 이원배치 분산분석(반복측정 포함)을 통해 분석하시오.

(a) 다이어트 유형에 따른 평균 체중변화를 계산하시오.
(b) Diet, Time 각각에 대한 F-값과 p-value를 제시하시오.
(c) 유의수준 0.05에서 Diet와 Time의 주효과가 유의한지 판단하시오.

해설

Python 코드 예시

```python
import pandas as pd
from statsmodels.stats.anova import AnovaRM

# CSV 파일 불러오기
df = pd.read_csv("DietStudy.csv")

# (a) 다이어트 유형에 따른 평균 체중변화 계산
diet_means = df.groupby("Diet")["WeightChange"].mean()
print("다이어트 유형별 평균 체중변화:")
print(diet_means.round(3))

# (b) 이원 반복측정 분산분석 수행
anova = AnovaRM(data = df, depvar = 'WeightChange', subject = 'Subject', within = ['Diet', 'Time'])
anova_table = anova.fit()
print("\n이원 반복측정 분산분석 결과:")
print(anova_table)

# (c) 유의수준 0.05 기준으로 주효과 유의성 판단
anova_df = anova_table.anova_table
for factor in ["Diet", "Time"]:
    p_value = anova_df.loc[factor, "Pr > F"]
    result = "유의함" if p_value < 0.05 else "유의하지 않음"
    print(f"\n{factor}의 주효과는 유의수준 0.05에서 {result} (p = {p_value:.4f})")
```

Python 결과 출력

```
다이어트 유형별 평균 체중변화:
Diet
D1    0.456
D2    1.244
D3    2.315
Name: WeightChange, dtype: float64

이원 반복측정 분산분석 결과:
Anova
=====================================================
              F Value   Num DF   Den DF   Pr > F
-----------------------------------------------------
Diet          15.1135   2.0000   18.0000  0.0001
Time         154.6871   2.0000   18.0000  0.0000
Diet:Time      0.9636   4.0000   36.0000  0.4393
=====================================================

Diet의 주효과는 유의수준 0.05에서 유의함 (p = 0.0001)

Time의 주효과는 유의수준 0.05에서 유의함 (p = 0.0000)
```

MEMO

PART 04

머신러닝

CHAPTER 01 지도 학습

▶ **데이터 위치**
- 구글 드라이브(https://bit.ly/ymsbig) 접속 → 1.yemoonsa-source → data → part 4
- 예문에듀 홈페이지(https://yeamoonedu.com/) 접속 → 도서 인증 후 자료 내려받기 → 1.yemoonsa-source → data → part 4

- 사이킷런(sklearn)은 머신러닝 알고리즘 및 도구들을 모듈화하여 제공하는 파이썬 라이브러리이다.
- 모형을 사용하기 위해서는 서브패키지에서 클래스를 불러오는 과정이 필요하다.
- 지도학습은 목표변수(Target Variable)의 형태에 따라 분류(이진/다중), 회귀로 구분이 가능하다.
- 일반적인 사용 형태는 다음과 같다.

> **참고**
>
> **모듈 사용법 예시**
>
> from sklearn.linear_model import LinearRegression   # 선형회귀
> from sklearn.tree import DecisionTreeClassifier   # 결정트리 분류
> from sklearn.ensemble import RandomForestRegressor   # 랜덤포레스트 회귀

알고리즘 유형	서브패키지	분류용 클래스(Classifier)	회귀용 클래스(Regressor)
선형모델	sklearn.linear_model	LogisticRegression	LinearRegression
서포트 벡터 머신	sklearn.svm	SVC	SVR
K-최근접 이웃	sklearn.neighbors	KNeighborsClassifier	KNeighborsRegressor
결정트리	sklearn.tree	DecisionTreeClassifier	DecisionTreeRegressor
랜덤포레스트	sklearn.ensemble	RandomForestClassifier	RandomForestRegressor
그레이디언트 부스팅	sklearn.ensemble	GradientBoostingClassifier	GradientBoostingRegressor
XGBoost(외부)	xgboost	XGBClassifier	XGBRegressor
LightGBM(외부)	lightgbm	LGBMClassifier	LGBMRegressor

SECTION 01 데이터 분할

1 홀드아웃

① 데이터를 학습용(train)과 검증용(test)으로 단순 분할하는 방식이다.
② 일반적으로 7:3 또는 8:2 비율로 나누며, 한 번만 분할하기 때문에 구현이 간단하다.
③ 데이터 양이 많을 경우에는 효과적이지만, 데이터가 적은 경우에는 결과가 분할에 따라 크게 달라질 수 있다는 단점이 있다.
④ 따라서 데이터의 대표성이 충분하지 않다면, 보다 정교한 검증 방식(K-Fold 등)을 사용하는 것이 바람직하다.
⑤ 함수 활용법(train_test_split)

```
from sklearn.model_selection import train_test_split

# 입력 변수 X, 타깃 y를 70:30으로 분할
X_train, X_test, y_train, y_test = train_test_split(X, y, test_size = 0.3, random_state = 42)
```

주요 파라미터	설명
method	상관계수 방식 : 'pearson'(기본), 'spearman', 'kendall'
test_size	테스트셋 비율을 설정함(예 0.2, 0.3 등)
random_state	결과 재현성을 위해 난수 시드를 고정함
shuffle	데이터를 섞을지 여부를 지정함(기본값: True)

풀이

Q. sklearn의 내장 붓꽃(iris) 데이터셋을 사용하여, 꽃잎 길이(petal length)와 너비(petal width)를 입력 변수로 꽃의 품종(target)을 예측하고자 한다. 전체 데이터를 학습용 70%, 테스트용 30%로 홀드아웃 방식으로 분할하시오.

Python 코드 예시

```python
from sklearn.datasets import load_iris
from sklearn.model_selection import train_test_split
import pandas as pd

# 1. 데이터 로드
iris = load_iris()
X = iris.data[:, 2:]    # 꽃잎 길이, 꽃잎 너비
y = iris.target         # 품종 (0, 1, 2)

# 2. 데이터프레임 형태로 보기 좋게 구성 (선택)
df = pd.DataFrame(X, columns=['petal length', 'petal width'])
df['target'] = y
```

```
# 3. 홀드아웃 방식 데이터 분할
X_train, X_test, y_train, y_test = train_test_split(
    X, y, test_size = 0.3, random_state = 42
)

# 4. 결과 확인
print("훈련 데이터 개수:", len(X_train))
print("테스트 데이터 개수:", len(X_test))
```

Python 결과 출력

```
훈련 데이터 개수: 105
테스트 데이터 개수: 45
```

2 K-Fold

① K-Fold 교차검증은 전체 데이터를 K개의 폴드(fold)로 나누어 학습과 검증을 K번 반복하는 방식이다.
② 각 반복에서는 하나의 폴드를 검증셋으로 사용하고, 나머지 K-1개의 폴드를 학습용으로 사용한다.
③ 이렇게 하면 데이터 전체를 한 번씩 검증에 활용할 수 있으므로, 보다 안정적인 일반화 성능 평가가 가능하다.
④ 특히 데이터가 적을 때 유리하며, 모델이 특정 분할에 과도하게 의존하지 않도록 방지할 수 있다.
⑤ 단점은 K번 모델을 학습해야 하므로 시간이 더 오래 걸린다는 점이다.
⑥ 함수 활용법(K-Fold)

```
from sklearn.model_selection import KFold

# 5-Fold 설정
kf = KFold(n_splits = 5, shuffle = True, random_state = 42)

# KFold를 이용한 반복 분할
for train_index, test_index in kf.split(X):
    X_train, X_test = X[train_index], X[test_index]
    y_train, y_test = y[train_index], y[test_index]
```

주요 파라미터	설명
n_splits	K값(몇 개의 폴드로 나눌 것인지)
shuffle	데이터를 무작위로 섞을지 여부(True권장)
random_state	난수 시드 고정(결과 재현 가능하도록 설정)

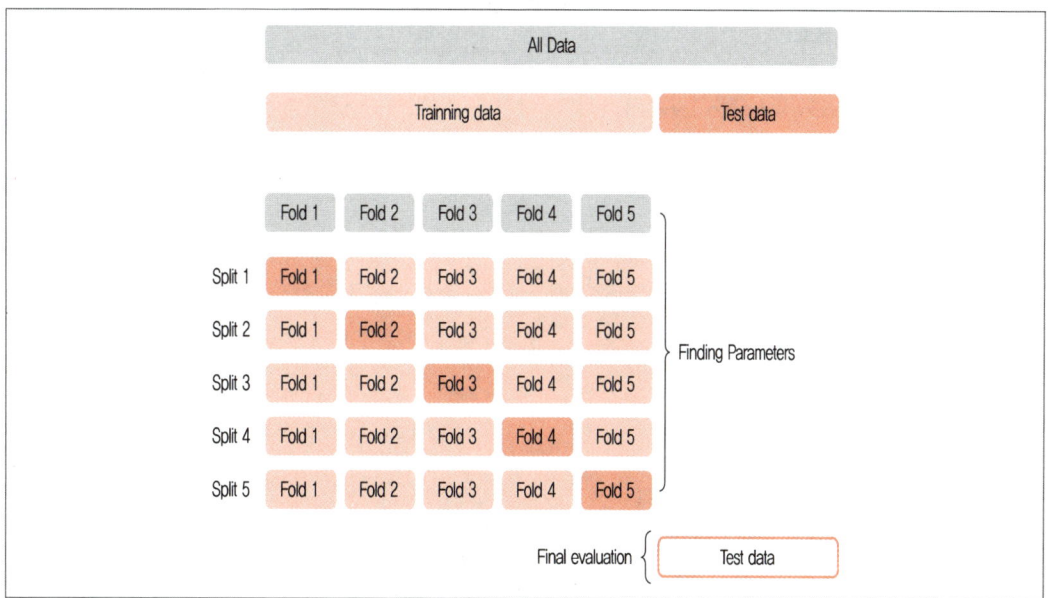

풀이

Q. sklearn의 붓꽃(iris) 데이터셋을 사용하여 꽃잎 특성(petal length, petal width)을 입력 변수로 설정하고, 5-Fold 교차검증을 수행하여 분할 결과를 확인하시오.

Python 코드 예시

- 셔플하지 않은 결과

```python
from sklearn.datasets import load_iris
from sklearn.model_selection import KFold
import numpy as np

# 1. 데이터 로드
iris = load_iris()
X = iris.data[:, 2:]   # 꽃잎 길이, 너비
y = iris.target

# 2. K-Fold 설정 (5개 폴드, 셔플 미포함)
kf = KFold(n_splits = 5)

# 3. 폴드별 데이터 인덱스 출력
fold = 1
for train_index, test_index in kf.split(X):
    print(f"\n[Fold {fold}]")
    # print(" - 학습 데이터 인덱스:", train_index.tolist())
    print(" - 테스트 데이터 인덱스:\n", test_index.tolist())
    fold = fold + 1
```

- 셔플한 결과

```python
from sklearn.datasets import load_iris
from sklearn.model_selection import KFold
import numpy as np

# 1. 데이터 로드
iris = load_iris()
X = iris.data[:, 2:]   # 꽃잎 길이, 너비
y = iris.target

# 2. K-Fold 설정 (5개 폴드, 셔플 포함)
kf = KFold(n_splits = 5, shuffle = True, random_state = 42)

# 3. 폴드별 데이터 인덱스 출력
fold = 1
for train_index, test_index in kf.split(X):
    print(f"\n[Fold {fold}]")
    # print(" - 학습 데이터 인덱스:", train_index.tolist())
    print(" - 테스트 데이터 인덱스:\n", test_index.tolist())
    fold = fold + 1
```

Python 결과 출력

- 셔플하지 않은 결과

[Fold 1]
- 테스트 데이터 인덱스:
 [0, 1, 2, 3, 4, 5, 6, 7, 8, 9, 10, 11, 12, 13, 14, 15, 16, 17, 18, 19, 20, 21, 22, 23, 24, 25, 26, 27, 28, 29]

[Fold 2]
- 테스트 데이터 인덱스:
 [30, 31, 32, 33, 34, 35, 36, 37, 38, 39, 40, 41, 42, 43, 44, 45, 46, 47, 48, 49, 50, 51, 52, 53, 54, 55, 56, 57, 58, 59]

[Fold 3]
- 테스트 데이터 인덱스:
 [60, 61, 62, 63, 64, 65, 66, 67, 68, 69, 70, 71, 72, 73, 74, 75, 76, 77, 78, 79, 80, 81, 82, 83, 84, 85, 86, 87, 88, 89]

[Fold 4]
- 테스트 데이터 인덱스:
 [90, 91, 92, 93, 94, 95, 96, 97, 98, 99, 100, 101, 102, 103, 104, 105, 106, 107, 108, 109, 110, 111, 112, 113, 114, 115, 116, 117, 118, 119]

[Fold 5]
- 테스트 데이터 인덱스:
 [120, 121, 122, 123, 124, 125, 126, 127, 128, 129, 130, 131, 132, 133, 134, 135, 136, 137, 138, 139, 140, 141, 142, 143, 144, 145, 146, 147, 148, 149]

- 셔플한 결과

[Fold 1]
- 테스트 데이터 인덱스:
 [9, 12, 18, 19, 26, 29, 30, 31, 36, 45, 55, 56, 64, 68, 69, 73, 76, 78, 82, 104, 108, 110, 118, 127, 128, 131, 132, 141, 143, 145]

[Fold 2]
- 테스트 데이터 인덱스:
 [0, 4, 10, 11, 15, 16, 22, 27, 28, 32, 40, 42, 44, 51, 60, 65, 66, 67, 75, 81, 85, 86, 96, 105, 109, 122, 133, 137, 142, 146]

[Fold 3]
- 테스트 데이터 인덱스:
 [5, 7, 23, 24, 25, 33, 34, 35, 39, 43, 47, 49, 53, 62, 70, 77, 80, 84, 93, 94, 95, 97, 101, 111, 113, 114, 117, 123, 138, 148]

[Fold 4]
- 테스트 데이터 인덱스:
 [2, 3, 6, 8, 13, 17, 38, 46, 50, 54, 59, 61, 63, 72, 79, 83, 89, 98, 100, 112, 115, 119, 120, 125, 126, 134, 135, 136, 139, 147]

[Fold 5]
- 테스트 데이터 인덱스:
 [1, 14, 20, 21, 37, 41, 48, 52, 57, 58, 71, 74, 87, 88, 90, 91, 92, 99, 102, 103, 106, 107, 116, 121, 124, 129, 130, 140, 144, 149]

- K-Fold 교차검증에서 shuffle = False로 설정하면, 데이터는 원래 순서대로 폴드에 나뉘게 된다. 이때 데이터가 특정 클래스나 값에 따라 순차적으로 정렬되어 있는 경우, 각 폴드에 포함되는 데이터 분포가 편향될 수 있다.
- 예를 들어, 붓꽃(iris) 데이터셋은 순서대로 세 개의 품종(Setosa, Versicolor, Virginica)이 정렬되어 있기 때문에, 셔플 없이 K-Fold를 적용하면 일부 폴드에는 특정 품종만 포함되는 경우가 발생할 수 있다.
- 이러한 경우, 학습 데이터가 충분히 다양한 정보를 반영하지 못해 일관된 성능 평가가 어려워진다. 반면, shuffle = True로 설정하면 데이터를 폴드로 나누기 전에 무작위로 섞기 때문에, 각 폴드에 다양한 클래스가 고르게 포함될 가능성이 높아진다.
- 이를 통해 모델이 보다 일반적인 학습을 하게 되며, 교차검증의 평가 신뢰도도 향상된다.
- 따라서 데이터가 정렬된 상태일 가능성이 높거나, 클래스 불균형이 있는 경우에는 shuffle 옵션을 True로 설정하는 것이 바람직하다.

3 Stratified K-Fold 교차검증(층화 K-Fold)

① Stratified K-Fold는 분류 문제에서 각 클래스의 비율이 각 폴드에 고르게 유지되도록 분할하는 방식이다. 일반적인 K-Fold는 클래스 불균형이 있는 경우, 특정 폴드에 일부 클래스가 과소/과대 표집될 수 있다.

② Stratified 방식은 이를 방지하여 보다 안정적인 분류 성능 평가가 가능하다.

③ 특히 클래스 개수가 적거나 불균형한 분류 문제에서 유리하다.

④ 함수 활용법(StratifiedKFold)

```
from sklearn.model_selection import StratifiedKFold

# 층화 교차검증 객체 생성
skf = StratifiedKFold(n_splits = 3, shuffle = True, random_state = 0)

# 데이터 분할 반복
for train_index, test_index in skf.split(X, y):
    print("학습 인덱스:", train_index)
    print("테스트 인덱스:", test_index)
```

주요 파라미터	설명
n_splits	폴드 수(예 3이면 3개의 학습-검증 세트 생성)
shuffle	데이터를 무작위로 섞을지 여부(True 권장)
random_state	난수 시드 고정(결과 재현 가능하도록 설정)

풀이

Q. 길이가 15인 임의의 numpy 배열 X를 생성하고, 타깃 y는 [0, 0, 0, 1, 1, 1, 2, 2, 2, 0, 1, 2, 0, 1, 2]로 설정한 후, Stratified K-Fold를 이용하여 3-Fold 분할 결과를 출력하시오.

Python 코드 예시

```
import numpy as np
from sklearn.model_selection import StratifiedKFold

# 1. 데이터 생성
X = np.arange(15)
y = np.array([0, 0, 0, 1, 1, 1, 2, 2, 2, 0, 1, 2, 0, 1, 2])

# 2. Stratified K-Fold 설정
skf = StratifiedKFold(n_splits = 3, shuffle = True, random_state = 42)

# 3. 분할 결과 출력 (인덱스 + 클래스 값)
fold = 1
for train_idx, test_idx in skf.split(X, y):
    print(f"\n[Fold {fold}]")
    print(" - 테스트 인덱스:", test_idx.tolist())
    print(" - 테스트 클래스 :", [y[i] for i in test_idx])
    fold += 1
```

Python 결과 출력

```
[Fold 1]
 - 테스트 인덱스: [0, 4, 7, 9, 10]
 - 테스트 클래스 : [0, 1, 2, 0, 1]

[Fold 2]
 - 테스트 인덱스: [2, 5, 6, 12, 14]
 - 테스트 클래스 : [0, 1, 2, 0, 2]

[Fold 3]
 - 테스트 인덱스: [1, 3, 8, 11, 13]
 - 테스트 클래스 : [0, 1, 2, 2, 1]
```

위 결과에서 볼 수 있듯이, Stratified K-Fold는 각 폴드에 모든 클래스가 고르게 포함되도록 데이터를 분할하여 보다 신뢰할 수 있는 분류 성능 평가를 가능하게 한다.

SECTION 02 선형회귀모델

1 선형회귀 개요

① 선형회귀는 하나 이상의 독립변수를 활용하여 연속형 종속변수를 예측하는 가장 기본적인 회귀모형이다.
② 독립변수(X)와 종속변수(y) 간의 관계를 직선 방정식 형태로 설명하며, 회귀계수(coefficient)와 절편(intercept), 결정계수(R^2) 등을 통해 모델의 적합도를 평가할 수 있다.
③ 선형회귀는 해석이 쉬우며, 독립변수와 종속변수 간의 선형 관계가 강할 때 효과적이다.
④ 함수 활용법(LinearRegression)

```
from sklearn.linear_model import LinearRegression

# 1. 모델 생성
model = LinearRegression()

# 2. 모델 학습
model.fit(X_train, y_train)

# 3. 예측
y_pred = model.predict(X_test)

# 4. 회귀 계수 및 성능 평가
print("회귀계수:", model.coef_)
print("절편:", model.intercept_)
print("결정계수 R²:", model.score(X_test, y_test))
```

주요 속성 및 메서드	설명
fit()	훈련 데이터를 바탕으로 모델을 학습
predict()	테스트 데이터를 기반으로 예측을 수행
coef_	각 독립변수에 대한 회귀계수를 반환
intercept_	회귀 직선의 절편 값을 나타냄
score()	결정계수(R^2)를 반환하며, 모델 설명력을 평가

풀이

Q. sklearn의 당뇨병(diabetes) 데이터셋에서 BMI(체질량 지수) 변수를 사용하여 당뇨병 진행률(target)을 예측하는 단순선형회귀 모델을 구축하시오.

Python 코드 예시

```python
from sklearn.datasets import load_diabetes
from sklearn.linear_model import LinearRegression
from sklearn.model_selection import train_test_split

# 1. 데이터 로드
diabetes = load_diabetes()
X = diabetes.data[:, [2]]    # BMI (3번째 열)
y = diabetes.target          # 당뇨병 진행률

# 2. 훈련/테스트 데이터 분할
X_train, X_test, y_train, y_test = train_test_split(X, y, test_size = 0.3, random_state = 0)

# 3. 선형회귀 모델 학습
model = LinearRegression()
model.fit(X_train, y_train)

# 4. 예측 및 평가
y_pred = model.predict(X_test)
print("회귀계수:", model.coef_)
print("절편:", model.intercept_)
print("결정계수 R²:", model.score(X_test, y_test))
```

Python 결과 출력

```
회귀계수: [1013.17358257]
절편: 153.43509039227231
결정계수 R²: 0.23132831307953805
```

- 회귀계수는 약 1013.17, 절편은 약 153.44로 나타났다.
- 이는 BMI(체질량 지수)가 1단위 증가할 때, 당뇨병 진행률은 평균적으로 약 1013.17만큼 증가한다는 것을 의미한다.
- 결정계수(R^2)는 0.231로, 이 단일 변수만으로 약 23.1%의 설명력을 가지는 모델임을 알 수 있다.
- 즉, BMI 하나의 변수만으로도 당뇨병 진행률의 23%를 설명할 수 있어, 해당 변수와 질병 간의 선형적 관계가 의미 있게 존재함을 확인할 수 있다.

2 다중선형회귀(Multiple Linear Regression)

(1) 개요

① 다중선형회귀는 두 개 이상의 독립변수를 사용하여 하나의 연속형 종속변수를 예측하는 회귀모형이다.

② 각 변수는 고유한 회귀계수를 가지며, 이를 통해 종속변수에 대한 영향을 정량적으로 파악할 수 있다.

③ 단순회귀보다 설명력이 높을 수 있으나, 다중공선성(multicollinearity) 문제에 주의가 필요하다.

④ 함수 활용법(LinearRegression)

```
from sklearn.linear_model import LinearRegression

model = LinearRegression()
model.fit(X_train, y_train)
y_pred = model.predict(X_test)
model.score(X_test, y_test)    # 결정계수 R²
```

주요 속성 및 메서드	설명
fit()	학습 데이터로 모델을 학습함
predict()	테스트 데이터를 바탕으로 예측함
coef_	회귀계수 확인
intercept_	절편 확인
score()	결정계수 R^2 반환

풀이

Q. 단순선형회귀에서 활용했던 sklearn의 당뇨병(diabetes) 데이터셋에서 모든 독립변수(X)를 사용하여 당뇨병 진행률(target)을 예측하는 다중선형회귀모델을 구축하시오.

Python 코드 예시

```
from sklearn.datasets import load_diabetes
from sklearn.linear_model import LinearRegression
from sklearn.model_selection import train_test_split
import pandas as pd

# 1. 데이터 로드
diabetes = load_diabetes()
X = diabetes.data
y = diabetes.target
feature_names = diabetes.feature_names
```

```
# 2. 데이터 분할
X_train, X_test, y_train, y_test = train_test_split(X, y, test_size = 0.3, random_state = 0)

# 3. 모델 학습
model = LinearRegression()
model.fit(X_train, y_train)

# 4. 회귀계수 정리
coef_df = pd.DataFrame({
    '변수': feature_names,
    '회귀계수': model.coef_
})

# 5. 결과 출력
print(coef_df)
print("절편:", model.intercept_)
print("결정계수 R²:", model.score(X_test, y_test))
```

Python 결과 출력

```
   변수     회귀계수
0  age   -52.464785
1  sex  -193.507334
2  bmi   579.491085
3   bp   272.453666
4   s1  -504.648304
5   s2   241.623730
6   s3   -69.765960
7   s4    86.613140
8   s5   721.920838
9   s6    26.780674
절편: 153.71901624380382
결정계수 R²: 0.39289927216962905
```

- 절편은 약 153.72이고, 결정계수 R^2는 0.390이므로, 이 모델은 당뇨병 진행률의 약 39%를 설명하고 있음을 알 수 있다.
- 특히 bmi, s5, bp 등의 계수가 상대적으로 크며, 이는 해당 변수들이 당뇨병 진행률에 더 큰 영향을 미친다는 점을 시사한다. 반면 sex, s1 변수는 음의 영향을 주는 것으로 나타났다.
- 다중선형회귀는 여러 변수의 정보를 동시에 반영함으로써 예측력을 높일 수 있는 강력한 기본 회귀모형임을 알 수 있다.

(2) 다중회귀의 한계와 규제 회귀모델의 필요성

① 위에서 수행된 다중선형회귀분석 결과, 일부 변수의 회귀계수가 지나치게 크거나 방향성이 불안정한 모습을 보였다.
② 이는 독립변수 간 상관관계가 존재할 경우 발생할 수 있는 다중공선성 문제로, 예측력 저하와 계수해석의 왜곡 가능성을 낳는다.
③ 또한 과적합(overfitting)이 발생할 수 있는 위험도 존재하여, 실제 예측 성능이 떨어질 수 있다.
④ 이러한 문제를 해결하기 위해 계수의 크기를 제어하여 모델을 안정화하는 릿지 회귀(Ridge Regression)와 변수를 선택적으로 제거하는 라쏘 회귀(Lasso Regression)가 필요하다.

3 릿지 회귀(Ridge Regression) 개요

① 릿지 회귀는 L2 정규화(penalty)를 적용한 선형회귀모형으로, 회귀계수의 크기를 제약함으로써 과적합(overfitting)을 방지한다.
② 특히 변수 간 상관관계(다중공선성)가 높은 경우에 효과적이다.
③ 함수 활용법(Ridge)

```
from sklearn.linear_model import Ridge

model = Ridge(alpha = 1.0)
model.fit(X_train, y_train)
model.score(X_test, y_test)
```

주요 파라미터	설명
alpha	정규화 강도(클수록 회귀계수가 감소됨. 즉, 회귀계수와 반비례 관계)

풀이

Q. sklearn의 당뇨병(diabetes) 데이터셋에서 전체 독립변수(X)를 사용하여 릿지 회귀모델을 구축하고, 회귀계수와 결정계수를 확인하시오.

Python 코드 예시

```
1  from sklearn.datasets import load_diabetes
2  from sklearn.linear_model import Ridge
3  from sklearn.model_selection import train_test_split
4  import pandas as pd
5  import numpy as np
6
```

```
7   # 데이터 로드 및 분할
8   diabetes = load_diabetes()
9   X = diabetes.data
10  y = diabetes.target
11  feature_names = diabetes.feature_names
12  X_train, X_test, y_train, y_test = train_test_split(X, y, test_size = 0.3, random_state = 0)
13  # alpha 변화에 따른 계수 및 R^2 저장
14  alphas = [0.01, 0.1, 1.0, 10.0, 100.0]
15  coef_table = pd.DataFrame(index = feature_names)
16  r2_scores = []
17
18  for alpha in alphas:
19      model = Ridge(alpha = alpha)
20      model.fit(X_train, y_train)
21      coef_table[f'alpha = {alpha}'] = model.coef_
22      r2_scores.append(model.score(X_test, y_test))
23
24  # 결과 출력
25  print(coef_table.round(2))
26  print("R² scores:", r2_scores)
27
28  r2_df = pd.DataFrame(r2_scores)
29
30  # R² score이 위와 같이 DataFrame df_score로 주어진 경우
31  r2_values = r2_df[0].values   # 값만 추출
32  r2_series = pd.Series(r2_values, index = ['alpha = 0.01', 'alpha = 0.1', 'alpha = 1.0', 'alpha = 10.0',
33  'alpha = 100.0'], name = 'R² score')
34
35  # 기존 df에 추가
36  df_with_r2 = pd.concat([coef_table, r2_series.to_frame().T])
37  df_with_r2
```

Python 결과 출력

	alpha=0.01	alpha=0.1	alpha=1.0	alpha=10.0	alpha=100.0
age	−49.21	−34.58	15.71	14.74	2.07
sex	−189.30	−164.18	−52.33	1.77	0.59
bmi	576.13	522.30	282.89	60.92	7.15
bp	268.52	256.67	169.95	43.13	5.24
s1	−213.38	−51.11	17.23	18.55	2.67
s2	11.70	−102.05	−20.85	12.89	2.08
s3	−192.48	−221.43	−149.33	−39.81	−4.88
s4	57.64	92.35	113.38	40.50	5.24
s5	604.20	475.92	251.47	58.83	7.08
s6	31.36	57.46	100.21	36.08	4.76

R² scores: [0.39078823160207066, 0.40213322122622364, 0.36518945888330145, 0.13663797389922394, 0.0186976062940775073]

	alpha=0.01	alpha=0.1	alpha=1.0	alpha=10.0	alpha=100.0
age	-49.214617	-34.579657	15.713865	14.740807	2.074990
sex	-189.295289	-164.184398	-52.327298	1.766981	0.593956
bmi	576.129786	522.298067	282.886776	60.917653	7.151101
bp	268.517679	256.669007	169.952091	43.132361	5.237364
s1	-213.376800	-51.111049	17.231895	18.546513	2.671446
s2	11.695865	-102.051556	-20.845049	12.888233	2.081587
s3	-192.482979	-221.433942	-149.332140	-39.814628	-4.88323
s4	57.642908	92.349951	113.378762	40.497626	5.239638
s5	604.201028	475.919880	251.469283	58.828636	7.080590
s6	31.361433	57.460218	100.211799	36.978259	4.757484
R^2 score	0.390788	0.402133	0.365189	0.136638	0.018698

- 릿지 회귀는 다중회귀보다 계수들의 크기가 작아졌으며, 일부 극단적인 계수가 완화되었다.
- 특히 s1, sex, s5의 계수가 안정화되었으며, 전체 예측력(R^2)도 다중선형회귀모델에서의 0.3928 → 0.4021로 향상되었다.
- 이는 다중공선성 문제나 과적합 가능성을 릿지가 효과적으로 줄여준다는 의미이다.
- alpha = 0.1일 때 결정계수 R^2 값이 0.4021로 가장 높게 나타났으며, 이는 해당 값이 가장 적절한 정규화 수준을 제공했음을 보여준다.
  - alpha 값은 너무 작으면 정규화 효과가 없고, 너무 크면 과소적합이 발생할 수 있다.
  - 일반적으로 GridSearchCV 또는 RidgeCV와 같은 기법을 통해 교차검증 기반으로 최적의 alpha를 결정하는 것이 바람직하다.
- 릿지 회귀는 다중회귀에서 발생할 수 있는 계수 불안정성과 과적합 문제를 완화하며, 적절한 alpha 값 선택을 통해 보다 일반화된 예측모델을 구현할 수 있다.

4 라쏘 회귀(Lasso Regression) 개요

① 라쏘 회귀는 L1 정규화(penalty)를 적용한 선형회귀모형으로, 일부 계수를 정확히 0으로 만들어, 변수 선택(Feature Selection) 효과를 제공한다.
② 다중공선성 문제가 존재하거나, 불필요한 변수를 제거하며 해석력을 높이고자 할 때 유용하다.
③ 함수 활용법(Lasso)

```
from sklearn.linear_model import Lasso

model = Lasso(alpha = 0.1)
model.fit(X_train, y_train)
model.score(X_test, y_test)
```

주요 파라미터	설명
alpha	정규화 강도(클수록 더 많은 회귀계수가 0이 됨)

풀이

Q. sklearn의 당뇨병(diabetes) 데이터셋에서 전체 독립변수(X)를 사용하여 라쏘 회귀모델을 구축하고, 변수별 회귀계수와 결정계수를 확인하시오. 또한 alpha 값의 변화에 따른 계수 및 예측 성능 변화를 비교하시오.

Python 코드 예시

```
1   from sklearn.datasets import load_diabetes
2   from sklearn.linear_model import Lasso
3   from sklearn.model_selection import train_test_split
4   import pandas as pd
5
6   # 데이터 로드 및 분할
7   diabetes = load_diabetes()
8   X = diabetes.data
9   y = diabetes.target
10  feature_names = diabetes.feature_names
11  X_train, X_test, y_train, y_test = train_test_split(X, y, test_size = 0.3, random_state = 0)
12
13  # alpha 변화에 따른 계수 및 R^2 저장
14  alphas = [0.01, 0.1, 1.0, 10.0, 100.0]
15  coef_table = pd.DataFrame(index = feature_names)
16  r2_scores = []
17
18  for alpha in alphas:
19      model = Lasso(alpha = alpha, max_iter = 10000)
20      model.fit(X_train, y_train)
21      coef_table[f'alpha = {alpha}'] = model.coef_
22      r2_scores.append(model.score(X_test, y_test))
23
24  # 출력
25  print(coef_table.round(2))
26  print("R² scores:", r2_scores)
27
28
29  r2_df = pd.DataFrame(r2_scores)
30
31  # R² score이 위와 같이 DataFrame df_score로 주어진 경우
32  r2_values = r2_df[0].values   # 값만 추출
33  r2_series = pd.Series(r2_values, index = ['alpha = 0.01', 'alpha = 0.1', 'alpha = 1.0', 'alpha = 10.0',
34  'alpha = 100.0'], name = 'R² score')
35
36  # 기존 df에 추가
37  df_with_r2 = pd.concat([coef_table, r2_series.to_frame().T])
38  df_with_r2
```

Python 결과 출력

```
        alpha=0.01   alpha=0.1   alpha=1.0   alpha=10.0   alpha=100.0
age      -44.27       -0.00       0.00        0.0          0.0
sex     -183.85     -119.31       0.00        0.0          0.0
bmi      582.31      571.72     407.70        0.0          0.0
bp       262.70      213.43       0.00        0.0          0.0
s1      -187.43      -15.57       0.00        0.0          0.0
s2         0.00      -64.62       0.00        0.0          0.0
s3      -212.06     -241.82      -0.00       -0.0         -0.0
s4        30.28        0.00       0.00        0.0          0.0
s5       608.86      526.19     371.11        0.0          0.0
s6        23.87        0.00       0.00        0.0          0.0
R² scores: [0.38789802517324945, 0.38755245568842545, 0.30577997137794977, -4.088943807989409e-07,
-4.088943807989409e-07]
```

	alpha=0.01	alpha=0.1	alpha=1.0	alpha=10.0	alpha=100.0
age	-44.270748	-0.000000	0.000000	0.000000e+00	0.000000e+00
sex	-183.853806	-119.313537	0.000000	0.000000e+00	0.000000e+00
bmi	582.314301	571.719468	407.697682	0.000000e+00	0.000000e+00
bp	262.697473	213.434973	0.000000	0.000000e+00	0.000000e+00
s1	-187.432169	-15.574027	0.000000	0.000000e+00	0.000000e+00
s2	0.000000	-64.620968	0.000000	-0.000000e+00	0.000000e+00
s3	-212.062663	-241.820955	-0.000000	0.000000e+00	-0.000000e+00
s4	30.276113	0.000000	0.000000	0.000000e+00	0.000000e+00
s5	608.859068	526.188486	371.106278	0.000000e+00	0.000000e+00
s6	23.868525	0.000000	0.000000	0.000000e+00	0.000000e+00
R² score	0.387898	0.387552	0.305780	4.088944e-07	-4.088944e-07

- alpha가 증가할수록 많은 변수들의 회귀계수가 0이 되어 모델이 단순해졌다.
- alpha = 0.01과 0.1에서는 상대적으로 높은 예측력을 보이며, 특히 bmi, bp, s5 변수가 가장 영향력이 큰 것으로 나타났다.
- alpha = 1.0 이상에서는 계수 대부분이 0이 되며 예측력이 급격히 떨어졌다.
- 라쏘 회귀는 불필요한 변수를 제거하면서도 일정 수준의 예측력을 유지하는 데 강점을 가진다.
- 라쏘 회귀는 변수 선택이 필요한 상황에서 효과적으로 적용되며, 과적합을 방지하고 모델의 해석 가능성을 높일 수 있는 유용한 방법이다.

5 로지스틱 회귀(Logistic Regression) 개요

① 로지스틱 회귀는 종속변수가 **범주형(이진 또는 다중 분류)**일 때 사용되는 분류 알고리즘이다. 하지만, 기본 **로지스틱 회귀**는 이진 분류에 적용되는 형태이다.
② 선형회귀와 유사하게 독립변수의 선형결합을 사용하지만, 결과값을 0과 1 사이의 확률로 변환하기 위해 시그모이드 함수(Sigmoid function)를 사용한다.
③ 출력된 확률값을 기준으로 특정 임계값(threshold) 이상이면 1, 미만이면 0으로 분류한다.
④ 이진 분류(Binary Classification) 문제에 가장 널리 사용되는 기본적인 지도학습 모델이다.
⑤ 함수 활용법(LogisticRegression)

```
from sklearn.linear_model import LogisticRegression

# 1. 모델 생성
model = LogisticRegression()
# 2. 모델 학습
model.fit(X_train, y_train)
# 3. 예측
y_pred = model.predict(X_test)
# 4. 확률 예측
y_proba = model.predict_proba(X_test)
# 5. 평가 지표 출력
from sklearn.metrics import classification_report
print(classification_report(y_test, y_pred))
```

주요 속성 및 메서드	설명
fit()	학습 데이터를 기반으로 모델 학습
predict()	테스트 데이터에 대한 예측 결과 반환(0 또는 1)
predict_proba()	각 클래스에 대한 확률값 반환
coef_	회귀계수(각 변수의 영향력)
intercept_	절편값
score()	정확도(accuracy)를 반환

파라미터	설명
penalty	• 정규화 방식 지정 • 기본값은 'l2'이며, 'l1', 'elasticnet', 'none'도 가능 • 'l1'과 'elasticnet'은 solver = 'saga'일 때만 사용 가능
C	• 규제 강도를 설정하는 값 • **작을수록 규제가 강해짐**(즉, 과적합 방지) • 기본값은 1.0
multi_class	• 다중분류 방식 설정 • 'ovr'(One-vs-Rest), 'multinomial'(Softmax 기반 다중분류) • 기본값은 'auto'
max_iter	• 반복 최댓값 • 기본값은 1000이며, 수렴하지 않을 경우 값을 늘려야 함

풀이

Q. 붓꽃(iris) 데이터셋에서 꽃잎 길이와 너비(petal length, petal width)를 입력 변수로 사용하고, 품종이 Virginica인지 여부(1 : Virginica, 0 : Versicolor)를 타깃으로 하여 로지스틱 회귀모델을 구축하시오. (단, Setosa 품종은 제외한다.)

Python 코드 예시

```python
from sklearn.datasets import load_iris
from sklearn.linear_model import LogisticRegression
from sklearn.model_selection import train_test_split
from sklearn.metrics import classification_report

# 1. 데이터 불러오기 및 전처리 (Setosa 제외)
iris = load_iris()
X = iris.data[:, [2, 3]]   # 꽃잎 길이와 너비
y = iris.target

# Setosa(0) 제외, Versicolor(1), Virginica(2)만 사용
X = X[y != 0]
y = y[y != 0]

# Virginica를 1, Versicolor를 0으로 변환
y = (y == 2).astype(int)

# 2. 데이터 분할
X_train, X_test, y_train, y_test = train_test_split(X, y, test_size = 0.3, random_state = 42)

# 3. 모델 생성 및 학습
model = LogisticRegression()
model.fit(X_train, y_train)

# 4. 예측 및 평가
y_pred = model.predict(X_test)
print("분류 리포트:\n", classification_report(y_test, y_pred))
```

Python 결과 출력

분류 리포트:

	precision	recall	f1-score	support
0	0.84	0.94	0.89	17
1	0.91	0.77	0.83	13
accuracy			0.87	30
macro avg	0.88	0.86	0.86	30
weighted avg	0.87	0.87	0.86	30

- 로지스틱 회귀 모델은 Versicolor(0)와 Virginica(1)를 구분하는 이진 분류 문제에 적용되었다.
  - 전체 정확도는 0.87로, 테스트 데이터의 약 87%를 정확하게 예측하였다.
  - Versicolor 클래스(0)는 재현율이 0.94로 높아, 실제 Versicolor를 대부분 잘 분류한 것으로 나타났다.
  - 반면 Virginica 클래스(1)는 정밀도는 0.91로 우수하지만, 재현율이 0.77로 다소 낮아 일부를 Versicolor로 잘못 분류한 경향이 있다.
  - 두 클래스 모두 F1-score가 0.83 이상으로 양호하며, 클래스 간 성능 균형도 적절하게 유지되었다.
  - 전체적으로 로지스틱 회귀는 해당 특성으로도 충분히 실용적인 분류 성능을 보여주는 안정적인 이진 분류모형으로 해석할 수 있다.

SECTION 03 서포트 벡터 머신(Support Vector Machine)

1 SVM 개요(SVC)

① 서포트 벡터 머신(SVM ; Support Vector Machine)은 이진 분류에 강력한 성능을 보이는 지도 학습 알고리즘이다.
② SVM은 클래스 간의 경계(margin)를 최대화하는 결정 경계를 찾아 분류 성능을 극대화한다.
③ 선형적으로 분리 가능한 경우는 선형 분류기(Linear SVM)를, 그렇지 않은 경우에는 커널 트릭(Kernel Trick)을 이용하여 비선형 분류도 가능하게 한다.
④ 소규모 데이터셋에서도 성능이 우수하며, 이상치에 영향을 덜 받는 특성이 있다.
⑤ 분류 분석에서는 주로 SVC 클래스를 활용하며, sklearn.svm 모듈에서 제공된다.
⑥ 함수 활용법(SVC)

```
from sklearn.svm import SVC

# 모델 생성
model = SVC(kernel='linear')   # 선형 SVM

# 학습
model.fit(X_train, y_train)

# 예측
y_pred = model.predict(X_test)

# 평가
from sklearn.metrics import classification_report
print(classification_report(y_test, y_pred))
```

파라미터	설명
kernel	• 커널 함수 지정 • 'linear', 'poly', 'rbf'(기본), 'sigmoid' 등이 있음
C	• 규제 강도 • 작을수록 margin을 넓게 잡고, 클수록 오차를 줄이는 방향으로 학습됨
gamma	• RBF 커널에서의 곡률 결정 • 값이 클수록 경계가 더 복잡해짐(과적합 우려)
degree	다항 커널(poly) 사용 시 다항식의 차수 설정
probability	확률 추정 기능 사용 여부(True일 경우 predict_proba()가능)

풀이

Q. make_moons 데이터는 반달 형태로 배치된 두 개의 클래스로 이루어진 이진 분류용 가상 데이터셋이다. 이 데이터는 선형 분리 불가능한 구조를 가지며, SVM의 커널 기법(RBF 등)을 활용하여 비선형 결정 경계를 학습하는 데 적합하다. sklearn.datasets.make_moons() 함수를 사용하여 전체 200개의 샘플을 생성하고, 노이즈(noise)를 0.2로 추가하자. 이 데이터를 70:30으로 나눈 후, RBF 커널을 사용하는 SVM 분류기를 학습하고 성능을 평가하시오.

Python 코드 예시

```python
from sklearn.datasets import make_moons
from sklearn.model_selection import train_test_split
from sklearn.svm import SVC
from sklearn.metrics import classification_report
import matplotlib.pyplot as plt

# 1. 데이터 생성
X, y = make_moons(n_samples = 200, noise = 0.2, random_state = 42)

# 2. 학습용/테스트용 분할 (70:30)
X_train, X_test, y_train, y_test = train_test_split(X, y, test_size = 0.3, random_state = 42)

# 3. SVM 모델 학습 (RBF 커널)
model = SVC(kernel = 'rbf', C = 1.0, gamma = 'scale')
model.fit(X_train, y_train)

# 4. 예측 및 평가
y_pred = model.predict(X_test)
print(classification_report(y_test, y_pred))
```

Python 결과 출력

	precision	recall	f1-score	support
0	0.94	1.00	0.97	32
1	1.00	0.93	0.96	28
accuracy			0.97	60
macro avg	0.97	0.96	0.97	60
weighted avg	0.97	0.97	0.97	60

- 이번 실험에서는 반달 모양으로 분포된 이진 분류용 데이터셋인 make_moons를 사용하여, RBF 커널 기반 SVM 분류기를 학습하였다.
  - 전체 테스트 데이터는 60개이며, 정확도(accuracy)는 0.97로 매우 높은 수준의 분류 성능을 보였다.
  - 클래스 0은 정밀도 0.94, 재현율 1.00으로 나타나, 실제 클래스 0에 속하는 샘플을 거의 완벽하게 예측하였다.
  - 클래스 1은 정밀도 1.00, 재현율 0.93으로 나타났으며, 이는 모델이 클래스 1로 예측한 경우 모두 정확했지만, 일부 실제 클래스 1 샘플을 클래스 0으로 잘못 분류한 경우가 있었음을 의미한다.
  - 두 클래스 모두 F1-score가 0.96 이상으로 매우 우수하며, macro 평균 F1-score가 0.97로 나타나, 클래스 간 불균형 없이 고르게 잘 예측하고 있음을 보여준다.
  - 또한 weighted 평균 F1-score 역시 0.97로, 데이터의 클래스 비율을 반영했을 때도 안정적인 성능을 유지하였다.
- 특히 이번 예시는 선형 분류기로는 해결하기 어려운 곡선형 경계를, RBF 커널을 통해 효과적으로 학습했다는 점에서 SVM의 핵심 강점을 잘 보여준다.

풀이

Q. sklearn.datasets.load_breast_cancer 데이터는 유방암 종양의 특성을 기반으로 해당 종양이 악성(Malignant: 0)인지 양성(Benign: 1)인지 분류하는 이진 분류 문제이다. 해당 데이터셋을 불러와 입력 변수(X)와 타깃 변수(y)를 정의하고, 전체 데이터를 70:30으로 분할한 후, RBF 커널을 사용하는 SVM 분류 모델을 학습하시오. 모델 학습 후 정확도와 클래스별 평가 지표(classification_report)를 출력하시오.

Python 코드 예시

```python
from sklearn.datasets import load_breast_cancer
from sklearn.model_selection import train_test_split
from sklearn.svm import SVC
from sklearn.metrics import classification_report

# 1. 데이터 불러오기
data = load_breast_cancer()
X = data.data
y = data.target  # 0: 악성, 1: 양성

# 2. 학습용/테스트용 분할 (70:30)
X_train, X_test, y_train, y_test = train_test_split(X, y, test_size = 0.3, random_state = 42)

# 3. SVM 분류기 생성 및 학습 (RBF 커널)
model = SVC(kernel = 'rbf', C = 1.0, gamma = 'scale')
model.fit(X_train, y_train)

# 4. 예측 및 평가
y_pred = model.predict(X_test)
print(classification_report(y_test, y_pred, target_names = data.target_names))
```

> Python 결과 출력

	precision	recall	f1-score	support
malignant	1.00	0.83	0.90	63
benign	0.91	1.00	0.95	108
accuracy			0.94	171
macro avg	0.95	0.91	0.93	171
weighted avg	0.94	0.94	0.93	171

- 이번 실험에서는 유방암 종양 데이터셋을 활용하여, 종양이 악성(malignant : 0)인지 양성(benign : 1)인지 예측하는 이진 분류 문제를 RBF 커널 기반 SVM으로 해결하였다.
- 전체 테스트 샘플 171개 중 정확도는 0.94, 즉 약 94%의 종양을 올바르게 분류하였다.
  - 악성(malignant : 0)에 대한 정밀도는 1.00, 즉 악성이라고 예측한 경우 모두 실제 악성이었다. 하지만 재현율은 0.83으로, 실제 악성 중 17%는 양성으로 잘못 분류되었다는 것을 의미한다.
  - 이는 악성 종양을 놓치는 위험이 존재함을 의미하며, 특히 의료 분야에서는 주의가 필요하다.
  - 반면, 양성 종양(benign : 1)은 정밀도 0.91, 재현율 1.00으로, 실제 양성 종양은 모두 정확히 예측되었고, 일부 악성 종양을 양성으로 잘못 분류했음을 보여준다.
  - 두 클래스의 F1-score는 malignant가 0.90, benign이 0.95로 모두 양호한 수준이며, 전체적인 분류 균형도 나쁘지 않다.
  - macro 평균 F1-score는 0.93으로 클래스별 성능이 고르게 유지되고 있으며, weighted 평균 F1-score도 0.93으로 전체적인 분류 품질이 우수함을 나타낸다.
- 특히 이번 예시는 선형 분류기로는 해결하기 어려운 곡선형 경계를 RBF 커널을 통해 효과적으로 학습했다는 점에서 SVM의 핵심 강점을 잘 보여준다.

2 SVM 개요(SVR)

① SVR은 서포트 벡터 머신(SVM)을 회귀 문제에 적용한 알고리즘이다.
② 실제 관측값과 예측값 사이의 차이가 일정 허용오차(ε) 이내라면 손실로 간주하지 않고, 마진 내에서 최대한 평탄한 회귀선을 찾는 것을 목표로 한다.
③ 이상치에 덜 민감하며, 복잡한 비선형 관계가 있는 경우 커널 함수(kernel)를 사용하여 비선형회귀도 가능하다.
④ sklearn.svm.SVR 클래스를 사용하며, 회귀분석에서는 일반적으로 RBF 커널이 자주 사용된다.

파라미터	설명
kernel	• 커널 함수 지정 • 'linear', 'poly', 'rbf'(기본), 'sigmoid' 등이 있음
C	• 규제 강도 • 작을수록 margin을 넓게 잡고, 클수록 오차를 줄이는 방향으로 학습됨
epsilon	• 무시할 수 있는 오차 범위 설정 • 이 범위 내 오차는 패널티를 주지 않음
probability	확률 추정 기능 사용 여부(True일 경우 predict_proba()가능)

풀이

Q. sklearn.datasets.load_diabetes 데이터는 당뇨병 환자의 생체지표를 바탕으로 질병 진행률을 예측하는 회귀 문제이다. 전체 데이터를 80:20으로 분할하고, RBF 커널을 사용하는 SVR 모델을 구축한 후 평균절대오차(MAE)와 결정계수(R^2)를 구하시오.

Python 코드 예시

```python
from sklearn.datasets import load_diabetes
from sklearn.model_selection import train_test_split
from sklearn.svm import SVR
from sklearn.metrics import mean_absolute_error, r2_score

# 1. 데이터 불러오기
data = load_diabetes()
X = data.data
y = data.target

# 2. 데이터 분할 (80:20)
X_train, X_test, y_train, y_test = train_test_split(X, y, test_size = 0.2, random_state = 42)

# 3. SVR 모델 생성 및 학습
model = SVR(kernel = 'rbf', C = 100, epsilon = 10.0)
model.fit(X_train, y_train)

# 4. 예측 및 평가
y_pred = model.predict(X_test)
mae = mean_absolute_error(y_test, y_pred)
r2 = r2_score(y_test, y_pred)

print("MAE:", mae)
print("결정계수 R²:", r2)
```

Python 결과 출력

MAE: 39.9254638204755
결정계수 R^2: 0.5019267587013432

- 평균절대오차(MAE)는 약 39.93으로 나타났다. 이는 모델이 예측한 당뇨병 진행률이 실제값과 평균적으로 약 39.93만큼 차이가 난다는 것을 의미한다.
- 결정계수 R^2는 0.502로, 전체 종속변수의 변동성 중 약 50.2%를 SVR 모델이 설명하고 있다는 것을 보여준다. 이는 SVR이 비선형 특성을 어느 정도 반영하고 있음을 시사한다.
- 예측 성능 향상을 위해서는 C, epsilon, gamma와 같은 하이퍼파라미터 조정 또는 표준화/정규화 등의 전처리 기법을 함께 적용하는 것이 바람직하다.

SECTION 04 K-최근접 이웃(KNN ; K-Nearest Neighbors)

1 KNN 개요

① K-최근접 이웃(KNN)은 지도학습에서 가장 직관적인 분류 및 회귀 알고리즘 중 하나로, 훈련 데이터를 기반으로 새로운 데이터의 이웃(K개)을 찾아 가장 가까운 이웃의 클래스 또는 값을 기준으로 예측하는 방식이다.

② 모델 학습이라는 개념 없이 예측 시점에 거리를 계산하기 때문에 비모수적(non-parametric) 모델로 분류되기도 한다.

③ 분류 문제에서는 다수결, 회귀 문제에서는 평균을 사용하며, 거리 측정 방식은 일반적으로 유클리디안 거리(Euclidean Distance)를 활용한다.

④ 함수 활용법(KNeighborsClassifier)

```
from sklearn.neighbors import KNeighborsClassifier

# 1. 모델 생성
model = KNeighborsClassifier(n_neighbors = 5)

# 2. 모델 학습 (단순히 데이터 저장)
model.fit(X_train, y_train)

# 3. 예측
y_pred = model.predict(X_test)
```

파라미터	설명
n_neighbors	• 사용할 이웃 수(K) • 일반적으로 홀수 권장
weights	• 'uniform' : 동일 가중치 • 'distance' : 거리 반비례 가중치
metric	• 거리 측정 방식 • 기본값은 'minkowski'(p=2일 때 유클리디안 거리)
algorithm	최근접 이웃 탐색 방식('auto', 'ball_tree', 'kd_tree', 'brute')

> **풀이**

Q. sklearn.datasets.load_wine 데이터셋은 와인의 화학 성분 데이터를 기반으로 세 가지 품종(Class 0, 1, 2)을 분류하는 다중분류 문제이다. 입력 변수 전체를 사용하고, 데이터를 70:30으로 분할한 후 K = 5인 K-최근접 이웃 분류기를 구축하고, classification_report를 출력하시오.

Python 코드 예시

```
1  from sklearn.datasets import load_wine
2  from sklearn.model_selection import train_test_split
3  from sklearn.neighbors import KNeighborsClassifier
4  from sklearn.metrics import classification_report
5
6  # 1. 데이터 불러오기
7  wine = load_wine()
8  X = wine.data
9  y = wine.target
10
11 # 2. 데이터 분할 (70:30)
12 X_train, X_test, y_train, y_test = train_test_split(X, y, test_size = 0.3, random_state = 42)
13
14 # 3. KNN 모델 생성 및 학습
15 model = KNeighborsClassifier(n_neighbors = 5)
16 model.fit(X_train, y_train)
17
18 # 4. 예측 및 평가
19 y_pred = model.predict(X_test)
20 print(classification_report(y_test, y_pred, target_names = wine.target_names))
```

Python 결과 출력

	precision	recall	f1-score	support
class_0	0.89	0.89	0.89	19
class_1	0.75	0.71	0.73	21
class_2	0.53	0.57	0.55	14
accuracy			0.74	54
macro avg	0.73	0.73	0.73	54
weighted avg	0.74	0.74	0.74	54

- K = 5로 설정된 K-최근접 이웃 분류모형은 전체 정확도 0.74로, 테스트셋의 약 74%를 올바르게 예측하였다. 그러나 클래스별 예측 성능에는 차이가 뚜렷하게 나타났다.
  - class_0의 정밀도와 재현율은 각각 0.89로, 비교적 높은 예측 정확도를 보였다.
  - 반면 class_1은 정밀도 0.75, 재현율 0.71로 다소 낮은 성능을 보였으며, class_2는 정밀도 0.53, 재현율 0.57로 전체적으로 성능이 가장 낮았다.
  - 특히 class_2의 경우는 KNN 알고리즘이 인접 샘플로부터 충분히 구분 가능한 경계를 학습하지 못했음을 시사한다.
- 이는 클래스 간 경계가 복잡하거나 특정 클래스가 주변에 섞여 있는 경우 KNN의 성능이 급격히 저하될 수 있음을 보여주는 예시이다.
- 또한 KNN은 변수의 스케일(단위)에 민감하므로, 각 변수의 분포 차이가 크다면 성능에 악영향을 줄 수 있다.
  → 따라서 성능 개선을 위해서는 StandardScaler 등의 전처리를 적용하거나, 거리 기반이 아닌 앙상블 모델 등으로의 전환을 고려할 수 있다.

⑤ 클래스 활용법(KNeighborsRegressor)

```
from sklearn.neighbors import KNeighborsRegressor

# 1. 모델 생성
model = KNeighborsRegressor(n_neighbors = 5)

# 2. 모델 학습
model.fit(X_train, y_train)

# 3. 예측
y_pred = model.predict(X_test)
```

파라미터	설명
n_neighbors	• 사용할 이웃 수(K) • 일반적으로 홀수 권장
weights	• 'uniform' : 동일 가중치 • 'distance' : 거리 반비례 가중치
metric	• 거리 측정 방식 • 기본값은 'minkowski'(p = 2일 때 유클리디안 거리)
algorithm	최근접 이웃 탐색 방식('auto', 'ball_tree', 'kd_tree', 'brute')

풀이

Q. sklearn.datasets.fetch_california_housing 데이터는 캘리포니아 지역의 인구통계 및 환경 정보를 바탕으로, 주택의 중간 가격(median house value)을 예측하는 회귀 문제이다. 입력 변수 전체를 활용하여 데이터를 80:20으로 분할한 후, K = 5인 K-최근접 이웃 회귀 모형을 구축하고, 모델 예측 결과에 대해 평균절대오차(MAE) 및 결정계수(R^2)를 계산하시오.

Python 코드 예시

```
1  from sklearn.datasets import fetch_california_housing
2  from sklearn.model_selection import train_test_split
3  from sklearn.neighbors import KNeighborsRegressor
4  from sklearn.metrics import mean_absolute_error, r2_score
5
6  # 1. 데이터 불러오기
7  data = fetch_california_housing()
8  X = data.data
9  y = data.target
10
11 # 2. 데이터 분할 (80:20)
12 X_train, X_test, y_train, y_test = train_test_split(X, y, test_size = 0.2, random_state = 42)
13
```

```
14  # 3. KNN 회귀 모델 생성 및 학습
15  model = KNeighborsRegressor(n_neighbors = 5)
16  model.fit(X_train, y_train)
17
18  # 4. 예측 및 평가
19  y_pred = model.predict(X_test)
20  mae = mean_absolute_error(y_test, y_pred)
21  r2 = r2_score(y_test, y_pred)
22
23  print("MAE:", mae)
24  print("결정계수 R²:", r2)
```

Python 결과 출력

MAE: 0.8127975600775195
결정계수 R^2: 0.14631049965900345

- 평균절대오차(MAE)는 약 0.813으로, 이는 예측된 주택 중간 가격이 실제값과 평균적으로 약 $81,300 정도 차이가 난다는 것을 의미한다.
- 결정계수 R^2는 0.146으로, 전체 종속변수의 변동성 중 약 14.6%만을 모델이 설명하고 있다는 것을 나타낸다.
- 이 수치는 모델의 설명력이 낮고 예측 정확도가 부족하다는 것을 의미하며, 단순히 K = 5의 설정만으로는 데이터의 복잡한 구조를 충분히 반영하지 못했음을 시사한다.
- KNN 회귀는 거리 기반으로 작동하므로, 입력 변수 간 스케일 차이가 클 경우 특정 변수에 지나치게 영향을 받을 수 있다. → 따라서 StandardScaler 등을 활용한 스케일 조정을 수행하면 모델 성능이 개선될 수 있다.
- 또한 n_neighbors 값을 교차검증을 통해 최적화하거나, weights = 'distance' 등의 설정을 통해 성능 향상을 도모할 수 있다.

SECTION 05 의사결정나무(Decision Tree)

1 의사결정나무 개요

① 의사결정나무는 데이터를 분할하여 의사결정 규칙을 트리 형태로 만들어 나가는 지도학습 알고리즘이다.
② 조건 기반의 분할을 통해 데이터의 예측값을 추정하며, 설명력과 시각화가 뛰어나고 직관적인 해석이 가능하다는 장점이 있다.
③ 분류(Classification)와 회귀(Regression) 문제에 모두 활용 가능하며, 지나치게 깊은 트리 구조는 과적합을 유발할 수 있으므로 적절한 제약이 필요하다.

④ 클래스 활용법(DecisionTreeClassifier)

```
from sklearn.tree import DecisionTreeClassifier

# 1. 모델 생성
model = DecisionTreeClassifier(max_depth = 3, random_state = 42)

# 2. 모델 학습
model.fit(X_train, y_train)

# 3. 예측
y_pred = model.predict(X_test)
```

파라미터	설명
criterion	• 분할 기준 • 'gini'(기본값) 또는 'entropy'
max_depth	트리의 최대 깊이
min_samples_split	노드를 분할하기 위한 최소 샘플 수
min_samples_leaf	리프 노드가 되기 위한 최소 샘플 수
random_state	결과 재현성을 위한 시드 설정

풀이

Q. sklearn.datasets.load_wine 데이터는 와인의 화학적 특성으로 세 가지 품종을 분류하는 다중 클래스 분류 문제이다. 전체 데이터를 70:30으로 분할하고, 의사결정나무 분류기(DecisionTreeClassifier)를 사용하여 품종을 예측하시오. 트리 깊이는 max_depth=3으로 제한하고, classification_report를 출력하시오.

Python 코드 예시

```
from sklearn.datasets import load_wine
from sklearn.model_selection import train_test_split
from sklearn.tree import DecisionTreeClassifier
from sklearn.metrics import classification_report

# 데이터 로드
data = load_wine()
X, y = data.data, data.target

# 데이터 분할
X_train, X_test, y_train, y_test = train_test_split(X, y, test_size = 0.3, random_state = 42)

# 모델 학습
model = DecisionTreeClassifier(max_depth = 3, random_state = 42)
model.fit(X_train, y_train)

# 예측 및 평가
y_pred = model.predict(X_test)
print(classification_report(y_test, y_pred, target_names = data.target_names))
```

	precision	recall	f1-score	support
class_0	1.00	0.95	0.97	19
class_1	0.91	1.00	0.95	21
class_2	1.00	0.93	0.96	14
accuracy			0.96	54
macro avg	0.97	0.96	0.96	54
weighted avg	0.97	0.96	0.96	54

- 의사결정나무 분류모형은 전체 테스트셋에 대해 정확도 0.96, 즉 약 96%의 정확한 예측률을 기록하였다. 세 개의 와인 품종(class_0, class_1, class_2) 모두에서 정밀도, 재현율, F1-score가 0.90 이상으로 나타났으며, 클래스 간 성능 편차가 거의 없는 매우 안정적인 분류 성능을 보였다.
  - class_0은 정밀도 1.00, 재현율 0.95로 나타나, 실제 class_0 중 일부가 다른 클래스로 분류되었지만 거의 대부분 정확히 예측되었다.
  - class_1은 재현율 1.00으로 나타나, 실제 class_1을 모두 정확하게 예측하였으며, 정밀도도 0.91로 높은 수준이다.
  - class_2는 정밀도 1.00, 재현율 0.93으로, 모델이 class_2라고 예측한 경우는 모두 정확했으며, 일부 class_2 샘플을 다른 클래스로 분류한 것으로 나타났다.
- macro 평균 F1-score는 0.96, weighted 평균 F1-score도 0.96으로, 전체적인 분류 품질이 매우 높고 클래스 간 불균형 문제없이 학습되었음을 보여준다.
- 트리의 깊이를 적절히 제한(max_depth = 3)하여 과적합을 방지하면서도 해석 가능성과 예측력을 모두 확보한 이상적인 분류 결과로 판단된다.

⑤ 클래스 활용법(DecisionTreeRegressor)

```
from sklearn.tree import DecisionTreeRegressor

# 1. 모델 생성
model = DecisionTreeRegressor(max_depth = 4, random_state = 42)

# 2. 모델 학습
model.fit(X_train, y_train)

# 3. 예측
y_pred = model.predict(X_test)
```

피라미터	설명
criterion	• 분할 기준 • 'gini'(기본값) 또는 'entropy'
max_depth	트리의 최대 깊이
min_samples_split	노드를 분할하기 위한 최소 샘플 수
min_samples_leaf	리프 노드가 되기 위한 최소 샘플 수
random_state	결과 재현성을 위한 시드 설정

풀이

Q. sklearn.datasets.fetch_california_housing 데이터는 캘리포니아의 인구 및 환경 정보를 바탕으로 주택의 중간 가격을 예측하는 회귀 문제이다. 입력 변수 전체를 사용하고, 전체 데이터를 80:20으로 분할한 후 의사결정나무 회귀모형(DecisionTreeRegressor)을 구축하시오. 트리 깊이는 max_depth = 4로 제한하고, 예측 성능을 평균절대오차(MAE) 및 결정계수 R^2로 평가하시오.

Python 코드 예시

```python
from sklearn.datasets import fetch_california_housing
from sklearn.model_selection import train_test_split
from sklearn.tree import DecisionTreeRegressor
from sklearn.metrics import mean_absolute_error, r2_score

# 1. 데이터 불러오기
data = fetch_california_housing()
X, y = data.data, data.target

# 2. 데이터 분할 (80:20)
X_train, X_test, y_train, y_test = train_test_split(X, y, test_size = 0.2, random_state = 42)

# 3. 모델 생성 및 학습
model = DecisionTreeRegressor(max_depth = 4, random_state = 42)
model.fit(X_train, y_train)

# 4. 예측 및 평가
y_pred = model.predict(X_test)
mae = mean_absolute_error(y_test, y_pred)
r2 = r2_score(y_test, y_pred)

print("MAE:", mae)
print("결정계수 R2:", r2)
```

Python 결과 출력

```
MAE: 0.5587407879847646
결정계수 R2: 0.5540288505085005
```

- 평균절대오차(MAE)는 약 0.559로 나타났으며, 이는 모델이 예측한 캘리포니아 주택 중간 가격이 실제값과 평균적으로 약 $55,900 정도 차이가 있음을 의미한다.
- 결정계수 R^2는 0.554로, 전체 종속변수의 변동성 중 약 55.4%를 설명할 수 있는 수준의 회귀 성능을 보였다.
- 단일 트리 구조로 구현된 이 회귀모형은 조건 기반의 분기 구조를 통해 비선형 관계를 일부 반영하였으며, 과적합을 방지하기 위해 max_depth = 4로 제한하였다. 다만, 트리 구조의 특성상 계단 형태의 예측값이 생성되고, 예측 경계가 명확하지 않아 성능이 제한적일 수 있다.
- 성능 향상을 위해서는 다음과 같은 전략이 유효하다.
  - max_depth, min_samples_split 등의 파라미터 조정
  - 입력 변수의 스케일 조정 또는 로그 변환
  - 앙상블 기반 회귀모형(RandomForestRegressor, GradientBoostingRegressor 등) 활용

SECTION 06 랜덤포레스트(Random Forest)

1 랜덤포레스트 개요

① 랜덤포레스트는 의사결정나무를 기반으로 한 앙상블 학습 기법으로, 여러 개의 트리를 훈련시켜 예측 결과를 종합함으로써 분산을 줄이고 예측 정확도를 향상시킨다.

② 각 트리는 **전체 데이터에서 무작위로 샘플을 선택(배깅)**하고, 특성도 일부 무작위 선택하여 학습함으로써 개별 트리의 상관성을 낮추고 과적합을 방지한다.

③ 분류(Classification)와 회귀(Regression) 문제에 모두 적용 가능하며, 해석력보다는 높은 예측 성능이 요구되는 상황에서 효과적이다.

④ 클래스 활용법(RandomForestClassifier)

```
from sklearn.ensemble import RandomForestClassifier

# 1. 모델 생성
model = RandomForestClassifier(n_estimators = 100, max_depth = 5, random_state = 42)

# 2. 모델 학습
model.fit(X_train, y_train)

# 3. 예측
y_pred = model.predict(X_test)
```

파라미터	설명
n_estimators	생성할 트리의 개수(기본값 : 100)
max_depth	각 트리의 최대 깊이 설정
max_features	각 노드 분할 시 고려할 최대 특성 수('auto', 'sqrt' 등)
min_samples_split	노드를 분할하기 위한 최소 샘플 수
random_state	랜덤 시드 고정(재현성 확보)

풀이

Q. sklearn.datasets.fetch_openml(name = 'adult') 데이터는 미국 인구조사 정보를 바탕으로, 한 개인의 연간 소득이 $50,000을 초과하는지 여부를 예측하는 이진 분류 문제이다. 전체 데이터를 70:30으로 분할하고, RandomForestClassifier를 사용하여 분류모형을 구축하시오. 트리 개수는 100개, 최대 깊이는 8로 설정하고, classification_report를 출력하시오. (단, 문자형 변수는 모두 숫자로 인코딩할 것)

Python 코드 예시

```python
from sklearn.datasets import fetch_openml
from sklearn.model_selection import train_test_split
from sklearn.ensemble import RandomForestClassifier
from sklearn.metrics import classification_report
from sklearn.preprocessing import LabelEncoder
import pandas as pd

# 1. 데이터 로딩
adult = fetch_openml(name = 'adult', version = 2, as_frame = True)
X = adult.data
y = adult.target

# 2. 문자형 변수 인코딩
X_encoded = X.copy()
for col in X_encoded.select_dtypes(include = 'category').columns:
    X_encoded[col] = LabelEncoder().fit_transform(X_encoded[col])

# 3. 타깃도 인코딩
y = LabelEncoder().fit_transform(y)  # '>50K' → 1, '<=50K' → 0

# 4. 데이터 분할
X_train, X_test, y_train, y_test = train_test_split(X_encoded, y, test_size = 0.3, random_state = 42)

# 5. 모델 학습
model = RandomForestClassifier(n_estimators = 100, max_depth = 8, random_state = 42)
model.fit(X_train, y_train)

# 6. 예측 및 평가
y_pred = model.predict(X_test)
print(classification_report(y_test, y_pred))
```

Python 결과 출력

	precision	recall	f1-score	support
0	0.87	0.96	0.91	11233
1	0.80	0.54	0.65	3420
accuracy			0.86	14653
macro avg	0.84	0.75	0.78	14653
weighted avg	0.86	0.86	0.85	14653

- 전체 정확도는 0.86으로 나타나, 전체 테스트셋 중 약 86%를 정확히 분류하였다.
- 클래스 0(연소득 ≤ 50K)의 경우 정밀도 0.87, 재현율 0.96으로, 모델이 저소득자를 매우 잘 분류함을 보여준다.
- 반면 클래스 1(연소득＞50K)의 재현율은 0.54로, 실제 고소득자 중 약 절반 가까이를 저소득자로 잘못 분류하였다. 이는 클래스 불균형의 영향일 수 있다.
  - 정밀도는 0.80으로, 모델이 고소득자라고 예측한 사람 중 실제 고소득자인 비율이 높음을 의미한다.
  - 전체적인 분류 성능은 우수하지만, 고소득자를 놓치는 비율이 높기 때문에 재현율 개선이 필요한 상황이다.
  → 이를 위해 class_weight = 'balanced', 오버샘플링(SMOTE), 임계값 조정 등의 후속 전략 적용이 바람직하다.

⑤ 클래스 활용법(RandomForestRegressor)

```
from sklearn.ensemble import RandomForestRegressor

# 1. 모델 생성
model = RandomForestRegressor(n_estimators = 100, max_depth = 10, random_state = 42)

# 2. 모델 학습
model.fit(X_train, y_train)

# 3. 예측
y_pred = model.predict(X_test)
```

파라미터	설명
n_estimators	생성할 트리 개수(기본값 : 100)
max_depth	트리 최대 깊이 제한
min_samples_split	노드 분할 최소 샘플 수
min_samples_leaf	리프 노드 최소 샘플 수
max_features	분할 시 고려할 특성 수('auto', 'sqrt', 'log2' 등)
random_state	난수 고정 시드(재현성 확보)

풀이

Q. sklearn.datasets.fetch_openml(name = 'house_prices') 데이터는 Ames 시의 주택 특성을 바탕으로 판매가격(SalePrice)을 예측하는 회귀 문제이다. 수치형 변수만 사용하여 전체 데이터를 80:20으로 분할하고, RandomForestRegressor를 활용하여 회귀모형을 구축하시오. 트리 개수는 100개, 최대 깊이는 10으로 설정하고 평균절대오차(MAE)와 결정계수 R^2를 평가하시오.

Python 코드 예시

```python
from sklearn.datasets import fetch_openml
from sklearn.model_selection import train_test_split
from sklearn.ensemble import RandomForestRegressor
from sklearn.metrics import mean_absolute_error, r2_score
import pandas as pd

# 1. 데이터 로딩
house = fetch_openml(name = 'house_prices', as_frame = True)
df = house.frame

# 2. 수치형 변수만 선택, 결측치 제거
X = df.select_dtypes(include = 'number').drop(columns = 'SalePrice').dropna()
y = df.loc[X.index, 'SalePrice'].astype(float)

# 3. 데이터 분할
X_train, X_test, y_train, y_test = train_test_split(X, y, test_size = 0.2, random_state = 42)

# 4. 모델 생성 및 학습
model = RandomForestRegressor(n_estimators = 100, max_depth = 10, random_state = 42)
model.fit(X_train, y_train)

# 5. 예측 및 평가
y_pred = model.predict(X_test)
mae = mean_absolute_error(y_test, y_pred)
r2 = r2_score(y_test, y_pred)

print("MAE:", mae)
print("결정계수 R²:", r2)
```

Python 결과 출력

```
MAE: 19684.4481573314
결정계수 R²: 0.8702608754006531
```

- 평균절대오차(MAE)는 약 19,684로, 예측된 주택 판매 가격이 실제 가격과 평균적으로 약 19,700달러 정도 차이가 있음을 의미한다.
- 결정계수 R^2는 0.870으로, 모델이 전체 종속변수의 변동성 중 약 87.0%를 설명할 수 있음을 보여준다.
- 이는 단일 회귀 트리보다 훨씬 우수한 성능이며, 랜덤포레스트 회귀가 다양한 트리 결과를 평균화하여 과적합을 줄이면서도 복잡한 데이터 패턴을 안정적으로 학습했음을 나타낸다.
- 트리 개수를 100개, 깊이를 10으로 제한하여 복잡도와 예측력의 균형을 잘 유지하였다.

- 예측 정확도가 높은 편이지만, 더 나은 성능을 위해 다음과 같은 전략도 고려할 수 있다.
  - n_estimators, max_depth 등의 하이퍼파라미터 튜닝
  - 수치형 변수 외 범주형 변수 인코딩 포함
  - 특성 중요도 분석을 통한 변수 선택

SECTION 07 XGBoost

1 XGBoost 개요

① XGBoost(Extreme Gradient Boosting)는 경사하강법 기반의 앙상블 학습 알고리즘으로, Gradient Boosting을 개선한 버전이다.
② 반복적으로 약한 학습기를 훈련하고, 이전 오차를 보완하는 방식으로 작동하며, 정확도와 속도 모두 우수하다.
③ 과적합 방지를 위한 정규화 기능과 결측값 자동 처리, 병렬 학습이 가능하다는 장점이 있다.
④ 분류(Classification)와 회귀(Regression) 문제에 모두 활용할 수 있으며, 캐글(Kaggle) 등 실전 경진대회에서 자주 사용되는 대표적인 고성능 모델이다.
⑤ 클래스 활용법(XGBClassifier)

```
from xgboost import XGBClassifier

# 1. 모델 생성
model = XGBClassifier(n_estimators = 100, max_depth = 4, learning_rate = 0.1, random_state = 42, use_label_encoder = False, eval_metric = 'logloss')

# 2. 모델 학습
model.fit(X_train, y_train)

# 3. 예측
y_pred = model.predict(X_test)
```

파라미터	설명
n_estimators	생성할 트리 수(기본값 : 100)
max_depth	각 트리의 최대 깊이
learning_rate	학습률(작을수록 느리게 학습, 일반화에 유리)
subsample	각 트리를 훈련할 때 사용할 샘플 비율
colsample_bytree	각 트리를 훈련할 때 사용할 특성 비율
random_state	난수 고정 시드
use_label_encoder	XGBoost 1.0 이후 필수 : 레이블 인코더 사용 여부
eval_metric	평가 지표(분류는 보통 'logloss', 'error', 'auc' 사용)

풀이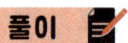

Q. sklearn.datasets.load_breast_cancer 데이터는 유방암의 종양 특성을 바탕으로, 악성(Malignant : 0) 또는 양성(Benign : 1) 여부를 예측하는 이진 분류 문제이다. 전체 데이터를 70:30으로 분할하고, XGBClassifier를 사용하여 분류모형을 구축하시오. 트리 개수는 100개, 최대 깊이는 4, 학습률은 0.1로 설정하고 classification_report를 출력하시오.

Python 코드 예시

```
1   from sklearn.datasets import load_breast_cancer
2   from sklearn.model_selection import train_test_split
3   from sklearn.metrics import classification_report
4   from xgboost import XGBClassifier
5
6   # 1. 데이터 로딩
7   data = load_breast_cancer()
8   X, y = data.data, data.target
9
10  # 2. 데이터 분할
11  X_train, X_test, y_train, y_test = train_test_split(X, y, test_size = 0.3, random_state = 42)
12
13  # 3. 모델 생성 및 학습
14  model = XGBClassifier(n_estimators = 100, max_depth = 4, learning_rate = 0.1,
15                        random_state = 42, use_label_encoder = False, eval_metric = 'logloss')
16  model.fit(X_train, y_train)
17
18  # 4. 예측 및 평가
19  y_pred = model.predict(X_test)
20  print(classification_report(y_test, y_pred, target_names = data.target_names))
```

Python 결과 출력

	precision	recall	f1-score	support
malignant	0.95	0.94	0.94	63
benign	0.96	0.97	0.97	108
accuracy			0.96	171
macro avg	0.96	0.95	0.96	171
weighted avg	0.96	0.96	0.96	171

- 전체 정확도는 0.96으로, 모델이 테스트셋의 약 96%를 올바르게 예측함을 보여준다.
- 양성(Benign) 클래스는 정밀도 0.96, 재현율 0.97로, 실제 양성 환자의 대부분을 정확하게 감지했다.
- 악성(Malignant) 클래스의 재현율은 0.94로, 소수 클래스임에도 불구하고 높은 수준의 성능을 기록하였다.
- macro 평균 F1-score는 0.96, 클래스 불균형에도 불구하고 양 클래스에서 고르게 우수한 분류 성능을 보여준다.
- XGBoost 분류기는 이전 오차를 순차적으로 보완하는 방식의 Gradient Boosting 알고리즘을 사용하여, 높은 정밀도와 재현율을 달성하면서도 과적합을 효과적으로 방지한다.
- 특히 복잡한 조건 분기와 다양한 특성을 동시에 고려할 수 있기 때문에 의료, 금융 등 실제 중요도가 높은 이진 분류 문제에 효과적으로 활용될 수 있다.

⑥ 클래스 활용법(XGBRegressor)

```
from xgboost import XGBRegressor

# 1. 모델 생성
model = XGBRegressor(n_estimators = 100, max_depth = 4, learning_rate = 0.1, random_state = 42)

# 2. 모델 학습
model.fit(X_train, y_train)

# 3. 예측
y_pred = model.predict(X_test)
```

파라미터	설명
n_estimators	생성할 트리 개수
max_depth	각 트리의 최대 깊이
learning_rate	학습률(기본값 : 0.3)
subsample	각 트리 훈련 시 사용할 샘플 비율
colsample_bytree	각 트리 훈련 시 사용할 특성 비율
reg_alpha, reg_lambda	L1, L2 정규화 계수
random_state	결과 재현을 위한 시드 설정

풀이

Q. sklearn.datasets.fetch_openml(name = 'house_prices') 데이터는 Ames 시의 주택 특성을 바탕으로 판매가격(SalePrice)을 예측하는 회귀 문제이다. 수치형 변수만 사용하여 전체 데이터를 80:20으로 분할하고, XGBRegressor를 활용하여 회귀모형을 구축하시오. 트리 개수는 100개, 최대 깊이는 4, 학습률은 0.1로 설정하여 평균절대오차(MAE)와 결정계수 R^2를 평가하시오.

Python 코드 예시

```
1   from sklearn.datasets import fetch_openml
2   from sklearn.model_selection import train_test_split
3   from sklearn.metrics import mean_absolute_error, r2_score
4   from xgboost import XGBRegressor
5   import pandas as pd
6
7   # 1. 데이터 로딩
8   house = fetch_openml(name = 'house_prices', as_frame = True)
9   df = house.frame
10
11  # 2. 수치형 변수만 사용, 결측치 제거
12  X = df.select_dtypes(include = 'number').drop(columns = 'SalePrice').dropna()
13  y = df.loc[X.index, 'SalePrice'].astype(float)
14
15  # 3. 데이터 분할
16  X_train, X_test, y_train, y_test = train_test_split(X, y, test_size = 0.2, random_state = 42)
17
```

```
18  # 4. 모델 생성 및 학습
19  model = XGBRegressor(n_estimators = 100, max_depth = 4, learning_rate = 0.1, random_state = 42)
20  model.fit(X_train, y_train)
21
22  # 5. 예측 및 평가
23  y_pred = model.predict(X_test)
24  mae = mean_absolute_error(y_test, y_pred)
25  r2 = r2_score(y_test, y_pred)
26
27  print("MAE:", mae)
28  print("결정계수 R²:", r2)
```

Python 결과 출력

```
MAE: 19374.425034722222
결정계수 R²: 0.8769298293745795
```

- 평균절대오차(MAE)는 약 19,374로, 모델이 예측한 주택 판매 가격이 실제값과 평균적으로 약 19,400달러 정도 차이가 있음을 의미한다.
- 결정계수 R^2은 0.877로, 전체 주택 가격 변동성의 약 87.7%를 XGBoost 회귀모형이 설명하고 있다는 점에서 우수한 회귀 성능을 보였다.
- 이는 이전에 사용된 단일 결정트리나 랜덤포레스트 회귀보다도 더 정교한 학습 성능을 보여주는 결과로, Gradient Boosting의 장점인 오차 누적 보정 방식이 효과적으로 작동했음을 시사한다.
- 학습률(learning_rate)을 0.1로 설정함으로써 과적합을 방지하면서도 점진적인 학습이 이루어졌고, 트리 깊이를 4로 제한하여 복잡도를 제어하면서도 안정적인 일반화 성능을 확보할 수 있었다.
- 실무 회귀 모델링 상황에서 XGBoost는 다음과 같은 장점을 가진다.
  - 특성 선택이 필요 없는 구조
  - 결측값 자동 처리
  - L1/L2 정규화를 통한 과적합 제어
  - 다양한 조기 종료 기능 지원

SECTION 08 LightGBM

1 LightGBM 개요

① LightGBM(Light Gradient Boosting Machine)은 마이크로소프트에서 개발한 고속, 고성능의 Gradient Boosting 프레임워크이다.
② XGBoost와 유사한 원리를 따르지만, 리프 중심 트리 성장 방식(Leaf-wise growth)을 사용하여 더 빠르고 정밀한 학습이 가능하다.
③ 범주형 변수를 자동 처리하고, 대용량 데이터셋에서도 빠른 학습과 낮은 메모리 사용량으로 실무 적용성이 매우 높다.
④ 분류(Classification) 및 회귀(Regression) 문제에 모두 사용 가능하며, 클래스 불균형이 있는 상황에도 효과적이다.

⑤ 클래스 활용법(LGBMClassifier)

```
from lightgbm import LGBMClassifier

# 1. 모델 생성
model = LGBMClassifier(n_estimators = 100, max_depth = 4, learning_rate = 0.1, random_state = 42)
# 2. 모델 학습
model.fit(X_train, y_train)
# 3. 예측
y_pred = model.predict(X_test)
```

파라미터	설명
n_estimators	생성할 트리 개수
max_depth	각 트리의 최대 깊이
learning_rate	학습률(기본값 : 0.3)
num_leaves	하나의 트리에서 생성할 최대 리프 노드 수
min_data_in_leaf	리프 노드가 되기 위한 최소 데이터 수
boosting_type	기본값 : 'gbdt'(Gradient Boosting Decision Tree)
random_state	결과 재현을 위한 시드 설정

풀이

Q. sklearn.datasets.load_breast_cancer 데이터는 유방암의 악성 여부를 예측하는 이진 분류 문제이다. 전체 데이터를 70:30으로 분할하고, LGBMClassifier를 활용하여 분류모형을 구축하시오. 트리 개수는 100개, 최대 깊이는 4, 학습률은 0.1로 설정하고 classification_report를 출력하시오.

Python 코드 예시

```
1  from sklearn.datasets import load_breast_cancer
2  from sklearn.model_selection import train_test_split
3  from sklearn.metrics import classification_report
4  from lightgbm import LGBMClassifier
5
6  # 1. 데이터 로드
7  data = load_breast_cancer()
8  X, y = data.data, data.target
9
10 # 2. 데이터 분할
11 X_train, X_test, y_train, y_test = train_test_split(X, y, test_size = 0.3, random_state = 42)
12
13 # 3. 모델 생성 및 학습
14 model = LGBMClassifier(n_estimators = 100, max_depth = 4, learning_rate = 0.1, random_state = 42)
15 model.fit(X_train, y_train)
16
17 # 4. 예측 및 평가
18 y_pred = model.predict(X_test)
19 print(classification_report(y_test, y_pred, target_names = data.target_names))
20
```

Python 결과 출력

```
[LightGBM] [Warning] No further splits with positive gain, best gain: -inf
[LightGBM] [Warning] No further splits with positive gain, best gain: -inf
[LightGBM] [Warning] No further splits with positive gain, best gain: -inf
[LightGBM] [Warning] No further splits with positive gain, best gain: -inf
[LightGBM] [Warning] No further splits with positive gain, best gain: -inf
[LightGBM] [Warning] No further splits with positive gain, best gain: -inf
[LightGBM] [Warning] No further splits with positive gain, best gain: -inf
[LightGBM] [Warning] No further splits with positive gain, best gain: -inf
[LightGBM] [Warning] No further splits with positive gain, best gain: -inf
```

	precision	recall	f1-score	support
malignant	0.97	0.94	0.95	63
benign	0.96	0.98	0.97	108
accuracy			0.96	171
macro avg	0.97	0.96	0.96	171
weighted avg	0.96	0.96	0.96	171

- 전체 정확도는 0.96으로, 테스트셋 중 약 96%의 데이터를 정확하게 분류하였다.
- 양성(Benign) 클래스의 재현율은 0.98로, 실제 양성 종양을 거의 완벽히 검출했고, 악성(Malignant) 클래스의 재현율은 0.94로, 비교적 소수 클래스임에도 우수한 분류 성능을 보였다.
- macro 평균 F1-score는 0.96으로, 클래스 불균형이 있음에도 불구하고 양쪽 클래스 모두에서 안정적인 분류 성능을 나타낸다.
- LightGBM은 Leaf-wise 트리 성장 방식과 정교한 분기 기준을 통해 적은 깊이(max_depth = 4)에서도 높은 성능을 유지할 수 있었다.
- 다만, 출력된 경고 메시지 [LightGBM] [Warning] No further splits with positive gain은 일부 분기에서 더 이상의 이득이 없는 상황이 발생했음을 알리는 경고로, 모델 성능에 큰 영향을 주지 않으며 일반적으로 무시 가능하다.
- 결론적으로, LGBMClassifier는 빠른 학습 속도와 높은 예측 성능을 동시에 확보할 수 있는 고성능 이진 분류 모델로, 특히 실전 환경에서 클래스 불균형이 존재할 때도 효과적으로 적용 가능하다.

⑥ 클래스 활용법(LGBMRegressor)

```python
from lightgbm import LGBMRegressor

# 1. 모델 생성
model = LGBMRegressor(n_estimators = 100, max_depth = 4, learning_rate = 0.1, random_state = 42)

# 2. 모델 학습
model.fit(X_train, y_train)

# 3. 예측
y_pred = model.predict(X_test)
```

파라미터	설명
n_estimators	생성할 트리 개수
max_depth	각 트리의 최대 깊이
learning_rate	학습률(기본값 : 0.3)
num_leaves	하나의 트리에서 생성할 최대 리프 노드 수
min_data_in_leaf	리프 노드가 되기 위한 최소 데이터 수
boosting_type	기본값 : 'gbdt'(Gradient Boosting Decision Tree)
random_state	결과 재현을 위한 시드 설정

풀이

Q. sklearn.datasets.fetch_openml(name = 'house_prices') 데이터는 Ames 시의 주택 특성을 바탕으로 판매가격(SalePrice)을 예측하는 회귀 문제이다. 수치형 변수만 사용하여 전체 데이터를 80:20으로 분할하고, LGBMRegressor를 활용하여 회귀모형을 구축하시오. 트리 수는 100개, 최대 깊이는 4, 학습률은 0.1로 설정하여 MAE와 결정계수 R^2를 평가하시오.

Python 코드 예시

```
1   from sklearn.datasets import fetch_openml
2   from sklearn.model_selection import train_test_split
3   from sklearn.metrics import mean_absolute_error, r2_score
4   from lightgbm import LGBMRegressor
5   import pandas as pd
6
7   # 1. 데이터 로딩
8   house = fetch_openml(name = 'house_prices', as_frame = True)
9   df = house.frame
10
11  # 2. 수치형 변수만 선택, 결측치 제거
12  X = df.select_dtypes(include = 'number').drop(columns = 'SalePrice').dropna()
13  y = df.loc[X.index, 'SalePrice'].astype(float)
14
15  # 3. 데이터 분할
16  X_train, X_test, y_train, y_test = train_test_split(X, y, test_size = 0.2, random_state = 42)
17
18  # 4. 모델 생성 및 학습
19  model = LGBMRegressor(n_estimators = 100, max_depth = 4, learning_rate = 0.1, random_state =
20  42)
21  model.fit(X_train, y_train)
22
23  # 5. 예측 및 평가
24  y_pred = model.predict(X_test)
25  mae = mean_absolute_error(y_test, y_pred)
26  r2 = r2_score(y_test, y_pred)
27
28  print("MAE:", mae)
29  print("결정계수 $R^2$:", r2)
```

Python 결과 출력

```
[LightGBM] [Warning] No further splits with positive gain, best gain: -inf
[LightGBM] [Warning] No further splits with positive gain, best gain: -inf
[LightGBM] [Warning] No further splits with positive gain, best gain: -inf
[LightGBM] [Warning] No further splits with positive gain, best gain: -inf
[LightGBM] [Warning] No further splits with positive gain, best gain: -inf
[LightGBM] [Warning] No further splits with positive gain, best gain: -inf
[LightGBM] [Warning] No further splits with positive gain, best gain: -inf
[LightGBM] [Warning] No further splits with positive gain, best gain: -inf
[LightGBM] [Warning] No further splits with positive gain, best gain: -inf
[LightGBM] [Warning] No further splits with positive gain, best gain: -inf
[LightGBM] [Warning] No further splits with positive gain, best gain: -inf
[LightGBM] [Warning] No further splits with positive gain, best gain: -inf
[LightGBM] [Warning] No further splits with positive gain, best gain: -inf
[LightGBM] [Warning] No further splits with positive gain, best gain: -inf
[LightGBM] [Warning] No further splits with positive gain, best gain: -inf
[LightGBM] [Warning] No further splits with positive gain, best gain: -inf
MAE: 19522.99950117164
결정계수 $R^2$: 0.8510095659938586
```

- 평균절대오차(MAE)는 약 19,523으로, 예측된 주택 판매 가격이 실제 가격과 평균적으로 약 19,500달러 정도 차이가 있음을 보여준다.
- 결정계수 R^2는 0.851로, LightGBM 회귀모델이 종속변수의 변동성 중 약 85.1%를 설명할 수 있음을 의미한다.
- 이는 비교적 낮은 트리 깊이(max_depth = 4)로 제한하였음에도 높은 예측 정확도를 유지하고 있는 결과로, Leaf-wise 트리 성장 방식이 효과적으로 작동하여 빠르고 정밀한 학습을 수행했음을 알 수 있다.
- 출력된 [Warning] No further splits with positive gain 메시지는 일부 트리에서 분기 조건의 이득이 없었음을 알리는 경고로, 이는 모델 성능에 큰 영향을 주지 않으며 과도한 분할을 방지하려는 정상적인 작동 과정이다.
- LGBMRegressor는 다음과 같은 상황에서 실무 적용에 적합하다.
  - 데이터의 변수 수가 많고 일부 결측치가 존재할 때
  - 빠른 학습과 예측 속도가 중요한 경우
  - 트리 기반 모델의 정밀한 튜닝이 필요한 경우

작업형 제2유형-연습문제

▶ **데이터 위치**
- 구글 드라이브(https://bit.ly/ymsbig) 접속 → 1.yemoonsa-source → data → 작업형(2유형) 데이터
- 예문에듀 홈페이지(https://yeamoonedu.com/) 접속 → 도서 인증 후 자료 내려받기 → 1.yemoonsa-source → data → 작업형(2유형) 데이터

01 제공된 titanic.csv는 타이타닉 호에 탑승한 승객의 정보를 수집한 데이터이다. 제공된 데이터를 바탕으로 승객의 생존 여부(Survived)를 예측하는 분류 모델을 개발하고, 개발한 모델에 기반하여 평가용 데이터(data/titanic_test.csv)에 적용하여 얻은 예측 결과를 [제출 형식]에 맞추어 result.csv 파일로 저장하는 프로그램을 작성하시오. (단, 평가지표는 ROC-AUC임)

※ 예측 결과는 ROC_AUC 평가지표에 따라 평가함
※ 성능이 우수한 예측 모델을 구축하기 위해서는 데이터 정제, Feature Engineering, 하이퍼 파라미터(hyper parameter) 최적화, 모델 비교 등이 필요할 수 있음.(다만, 과적합에 유의하여야 함)

[제출 형식]
㉠ CSV 파일명 : result.csv(파일명에 디렉토리·폴더 지정불가)
㉡ 예측 생존 칼럼명 : pred
㉢ 제출 칼럼 개수 : pred 칼럼 1개
㉣ 평가용 데이터 개수와 예측 결과 데이터 개수 일치 : 418개

제공 데이터

■ 데이터 목록
① data/titanic_train.csv : 학습용 데이터, 892개
② data/titanic_test.csv : 평가용 데이터, 418개
→ 평가용 데이터는 '생존' 칼럼 미제공

■ 데이터 설명

컬럼명	내용 설명
PassengerId	승객 고유 ID 번호
Survived	생존 여부(0 = 사망, 1 = 생존)
Pclass	객실 등급(1 = 1등석, 2 = 2등석, 3 = 3등석)
Name	승객 이름
Sex	성별(male, female)
Age	나이
SibSp	함께 탑승한 형제/배우자 수
Parch	함께 탑승한 부모/자녀 수
Ticket	티켓 번호
Fare	승차 요금
Cabin	선실 번호
Embarked	탑승한 항구(C = Cherbourg, Q = Queenstown, S = Southampton)

CSV 파일 형식 및 확인 방법

- CSV 파일명: result.csv
- 생존 예측 결과 컬럼명 : pred

컬럼명	내용 설명
pred	생존 예측 여부(0 : 사망, 1 : 생존)

- 제출 CSV 파일 형식 예시

CSV 파일 예시
pred
0
0
1
0
0
1
1
......
0

※ pred 컬럼 데이터 개수는 418개

- CSV 파일 확인 방법 : 생성된 파일을 아래 예시에 따라 출력하여 확인

Python 예시	R 예시
import pandas as pd result = pd.read_csv('result.csv') print(result)	result = read.csv('result.csv') print(result)

해설

Python 코드 풀이

```
# 1. 데이터 불러오기
train = pd.read_csv("data/titanic_train.csv")
test = pd.read_csv("data/titanic_test.csv")
```

```
# 2. 라이브러리 불러오기
import pandas as pd
from sklearn.model_selection import train_test_split
from sklearn.tree import DecisionTreeClassifier
from sklearn.ensemble import RandomForestClassifier
from xgboost import XGBClassifier
from sklearn.svm import SVC
from sklearn.metrics import accuracy_score
from sklearn.preprocessing import LabelEncoder
```

```
# 3. 데이터 형태 확인 (EDA)
print("학습용 데이터 형태:", train.shape)
print("평가용 데이터 형태:", test.shape)
print("\n학습용 데이터 자료형:")
print(train.dtypes)

print("\n결측치 개수:")
print(train.isnull().sum())
```

Python 결과 출력

```
학습용 데이터 형태: (891, 12)
평가용 데이터 형태: (418, 11)

학습용 데이터 자료형:
PassengerId      int64
Survived         int64
Pclass           int64
Name             object
Sex              object
Age              float64
SibSp            int64
Parch            int64
Ticket           object
Fare             float64
Cabin            object
Embarked         object
dtype: object

결측치 개수:
PassengerId      0
Survived         0
Pclass           0
Name             0
Sex              0
Age              177
SibSp            0
Parch            0
Ticket           0
Fare             0
Cabin            687
Embarked         2
dtype: int64
```

Python 코드 풀이

```
# 4. 사용하지 않을 열 제거
drop_cols = ['PassengerId', 'Name', 'Ticket', 'Cabin']
train.drop(columns=drop_cols, inplace=True)
test.drop(columns=drop_cols, inplace=True)
```

```python
# 5. 결측치 처리
# 평균으로 채움
train['Age'].fillna(train['Age'].mean(), inplace=True)
test['Age'].fillna(test['Age'].mean(), inplace=True)
test['Fare'].fillna(test['Fare'].mean(), inplace=True)

# 최빈값으로 채움
train['Embarked'].fillna(train['Embarked'].mode()[0], inplace=True)

# 결측치 수 재 확인
print("\n결측치 개수 재확인:")
print(train.isnull().sum())
```

Python 결과 출력

```
결측치 개수 재확인:
Survived    0
Pclass      0
Sex         0
Age         0
SibSp       0
Parch       0
Fare        0
Embarked    0
dtype: int64
```

Python 코드 풀이

```python
# 6. object형 변수 인코딩
# 'Sex', 'Embarked'는 문자형(object)이므로 숫자로 바꿔야 함
for col in ['Sex', 'Embarked']:
    le = LabelEncoder()
    train[col] = le.fit_transform(train[col])
    test[col] = le.transform(test[col])
```

```python
# 7. 독립변수(X)와 종속변수(y) 분리
X = train.drop(columns=['Survived'])
y = train['Survived']

# 8. 검증용 데이터 분리 (모델 비교용)
X_train, X_val, y_train, y_val = train_test_split(X, y, random_state=42, stratify=y)
```

```python
# 9. 사용할 모델 정의
models = {
    "DecisionTree": DecisionTreeClassifier(random_state=42),
    "RandomForest": RandomForestClassifier(random_state=42),
    "XGBoost": XGBClassifier(use_label_encoder=False, eval_metric='logloss', random_state=42),
    "SVM": SVC(probability=False, random_state=42)
}
```

```python
# 10. 가장 성능 좋은 모델 선택
best_model = None
best_score = 0
for name, model in models.items():
    model.fit(X_train, y_train)
    pred = model.predict(X_val)
    score = accuracy_score(y_val, pred)
    print(f"{name} 정확도: {score:.4f}")
    if score > best_score:
        best_score = score
        best_model = model
```

Python 결과 출력

```
DecisionTree 정확도: 0.7309
RandomForest 정확도: 0.7713
XGBoost 정확도: 0.7803
SVM 정확도: 0.6054
```

Python 코드 풀이

```python
# 11. 최종 모델 전체 데이터로 재학습 후 예측
best_model.fit(X, y)
final_pred = best_model.predict(test)
print(final_pred)
```

Python 결과 출력

```
[0 0 0 0 1 0 0 0 1 0 0 0 1 0 1 1 0 1 1 0 0 0 1 1 1 0 1 1 1 0 0 0 1 0 1 0 0
 0 0 1 0 1 0 1 1 0 0 0 1 1 0 0 1 1 0 0 0 0 0 1 0 0 0 1 0 1 1 0 0 1 1 0 0 0
 1 1 0 1 0 1 1 0 0 0 0 0 1 1 0 1 0 0 1 0 1 0 1 0 0 0 1 0 0 0 1 0 0 0 0 0 0
 0 1 1 1 0 0 1 1 1 1 0 1 0 0 1 0 1 0 0 0 0 0 0 0 0 0 0 0 0 0 1 0 0 1 0 0 0
 1 0 1 0 1 0 0 0 1 0 1 1 0 1 1 0 0 0 1 0 1 0 0 1 0 0 0 1 1 0 1 1 0 1 1 0 1
 0 1 1 0 0 0 0 0 0 1 0 1 0 0 0 1 0 1 0 0 1 0 0 1 0 0 1 0 1 0 1 0
 1 0 1 0 0 0 0 0 0 1 0 0 1 0 0 1 1 1 0 1 0 0 0 0 1 0 1 0 1 0 0 0 0 0 0 0 1
 0 0 0 1 1 0 0 0 0 0 0 0 0 1 1 0 1 0 0 0 1 1 0 0 0 0 0 0 0 0 0 0 0 0 0 0 0
 1 0 0 0 0 0 0 0 1 0 1 0 0 0 1 0 0 1 1 0 0 0 0 0 0 0 1 1 0 1 0 0 0 1 0 0
 1 0 0 0 0 0 0 0 1 0 0 1 1 0 0 0 0 0 1 0 0 1 0 1 1 0 1 0 0 0 1 1
 0 1 0 0 1 1 0 0 0 0 0 0 0 1 0 1 0 0 0 0 0 1 0 0 0 1 0 1 0 0 1 0 1 0 0 0 0
 0 0 1 0 1 0 0 1 0 0 1]
```

```python
# 12. 제출 파일 저장
# 파일명은 반드시 result.csv, 컬럼명은 pred
pd.DataFrame({'pred': final_pred}).to_csv("result.csv", index=False)
```

02 제공된 Bike_Sharing.csv는 시간대별 기온, 습도, 풍속 등의 데이터를 기반으로 자전거 대여량(count)을 기록한 데이터이다. 학습 데이터를 이용해 자전거 대여량을 예측하는 회귀 모델을 개발하고, 개발한 모델을 평가용 데이터에 적용한 예측 결과를 [제출 형식]에 맞추어 result.csv로 저장하시오.

※ 예측 결과는 RMSLE 평가지표에 따라 평가함
※ 성능이 우수한 예측 모델을 구축하기 위해서는 데이터 정제, Feature Engineering, 하이퍼 파라미터(hyper parameter) 최적화, 모델 비교 등이 필요할 수 있음. 다만, 과적합에 유의하여야 함

[제출 형식]
㉠ CSV 파일명 : result.csv(파일명에 디렉토리·폴더 지정불가)
㉡ 예측 대여수 칼럼명 : pred
㉢ 제출 칼럼 개수 : pred 칼럼 1개
㉣ 평가용 데이터 개수와 예측 결과 데이터 개수 일치 : 6,493개

제공 데이터

■ 데이터 목록
① data/bikesharing_train.csv : 학습용 데이터, 10,886개
② data/bikesharing_test.csv : 평가용 데이터, 6,493개
→ 평가용 데이터는 'count' 칼럼 미제공

■ 데이터 설명

컬럼명	내용 설명
datetime	날짜 및 시간
season	계절(1 : 봄, 2 : 여름, 3 : 가을, 4 : 겨울)
holiday	공휴일 여부(0 : 평일, 1 : 공휴일)
workingday	근무일 여부(0 : 휴일, 1 : 근무일)
weather	날씨(1~4 범주)
temp	기온(섭씨)
atemp	체감 온도
humidity	습도(%)
windspeed	풍속
count	자전거 대여 수(예측 대상)

CSV 파일 형식 및 확인 방법

- CSV 파일명: result.csv
- 생존 예측 결과 컬럼명: pred

컬럼명	내용 설명
pred	자전거 대여에 대한 예측값(단위: 수)

- 제출 CSV 파일 형식 예시

CSV 파일 예시
pred
16
40
13
106
20
14
16
......
40

※ pred 컬럼 데이터 개수는 6,493개

- CSV 파일 확인 방법: 생성된 파일을 아래 예시에 따라 출력하여 확인

Python 예시	R 예시
import pandas as pd result = pd.read_csv('result.csv') print(result)	result = read.csv('result.csv') print(result)

해설

Python 코드 풀이

```
# 1. 데이터 불러오기
train = pd.read_csv("data/bikeshaing_train.csv")
test = pd.read_csv("data/bikeshaing_test.csv")

# 2. 라이브러리 불러오기
import pandas as pd
import numpy as np
from sklearn.model_selection import train_test_split
from sklearn.tree import DecisionTreeRegressor
from sklearn.metrics import mean_squared_log_error
```

```
print(train.info())
```

Python 결과 출력

```
<class 'pandas.core.frame.DataFrame'>
RangeIndex: 10886 entries, 0 to 10885
Data columns (total 12 columns):
 #   Column      Non-Null Count  Dtype
---  ------      --------------  -----
 0   datetime    10886 non-null  object
 1   season      10886 non-null  int64
 2   holiday     10886 non-null  int64
 3   workingday  10886 non-null  int64
 4   weather     10886 non-null  int64
 5   temp        10886 non-null  float64
 6   atemp       10886 non-null  float64
 7   humidity    10886 non-null  int64
 8   windspeed   10886 non-null  float64
 9   casual      10886 non-null  int64
 10  registered  10886 non-null  int64
 11  count       10886 non-null  int64
dtypes: float64(3), int64(8), object(1)
memory usage: 1020.7+ KB
None
```

Python 코드 풀이

```python
# 3. 파생변수 생성 (결측치가 info에서 없게 판명, 시간변수 변경)
for df in [train, test]:
    df['datetime'] = pd.to_datetime(df['datetime'])
    df['hour'] = df['datetime'].dt.hour
    df['dayofweek'] = df['datetime'].dt.dayofweek
    df['month'] = df['datetime'].dt.month

# 4. 불필요한 열 제거(datetime은 hour, dayofweek, month - 생성시 활용됨, casual 및 registered는 합산한 값이 count라 제거)
train.drop(columns=['datetime', 'casual', 'registered'], inplace=True)
test.drop(columns=['datetime'], inplace=True)

# 5. X, y 분리
X = train.drop(columns=['count'])
y = train['count']

# 6. 검증 데이터 분리
X_train, X_val, y_train, y_val = train_test_split(X, y, random_state=42)

# 7. RMSLE 함수 정의
def rmsle(y_true, y_pred):
    return np.sqrt(mean_squared_log_error(y_true, np.maximum(0, y_pred)))

# 8. 모델 학습 및 평가 (의사결정나무만 사용, 안전)
model = DecisionTreeRegressor(random_state=42)
model.fit(X_train, y_train)
val_pred = model.predict(X_val)
print("검증 RMSLE:", rmsle(y_val, val_pred))
```

```
# 9. 전체 데이터로 학습 후 예측
model.fit(X, y)
final_pred = np.maximum(0, model.predict(test))   # 음수 제거

# 10. 결과 저장
pd.DataFrame({'pred': final_pred}).to_csv("result.csv", index=False)
```

Python 결과 출력

검증 RMSLE: 0.5320600376020533

MEMO

PART 05

실전모의고사

CHAPTER 01 제1회 실전모의고사

출제 : 예문에듀/박영식

▶ 배점 안내
작업형 제1유형(3문항) : 각 10점
작업형 제2유형(1문항) : 40점
작업형 제3유형(2문항) : 각 15점(하위 문항 개별점수 있음)

▶ 데이터 위치
- 구글 드라이브(https://bit.ly/ymsbig) 접속 → 1.yemoonsa-source → data → 모의고사 1회
- 예문에듀 홈페이지(https://yeamoonedu.com/) 접속 → 도서 인증 후 자료 내려받기 → 1.yemoonsa-source → data → data → 모의고사 1회

작업형 제1유형

01 제공된 데이터(diamonds.csv)인 다이아몬드 데이터셋의 carat 변수에 대해 사분위수(IQR) 기준 이상치를 제거한 후, 이상치가 제거된 carat 평균값을 소수점 둘째 자리까지 구하시오.

해설

```python
# Python 코드 풀이
import numpy as np

# 1사분위수는 25%
Q1= df.carat.quantile(0.25)

# 3사분위수는 75%
Q3= df.carat.quantile(0.75)

# IQR = Q3-Q1
IQR=abs(Q3-Q1)
IQR

# 이상치 하한선 Q1-1.5*IQR
under_line = Q1-1.5*IQR

# 이상치 상한선 Q3+1.5*IQR
upper_line = Q3+1.5*IQR

# 이상치 구하는 코드에 부정문(not 적용)
except_outlier = df[~((df.carat<under_line)|(df.carat>upper_line))]
answerq1 = np.round(except_outlier.carat.mean(),2)
print(answerq1)
```

Python 결과 출력

0.75

02 제공된 데이터(mtcars.csv)인 자동차 데이터셋의 wt 컬럼을 톤(wt_ton=wt*0.4536)으로 변환한 뒤, mpg와 wt_ton 간의 피어슨 상관계수를 구하시오. (단, 소수점 둘째 자리까지 반올림함)

해설

Python 코드 풀이

```python
import pandas as pd

df=pd.read_csv('./mtcars.csv',index_col=0)
```

```python
df['wt_ton']= df.wt * 0.4536

## 1번 풀이
correlation = df['mpg'].corr(df['wt_ton'])
answerq2_1 = round(correlation, 2)
print(answerq2_1)
```

Python 결과 출력

−0.87

```python
from scipy.stats import pearsonr

## 2번 풀이
corr= pearsonr(df['mpg'],df['wt_ton'])
corr[0]
answerq2_2 = round(corr[0],2)
print(answerq2_2)
```

Python 결과 출력

−0.87

03 제공된 데이터(wine.csv)인 와인 데이터에서 target(와인 종류)에 따라 alcohol의 평균값을 비교하고, 가장 높은 평균을 가진 target 값을 출력하시오.

Python 코드 풀이

```
import pandas as pd
df= pd.read_csv('./wine.csv')
df=df.iloc[:,1:]
df.target.value_counts()
```

Python 결과 출력

```
target
1    71
0    59
2    48
Name: count, dtype: int64
```

Python 코드 풀이

```
df_tg_0_mean = df[df.target==0].alcohol.mean()
df_tg_1_mean = df[df.target==1].alcohol.mean()
df_tg_2_mean = df[df.target==2].alcohol.mean()

print(df_tg_0_mean)
print(df_tg_1_mean)
print(df_tg_2_mean)

means = {
    0: df_tg_0_mean,
    1: df_tg_1_mean,
    2: df_tg_2_mean
}

answerq3 = max(means, key=means.get)
print(answerq3)
```

Python 결과 출력

```
13.744745762711865
12.278732394366195
13.153750000000002
0
```

> **Python 코드 풀이**

```
## idxmax()함수 활용방법2
answerq3 = df.groupby('target')['alcohol'].mean().idxmax()
print(answerq3)

# idxmax()는 가장 평균이 높은 target 값을 알려줌
```

> **Python 결과 출력**

```
0
```

작업형 제2유형

01 아래는 타이타닉의 데이터를 기반으로 한 탑승자들의 생존과 관련된 데이터이다. 제공된 학습 데이터를 활용하여 탑승자 생존 여부를 예측하는 모델을 개발하고, 개발한 모델에 기반하여 평가용 데이터에 적용하여 얻은 예측결과를 아래 [제출 CSV 파일 형식 예시]에 따라 CSV 파일로 생성하는 코드를 제출하시오. (단, 평가지표는 roc_auc임)

■ 데이터 목록
① titanic_y_train.csv : 학습용 데이터 y값(목표변수) 891개
② titnaic_X_train.csv : 학습용 데이터 X값(특징변수) 891개
③ titnaic_X_test.csv : 평가용 데이터 X값(특징변수) 418개

■ 데이터 설명

변수	설명
Passenger Id	승객 고유 식별 번호
Survived	생존 여부(0 : 사망, 1 : 생존)
Pclass	객실 등급(1 : 1등석, 2 : 2등석, 3 : 3등석)
Name	승객 이름
Sex	성별(Male, Female)
Age	나이
SibSp	함께 탑승한 형제/배우자 수
Parch	함께 탑승한 부모/자녀 수
Ticket	티켓 번호
Fare	요금
Cabin	선실 번호
Embarked	탑승 항구(C : Cherbourg, Q : Queenstown, S : Southampton)

■ 제출 CSV 파일 형식 예시

```
pred
0
0
1
1
......
0
```

※ pred 칼럼 데이터 개수는 418개

■ CSV 파일 확인 방법 : 생성된 파일을 아래 예시에 따라 출력하여 확인

Python 예시	R 예시
import pandas as pd result = pd.read_csv('result.csv') print(result)	result = read.csv('result.csv') print(result)

해설

Python 코드 풀이

```python
## 풀이

# 1. 기본 데이터 불러오기
import pandas as pd

X_train = pd.read_csv('./titanic_X_train.csv', index_col=0)
y_train = pd.read_csv('./titanic_y_train.csv', index_col=0)
X_test = pd.read_csv('./titanic_X_test.csv', index_col=0)

# 2. 추가 라이브러리 불러오기
import numpy as np
from sklearn.preprocessing import LabelEncoder
from sklearn.impute import SimpleImputer
from sklearn.tree import DecisionTreeClassifier
from sklearn.ensemble import RandomForestClassifier
from sklearn.linear_model import LogisticRegression
from sklearn.svm import SVC
from lightgbm import LGBMClassifier
from sklearn.metrics import roc_auc_score
from sklearn.model_selection import train_test_split

# 3. y_train 컬럼만 Series로 추출
y_train = y_train['Survived']

# 4. train/test 데이터 합치기
X_train['source'] = 'train'
X_test['source'] = 'test'
data = pd.concat([X_train, X_test], axis=0)

# 5. 불필요한 텍스트 컬럼 제거
data = data.drop(['Name', 'Ticket', 'Cabin'], axis=1)
```

```python
# 6. 범주형 변수 처리
le = LabelEncoder()
data['Sex'] = le.fit_transform(data['Sex'])  # male=1, female=0
data['Embarked'] = data['Embarked'].fillna('S')  # 결측은 'S'로 채움
data['Embarked'] = le.fit_transform(data['Embarked'])

# 7. 수치형 결측값 평균으로 채우기
imputer = SimpleImputer(strategy='mean')
data[['Age', 'Fare']] = imputer.fit_transform(data[['Age', 'Fare']])

# 8. 다시 train/test 분리
X_train_final = data[data['source'] == 'train'].drop(['source', 'PassengerId'], axis=1)
X_test_final = data[data['source'] == 'test'].drop(['source', 'PassengerId'], axis=1)

# 9. 학습/검증 데이터 분리
X_tr, X_val, y_tr, y_val = train_test_split(X_train_final, y_train, test_size=0.2, random_state=42)

# 10. 모델 정의
models = {
    "LogisticRegression": LogisticRegression(max_iter=1000),
    "DecisionTree": DecisionTreeClassifier(random_state=42),
    "RandomForest": RandomForestClassifier(random_state=42),
    "SVM": SVC(probability=True, random_state=42),
    "LightGBM": LGBMClassifier(random_state=42)
}

# 11. 모델 학습 및 검증 성능 평가
best_score = 0
best_model = None

print("=== Validation ROC-AUC Score ===")
for name, model in models.items():
    model.fit(X_tr, y_tr)
    prob = model.predict_proba(X_val)[:, 1]
    score = roc_auc_score(y_val, prob)
    print(f"{name} ROC-AUC: {score:.4f}")

    if score > best_score:
        best_score = score
        best_model = model

# 12. 최적 모델을 전체 train 데이터로 다시 학습
best_model.fit(X_train_final, y_train)

# 13. 테스트 데이터 예측
final_pred = best_model.predict(X_test_final)

# 14. 결과 저장
result = pd.DataFrame({'pred': final_pred})
result.to_csv('./result_titanic.csv', index=False)

# 15. 결과 확인
print(result.head())
```

Python 결과 출력

```
=== Validation ROC-AUC Score ===
LogisticRegression ROC-AUC: 0.8821
DecisionTree ROC-AUC: 0.7913
RandomForest ROC-AUC: 0.8875
SVM ROC-AUC: 0.8079
[LightGBM] [Info] Number of positive: 268, number of negative: 444
[LightGBM] [Info] Auto-choosing row-wise multi-threading, the overhead of testing was 0.001144 seconds.
You can set `force_row_wise=true` to remove the overhead.
And if memory is not enough, you can set `force_col_wise=true`.
[LightGBM] [Info] Total Bins 195
[LightGBM] [Info] Number of data points in the train set: 712, number of used features: 7
[LightGBM] [Info] [binary:BoostFromScore]: pavg=0.376404 -> initscore=-0.504838
[LightGBM] [Info] Start training from score -0.504838
[LightGBM] [Warning] No further splits with positive gain, best gain: -inf
[LightGBM] [Warning] No further splits with positive gain, best gain: -inf
[LightGBM] [Warning] No further splits with positive gain, best gain: -inf
[LightGBM] [Warning] No further splits with positive gain, best gain: -inf
[LightGBM] [Warning] No further splits with positive gain, best gain: -inf

LightGBM ROC-AUC: 0.8788
   pred
0    0
1    0
2    0
3    1
4    0
```

End of file

작업형 제3유형

01 [헬스케어 데이터를 활용한 당뇨병 예측 분석] (총 15점)

다음은 미국 내 여성들의 건강검진 기록을 바탕으로 당뇨병 발병 여부를 측정한 데이터이다. 주어진 데이터를 이용하여 로지스틱 회귀모형을 적합하고, 통계적 해석을 수행하시오.

변수명	설명
Pregnancies	과거 임신 횟수
Glucose	혈당 수치
BloodPressure	혈압 수치
SkinThickness	피부 두께(mm)
Insulin	인슐린 농도
BMI	체질량 지수(비만도 지표)
DiabetesPedigreeFunction	당뇨 내력 지수
Age	나이
Outcome	당뇨병 여부(0 : 비당뇨, 1 : 당뇨)

(a) 로지스틱 회귀모형을 적합하고, 유의한 변수(유의수준 0.05 기준)를 확인하시오. (5점)
- statsmodels 패키지의 Logit 함수를 사용할 것
- 각 변수의 계수, P-value, 유의성 여부를 표로 제시

(b) 모델의 적합도를 확인하기 위한 통계량(AIC, Pseudo R^2 등)을 제시하고 해석하시오. (5점)
- AIC 값이 작을수록 좋은 모델임
- Pseudo R^2 값이 클수록 설명력이 높음을 의미

(c) 나이(Age)가 50세 이상이고, BMI가 30 이상인 사람이 당뇨병에 걸릴 확률을 예측하시오. (5점)
- statsmodels의 predict() 함수 사용
- 나머지 변수는 평균값으로 대체

해설

Python 코드 풀이

```
import pandas as pd
import statsmodels.api as sm

# 1. 데이터 불러오기
df = pd.read_csv('diabetes.csv')

# 2. 독립변수(X), 종속변수(y) 분리
X = df.drop('Outcome', axis=1)
y = df['Outcome']

# 3. 상수항 추가
X = sm.add_constant(X)

# 4. 로지스틱 회귀모형 적합
model = sm.Logit(y, X)
result = model.fit()

# 5. 회귀 계수 및 유의확률 확인
print("\n=== (a) 회귀계수 및 P-value ===")
print(result.summary2().tables[1])
```

Python 결과 출력

```
Optimization terminated successfully.
         Current function value: 0.470993
         Iterations 6

=== (a) 회귀계수 및 P-value ===
                           Coef.   Std.Err.        z         P>|z|    \
const                   -8.404696  0.716636  -11.727984  9.161475e-32
Pregnancies              0.123182  0.032078    3.840140  1.229642e-04
Glucose                  0.035164  0.003709    9.481392  2.509132e-21
BloodPressure           -0.013296  0.005234   -2.540416  1.107208e-02
SkinThickness            0.000619  0.006899    0.089713  9.285152e-01
Insulin                 -0.001192  0.000901   -1.322309  1.860652e-01
BMI                      0.089701  0.015088    5.945333  2.758957e-09
DiabetesPedigreeFunction 0.945180  0.299148    3.159578  1.579980e-03
Age                      0.014869  0.009335    1.592858  1.111920e-01
```

	[0.025	0.975]
const	−9.809277	−7.000115
Pregnancies	0.060311	0.186053
Glucose	0.027895	0.042433
BloodPressure	−0.023553	−0.003038
SkinThickness	−0.012904	0.014141
Insulin	−0.002958	0.000575
BMI	0.060130	0.119272
DiabetesPedigreeFunction	0.358861	1.531498
Age	−0.003427	0.033165

Python 코드 풀이

```python
# (a)의 result 객체 그대로 사용 가능
print("\n=== (b) 모델 적합도 평가 ===")
print(f"AIC: {result.aic:.2f}")
print(f"Pseudo R²: {result.prsquared:.4f}")
```

Python 결과 출력

```
=== (b) 모델 적합도 평가 ===
AIC: 741.45
Pseudo R²: 0.2718
```

Python 코드 풀이

(c) 나이(Age)가 50세 이상이고, BMI가 30 이상인 사람이 당뇨병에 걸릴 확률을 예측하시오. (5점)

- statsmodels의 predict() 함수 사용
- 나머지 변수는 평균값으로 대체

```python
# 1. Age ≥ 50 & BMI ≥ 30 조건 만족하는 행 필터링
subset = df[(df['Age'] >= 50) & (df['BMI'] >= 30)].drop('Outcome', axis=1)

# 2. 상수항 추가
subset = sm.add_constant(subset, has_constant='add')

# 3. 예측 수행
pred_probs = result.predict(subset)

# 4. 결과 요약
print("\n=== (c-확장) 조건을 만족하는 전체 샘플에 대한 예측 확률 평균 ===")
print(f"총 샘플 수: {len(pred_probs)}")
print(f"평균 예측 확률: {pred_probs.mean():.4f}")
```

Python 결과 출력

```
=== (c-확장) 조건을 만족하는 전체 샘플에 대한 예측 확률 평균 ===
총 샘플 수: 47
평균 예측 확률: 0.6412
```

02 [심장 질환 발생 예측을 위한 로지스틱 회귀 분석] (총 15점)

다음은 성인들의 건강검진 데이터를 기반으로 심장 질환의 발생 여부를 조사한 데이터이다. 제공된 데이터를 활용하여 로지스틱 회귀모형을 적합하고, 변수의 유의성과 적합도, 예측 결과를 해석하시오.

변수명	한글 설명
Age	환자의 나이(세)
Sex	환자의 성별
ChestPainType	가슴 통증 유형
RestingBP	안정 시 혈압(mmHg)
Cholesterol	혈청 콜레스테롤(mg/dl)
FastingBS	공복 혈당 여부
RestingECG	안정 시 심전도 결과
MaxHR	최대 심박수
ExerciseAngina	운동 유발 협심증 여부
Oldpeak	ST 분절 하강 정도(우울도)
ST_Slope	운동 시 ST 분절의 기울기
HeartDisease	심장질환 유무(예측 대상 변수)

① 성별(sex)과 심장 질환 발생 여부(target) 간의 독립성 검정을 실시하였을 때, 카이제곱 통계량은?

해설

Python 코드 풀이

```
import numpy as np

# 회귀 계수로부터 오즈비 계산
odds_ratios = np.exp(logit_model.params)

# MaxHR(thalach) 변수의 오즈비 출력
print(f"③ MaxHR 변수의 오즈비: {odds_ratios['MaxHR']:.3f}")
```

Python 결과 출력

③ MaxHR 변수의 오즈비: 0.975

② Sex, MaxHR, ExerciseAngina, Oldpeak를 독립변수로 설정하여 로지스틱 회귀모형을 적합할 때, Oldpeak의 계수 값은?

해설

Python 코드 풀이

```
import statsmodels.api as sm

# 전처리: 범주형 변수 숫자형으로 변환
df['Sex'] = df['Sex'].map({'M': 1, 'F': 0})
df['ExerciseAngina'] = df['ExerciseAngina'].map({'Y': 1, 'N': 0})

# 독립변수(X)와 종속변수(y) 지정
X = df[['Sex', 'MaxHR', 'ExerciseAngina', 'Oldpeak']]
X = sm.add_constant(X)   # 상수항 추가
y = df['HeartDisease']

# 로지스틱 회귀모형 적합
logit_model = sm.Logit(y, X).fit(disp=0)

# oldpeak 변수의 회귀 계수 확인
print(f"② oldpeak 변수의 회귀 계수: {logit_model.params['Oldpeak']:.3f}")
```

Python 결과 출력

② oldpeak 변수의 회귀 계수: 0.710

③ 위 로지스틱 회귀모형에서 MaxHR 변수의 오즈비(Odds Ratio)는?

해설

Python 코드 풀이

```
import numpy as np

# 회귀 계수로부터 오즈비 계산
odds_ratios = np.exp(logit_model.params)

# MaxHR(thalach) 변수의 오즈비 출력
print(f"③ MaxHR 변수의 오즈비: {odds_ratios['MaxHR']:.3f}")
```

Python 결과 출력

③ MaxHR 변수의 오즈비: 0.975

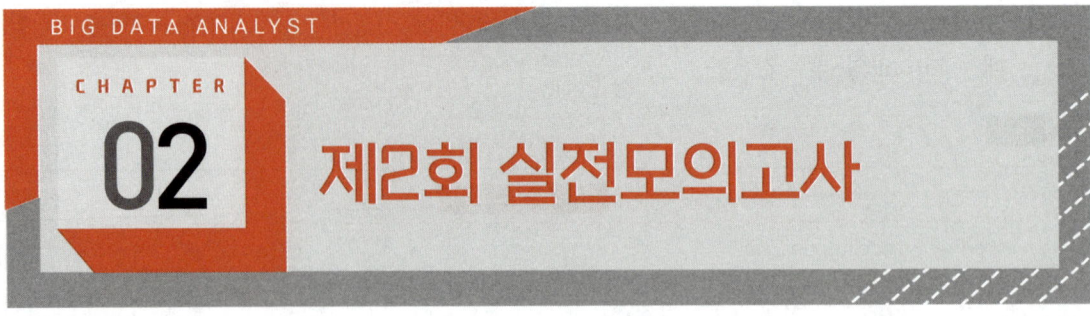

제2회 실전모의고사

출제 : 예문에듀/박영식

▶ 배점 안내
작업형 제1유형(3문항) : 각 10점
작업형 제2유형(1문항) : 40점
작업형 제3유형(2문항) : 각 15점(하위 문항 개별점수 있음)

▶ 데이터 위치
- 구글 드라이브(https://bit.ly/ymsbig) 접속 → 1.yemoonsa-source → data → 모의고사 2회
- 예문에듀 홈페이지(https://yeamoonedu.com/) 접속 → 도서 인증 후 자료 내려받기 → 1.yemoonsa-source → data → 모의고사 2회

작업형 제1유형

01 제공된 데이터(bank작업형1.csv)에서 housing 대출을 보유하고 있으며(housing='yes'), loan 대출은 없는(loan='no') 고객 중 마케팅 응답 결과(y)가 'yes'인 고객의 비율을 전체 고객 수 대비 백분율(%)로 구하시오. (단, 소수점 둘째 자리까지 반올림함)

해설

Python 코드 풀이

```
import pandas as pd

df = pd.read_csv('./bank작업형1.csv', index_col=0)
```

```
## 풀이
import numpy as np

num_of_yes = df[(df.housing == 'yes')&(df.loan=='no')&(df.y=='yes')].shape[0]
num_of_total = df.shape[0]

answerq1 = np.round(num_of_yes/num_of_total*100,2)
print(answerq1)
```

Python 결과 출력

4.31

02 제공된 데이터(cars작업형1.csv) 중 자동차 데이터셋의 02 doors 컬럼이 '2' 또는 '3'인 차량 중 buying이 'vhigh'인 차량의 개수를 구하고, 그 개수를 튜플 형태로 출력하시오.

해설

Python 코드 풀이

```
import pandas as pd

df = pd.read_csv('./cars작업형1.csv',index_col=0)
df

### 조건 1
cond1= ((df.doors == '2') | (df.doors == '3'))

### 조건 2
cond2 = df.buying == 'vhigh'

answerq2 = df[(cond1)&(cond2)].shape
print(answerq2)
```

Python 결과 출력

(144, 6)

03 제공된 데이터(Rainfall작업형1.csv)는 특정 지역의 일별 기상 관측 정보이다. temparature 컬럼이 17 이상이면서, humidity가 90 이상인 날의 rainfall 값의 평균을 구하시오. (단, 평균값은 소수점 둘째 자리까지 반올림하여 출력하시오.)

해설

Python 코드 풀이

```
import pandas as pd

df = pd.read_csv('./Rainfall작업형1.csv')

## 풀이
answerq3 = np.round(df[(df.temparature >=17)&(df.humidity>=90)].rainfall.mean(),2)
answerq3
```

Python 결과 출력

0.97

작업형 제2유형

01 아래는 UCI Auto MPG 데이터셋을 활용하여 자동차의 연비(mpg)를 예측하고자 수집된 데이터이다. 제공된 학습 데이터를 활용하여 회귀 예측 모델을 개발하고, 평가용 데이터에 예측을 적용한 후, 예측 결과를 아래 [제출 CSV 파일 형식 예시]에 따라 CSV 파일로 저장하시오. (단, 평가지표는 mse임)

■ 데이터 목록
① auto_mpg_y_train.csv : 학습용 데이터 y값(목표변수) 278개
② auto_mpg_X_train.csv : 학습용 데이터 X값(특징변수) 120개
③ auto_mpg_X_test.csv : 평가용 데이터 X값(특징변수) 278개

■ 데이터 설명

변수명	설명
mpg	연비(Miles per Gallon)_target
cylinders	실린더 수
displacement	배기량
horsepower	마력
weight	차량 무게(lbs)
acceleration	0~60mph 도달 시간(sec)
model year	모델 연도
origin	제조국(1 : USA, 2 : EU, 3 : JAPAN)
car name	자동차 이름(문자열-str)

■ 제출 CSV 파일 형식 예시

```
pred
23.45
17.89
31.25
......
28.03
```

※ pred 칼럼 데이터 개수는 418개

■ CSV 파일 확인 방법 : 생성된 파일을 아래 예시에 따라 출력하여 확인

Python 예시	R 예시
import pandas as pd result = pd.read_csv('result.csv') print(result)	result = read.csv('result.csv') print(result)

해설

Python 코드 풀이

```python
# ▶ 필요한 라이브러리 불러오기
import pandas as pd
import numpy as np
from sklearn.tree import DecisionTreeRegressor
from sklearn.ensemble import RandomForestRegressor
from sklearn.svm import SVR
from sklearn.metrics import mean_squared_error
from sklearn.model_selection import train_test_split

# ▶ 데이터 불러오기
X_train = pd.read_csv('auto_mpg_X_train.csv')
y_train = pd.read_csv('auto_mpg_y_train.csv', index_col=0)   # Unnamed: 0 제거
X_test = pd.read_csv('auto_mpg_X_test.csv')

# ▶ horsepower 결측치 처리 (평균으로 대체)
X_train['horsepower'] = pd.to_numeric(X_train['horsepower'], errors='coerce')
X_test['horsepower'] = pd.to_numeric(X_test['horsepower'], errors='coerce')

X_train['horsepower'].fillna(X_train['horsepower'].mean(), inplace=True)
X_test['horsepower'].fillna(X_train['horsepower'].mean(), inplace=True)

# ▶ car name 컬럼 제거 (불필요한 문자열)
if 'car name' in X_train.columns:
    X_train.drop(columns=['car name'], inplace=True)
if 'car name' in X_test.columns:
    X_test.drop(columns=['car name'], inplace=True)

# ▶ 학습용 데이터 분리 (train/validation)
X_tr, X_val, y_tr, y_val = train_test_split(X_train, y_train, test_size=0.2, random_state=42)

# ▶ 모델별 학습 및 성능 평가 (RMSE 기준)
# (1) 결정트리
model_dt = DecisionTreeRegressor(random_state=42)
model_dt.fit(X_tr, y_tr)
val_pred_dt = model_dt.predict(X_val)
rmse_dt = np.sqrt(mean_squared_error(y_val, val_pred_dt))

# (2) 랜덤포레스트
model_rf = RandomForestRegressor(random_state=42)
model_rf.fit(X_tr, y_tr.values.ravel())
val_pred_rf = model_rf.predict(X_val)
rmse_rf = np.sqrt(mean_squared_error(y_val, val_pred_rf))

# (3) SVR
model_svr = SVR()
model_svr.fit(X_tr, y_tr.values.ravel())
val_pred_svr = model_svr.predict(X_val)
rmse_svr = np.sqrt(mean_squared_error(y_val, val_pred_svr))
```

```python
# ▶ RMSE 출력
print(f"RMSE - Decision Tree: {rmse_dt:.4f}")
print(f"RMSE - Random Forest: {rmse_rf:.4f}")
print(f"RMSE - SVR: {rmse_svr:.4f}")

# ▶ 최종 모델 선택 (예: 성능 가장 좋은 모델 선택)
model_scores = {'dt': rmse_dt, 'rf': rmse_rf, 'svr': rmse_svr}
best_model_name = min(model_scores, key=model_scores.get)

if best_model_name == 'dt':
    final_model = model_dt
elif best_model_name == 'rf':
    final_model = RandomForestRegressor(random_state=42)
    final_model.fit(X_train, y_train.values.ravel())  # 전체 데이터로 재학습
elif best_model_name == 'svr':
    final_model = SVR()
    final_model.fit(X_train, y_train.values.ravel())

# ▶ 예측 수행
final_pred = final_model.predict(X_test)

# ▶ 결과 저장
result = pd.DataFrame({'pred': final_pred})
result.to_csv('./result_auto_mpg.csv', index=False)

# ▶ 결과 미리보기
print(result.head())
```

Python 결과 출력

```
RMSE - Decision Tree: 3.7300
RMSE - Random Forest: 3.2164
RMSE - SVR: 4.9138
      pred
0   11.580
1   25.416
2   20.145
3   22.885
4   23.527
```

작업형 제3유형

01 학생들의 성적 데이터(StudentsPerformance.csv)를 바탕으로 다음 문항에 답하시오.

(a) 'test preparation course' 이수 여부에 따라 'math score'의 평균에 차이가 있는지를 검정하시오. (유의수준은 0.05로 하며, 정규성 만족 여부에 따라 적절한 가설검정 방법을 사용하시오.)

- 귀무가설(H0) : test preparation course 이수 여부에 따른 수학 점수 평균에 차이가 없다.
- 대립가설(H1) : test preparation course 이수 여부에 따른 수학 점수 평균에 차이가 있다.
- 조건 : 정규성 검정 → 적절한 가설검정 선택 → 검정통계량 및 p-value 출력

(b) 위 검정 결과를 바탕으로 귀무가설 기각 여부를 판단하고, 그 결과를 서술형으로 설명하시오.

해설

Python 코드 풀이

풀이

```python
import pandas as pd
from scipy.stats import shapiro, ttest_ind, mannwhitneyu

# 데이터 불러오기
df = pd.read_csv('./StudentsPerformance.csv')

# 그룹 나누기
group_none = df[df['test preparation course'] == 'none']['math score']
group_completed = df[df['test preparation course'] == 'completed']['math score']

# (1) 정규성 검정 (Shapiro-Wilk Test)
stat1, p1 = shapiro(group_none)
stat2, p2 = shapiro(group_completed)

print(f"[정규성 검정 결과]")
print(f"None 그룹: 통계량={stat1:.4f}, p-value={p1:.4f}")
print(f"Completed 그룹: 통계량={stat2:.4f}, p-value={p2:.4f}")

# (2) 그룹 간 평균 차이 검정
if p1 > 0.05 and p2 > 0.05:
    # 정규성 만족 → t검정 수행
    stat, p_value = ttest_ind(group_none, group_completed, equal_var=False)  # Welch's t-test
    method = "Welch's t-test"
else:
    # 정규성 불만족 → 비모수 검정 수행
    stat, p_value = mannwhitneyu(group_none, group_completed)
    method = "Mann-Whitney U-test"

print(f"\n[평균 차이 검정 결과 - {method}]")
print(f"검정통계량: {stat:.4f}, p-value: {p_value:.4f}")
```

```
# (3) 해석
alpha = 0.05
if p_value < alpha:
    print("\n결론: 유의수준 0.05에서 귀무가설을 기각합니다.")
    print("→ 'test preparation course' 이수 여부에 따라 수학 점수의 평균이 통계적으로 유의하게 다릅니다.")
else:
    print("\n결론: 유의수준 0.05에서 귀무가설을 기각할 수 없습니다.")
    print("→ 'test preparation course' 이수 여부에 따른 수학 점수 평균 차이는 통계적으로 유의하지 않습니다.")
```

Python 결과 출력

```
[정규성 검정 결과]
None 그룹: 통계량=0.9921, p-value=0.0018
Completed 그룹: 통계량=0.9937, p-value=0.1393

[평균 차이 검정 결과 - Mann-Whitney U-test]
검정통계량: 91424.0000, p-value: 0.0000

결론: 유의수준 0.05에서 귀무가설을 기각합니다.
→ 'test preparation course' 이수 여부에 따라 수학 점수의 평균이 통계적으로 유의하게 다릅니다.
```

02 펭귄 데이터(penguins)는 각 펭귄의 종, 성별, 체질량 등 생물학적 정보를 담고 있다. 이를 바탕으로 아래 질문에 답하시오.

(a) 종(species)별 펭귄의 체질량(body_mass_g) 평균과 분산을 구하시오. (출력 예시는 다음과 같다.)

```
종별 평균:
Adelie      3700.66
Chinstrap   3733.08
Gentoo      5076.02

종별 분산:
Adelie      458321.18
Chinstrap   612345.23
Gentoo      389234.45
```

(b) 종(species)에 따라 체질량(body_mass_g)에 통계적으로 유의미한 차이가 있는지를 확인하기 위해 일원분산분석(ANOVA)을 수행하시오. (유의수준 0.05에서 귀무가설 기각 여부와 p-value를 함께 출력하시오.)

(c) 사후분석으로 Tukey HSD(사후검정)를 수행하여 어떤 그룹 간에 유의한 차이가 있는지를 확인하고, 유의한 차이를 보이는 종 쌍과 그 p-value를 표로 출력하시오.

```
종1         종2         p-value    유의미한 차이
Adelie      Gentoo      0.000      O
Adelie      Chinstrap   0.955      X
Chinstrap   Gentoo      0.001      O
```

해설

Python 코드 풀이

데이터 로드
```python
import pandas as pd
pen_df = pd.read_csv('./penguins작업3유형.csv',index_col=0)
```

```python
import seaborn as sns
import pandas as pd
import numpy as np
from scipy import stats
import statsmodels.api as sm
from statsmodels.formula.api import ols
from statsmodels.stats.multicomp import pairwise_tukeyhsd

# 결측 제거
df = pen_df[['species', 'body_mass_g']].dropna()

### (a) 종별 평균과 분산
mean_by_species = df.groupby('species')['body_mass_g'].mean()
var_by_species = df.groupby('species')['body_mass_g'].var()

print("종별 평균:\n", mean_by_species.round(2), "\n")
print("종별 분산:\n", var_by_species.round(2), "\n")

### (b) 일원분산분석(ANOVA)
model = ols('body_mass_g ~ C(species)', data=df).fit()
anova_table = sm.stats.anova_lm(model, typ=2)

p_value = anova_table['PR(>F)'][0]
print(f"ANOVA 결과: p-value = {p_value:.3f}", end=", ")

if p_value < 0.05:
    print("귀무가설 기각 → 종에 따라 체질량 평균 차이 있음\n")
else:
    print("귀무가설 채택 → 종에 따라 차이 없음\n")

### (c) Tukey HSD 사후 분석
tukey = pairwise_tukeyhsd(endog=df['body_mass_g'], groups=df['species'], alpha=0.05)
tukey_df = pd.DataFrame(data=tukey.summary().data[1:], columns=tukey.summary().data[0])
tukey_df['유의미한 차이'] = tukey_df['reject'].apply(lambda x: 'O' if x else 'X')

print(tukey_df[['group1', 'group2', 'p-adj', '유의미한 차이']])
```

Python 결과 출력

종별 평균:
 species
Adelie   3706.16
Chinstrap   3733.09
Gentoo   5092.44
Name: body_mass_g, dtype: float64

종별 분산:
 species
Adelie   210332.43
Chinstrap   147713.45
Gentoo   251478.33
Name: body_mass_g, dtype: float64

ANOVA 결과: p-value = 0.000, 귀무가설 기각 → 종에 따라 체질량 평균 차이 있음

```
     group1     group2    p-adj    유의미한 차이
0    Adelie     Chinstrap  0.9164   X
1    Adelie     Gentoo     0.0000   O
2    Chinstrap  Gentoo     0.0000   O
```

CHAPTER 03 제3회 실전모의고사

출제 : 예문에듀/박영식

▶ 배점 안내
작업형 제1유형(3문항) : 각 10점
작업형 제2유형(1문항) : 40점
작업형 제3유형(2문항) : 각 15점(하위 문항 개별점수 있음)

▶ 데이터 위치
- 구글 드라이브(https://bit.ly/ymsbig) 접속 → 1.yemoonsa-source → data → 모의고사 3회
- 예문에듀 홈페이지(https://yeamoonedu.com/) 접속 → 도서 인증 후 자료 내려받기 → 1.yemoonsa-source → data → 모의고사 3회

작업형 제1유형

01 제공된 데이터(YS_Korean_Restaurant_Orders.csv)에서 메뉴 항목(item_name) 중 주문횟수가 가장 많은 메뉴의 이름을 리스트의 형태로 저장하여 제출하시오.

해설

Python 코드 풀이
```
import pandas as pd

df = pd.read_csv('./YS_Korean_Restaurant_Orders.csv', )
answer1=df.item_name.value_counts()[0:1].index.to_list()
print(answer1)
```

Python 결과 출력
```
['김밥']
```

02 제공된 데이터(YS_Korean_Restaurant_Orders.csv) 중 item_price에 달러 표시($)를 추가하여, 다시금 new_item_price에 추가하시오.

해설

Python 코드 풀이

```
df['new_item_price'] = df.item_price.apply(lambda x : '$' + str(x))
answer2 = df['new_item_price']
print(answer2)
```

Python 결과 출력

```
0      $30600.0
1       $6400.0
2      $13800.0
3       $9600.0
4      $26100.0
         ...
629    $12200.0
630    $10700.0
631    $23000.0
632    $24300.0
633    $19000.0
Name: new_item_price, Length: 634, dtype: object
```

03 다음은 온라인 소매 데이터를 기반으로 한 상품 카테고리별 요약 정보이다. 아래 질문에 답하시오. (category를 기준으로 다음 세 조건을 만족하는 각각의 카테고리를 구하고, 튜플 형태로 출력하시오.)

(a) quantity 총합이 가장 높은 카테고리 이름
(b) price 평균이 가장 높은 카테고리 이름
(c) review_score 평균이 가장 높은 카테고리 이름

해설

Python 코드 풀이

```
import pandas as pd

# 데이터 불러오기
df = pd.read_csv('./synthetic_online_retail_data.csv')
df
# (a) quantity 총합이 가장 높은 카테고리
a = df.groupby('category_name')['quantity'].sum().idxmax()

# (b) price 평균이 가장 높은 카테고리
b = df.groupby('category_name')['price'].mean().idxmax()

# (c) review_score 평균이 가장 높은 카테고리
c = df.groupby('category_name')['review_score'].mean().idxmax()

# 결과 출력
answer = ('quantity'+'::'+a,
          'price'+'::'+b,
          'review_score'+'::'+c)

print(answer)
```

Python 결과 출력

('quantity::Electronics', 'price::Books & Stationery', 'review_score::Sports & Outdoors')

작업형 제2유형

01 아래는 Employee.csv 데이터셋을 활용하여 직원의 이탈률을 줄이기 위해 다양한 인사 데이터를 분석하고자 한다. 제공된 학습 데이터를 활용하여 예측 모델을 개발하고, 평가용 데이터에 예측을 적용한 후, 예측 결과를 아래 [제출 CSV 파일 형식 예시]에 따라 CSV 파일로 저장하시오. (단, 평가지표는 ROC_AUC임)

■ 데이터 목록
① HR_attrition_y_train.csv : 학습용 데이터 y값(목표변수) 3,489개
② HR_attrition_X_train.csv : 학습용 데이터 X값(특징변수) 3,489개
③ HR_attrition_X_test.csv : 평가용 데이터 X값(특징변수) 1,164개

■ 데이터 설명

컬럼명	설명
Education	학력 수준(Bachelors, Masters, PHD)
JoiningYear	입사년도(2012~2018)
City	근무지(Bangalore, Pune, New Delhi)
PaymentTier	급여 수준(1, 2, 3)
Age	나이
Gender	성별(Male, Female)
EverBenched	벤치 경험(Yes, No)
ExperienceInCurrentDomain	현재 도메인 경력(숫자)
LeaveOrNot	이직 여부(0 : 잔류, 1 : 이탈) → Target 변수

■ 제출 CSV 파일 형식 예시

```
pred
0
1
0
……
1
1
0
```

※ pred 칼럼 데이터 개수는 418개

■ CSV 파일 확인 방법 : 생성된 파일을 아래 예시에 따라 출력하여 확인

Python 예시	R 예시
import pandas as pd result = pd.read_csv('result.csv') print(result)	result = read.csv('result.csv') print(result)

해설

Python 코드 풀이

```python
import pandas as pd
import numpy as np

from sklearn.preprocessing import LabelEncoder
from sklearn.model_selection import train_test_split
from sklearn.metrics import roc_auc_score
from sklearn.tree import DecisionTreeClassifier
from sklearn.ensemble import RandomForestClassifier
from sklearn.svm import SVC
from sklearn.linear_model import LogisticRegression
from lightgbm import LGBMClassifier
from catboost import CatBoostClassifier

import warnings
warnings.filterwarnings('ignore')

# 1. 데이터 불러오기
X_train = pd.read_csv('./HR_attrition_X_train.csv')
y_train = pd.read_csv('./HR_attrition_y_train.csv')
X_test = pd.read_csv('./HR_attrition_X_test.csv')

X_train = X.iloc[:,1:].copy()
X_test  = X_test.iloc[:,1:].copy()
y_train = y_train.iloc[:,1:].copy()
```

```python
X_train.select_dtypes(include='object')
# X_train.select_dtypes(exclude='object')
```

Python 결과 출력

	Education	City	Gender	EverBenched
0	Bachelors	Bangalore	Male	No
1	Masters	New Delhi	Male	No
2	Masters	New Delhi	Male	No
3	Bachelors	Bangalore	Male	No
4	Bachelors	Bangalore	Male	Yes
...	...	...	...	...
3484	Bachelors	Bangalore	Female	No
3485	Bachelors	Bangalore	Male	No
3486	Bachelors	Bangalore	Female	No
3487	Bachelors	Bangalore	Male	No
3844	Bachelors	Bangalore	Male	No

Python 코드 풀이

```python
import pandas as pd
import numpy as np
from sklearn.preprocessing import LabelEncoder
from sklearn.model_selection import train_test_split
from sklearn.metrics import roc_auc_score

from sklearn.tree import DecisionTreeClassifier
from sklearn.ensemble import RandomForestClassifier
from sklearn.svm import SVC
from sklearn.linear_model import LogisticRegression
from lightgbm import LGBMClassifier
from catboost import CatBoostClassifier

import warnings
warnings.filterwarnings('ignore')

# 1. 데이터 불러오기
X = pd.read_csv('./HR_attrition_X_train.csv')
y = pd.read_csv('./HR_attrition_y_train.csv')
X_test = pd.read_csv('./HR_attrition_X_test.csv')

X_train = X.iloc[:, 1:].copy()
X_test = X_test.iloc[:, 1:].copy()
y_train = y.iloc[:, 1].copy()

# 2. 범주형 변수 라벨 인코딩 (컬럼별로 개별 LabelEncoder 사용)
encoders = {}
for col in ['Education', 'City', 'Gender', 'EverBenched']:
    le = LabelEncoder()
    X_train[col] = le.fit_transform(X_train[col])
    X_test[col] = le.transform(X_test[col])
    encoders[col] = le

# 3. 학습/검증 데이터 분리
X_tr, X_val, y_tr, y_val = train_test_split(X_train, y_train, test_size=0.2, random_state=42, stratify=y_train)

# 4. 모델 후보들
models = {
    "DecisionTree": DecisionTreeClassifier(random_state=42),
    "RandomForest": RandomForestClassifier(random_state=42),
    "LogisticRegression": LogisticRegression(max_iter=1000),
    "SVC": SVC(probability=True, random_state=42),
    "LGBM": LGBMClassifier(random_state=42),
    "CatBoost": CatBoostClassifier(verbose=0, random_state=42)
}
```

```python
# 5. 각 모델 학습 및 ROC-AUC 평가
scores = {}
for name, model in models.items():
    model.fit(X_tr, y_tr)
    val_proba = model.predict_proba(X_val)[:, 1] if hasattr(model, "predict_proba") else model.decision_function(X_val)
    score = roc_auc_score(y_val, val_proba)
    scores[name] = score
    print(f"[{name}] validation ROC-AUC: {score:.4f}")

# 6. 최고 성능 모델 선택
best_model_name = max(scores, key=scores.get)
best_model = models[best_model_name]
print(f"\n☑ 최종 선택된 모델: {best_model_name} (ROC-AUC: {scores[best_model_name]:.4f})")

# 7. 전체 데이터로 재학습 후 테스트 예측
best_model.fit(X_train, y_train)
final_pred = best_model.predict(X_test)

# 8. 결과 저장
submission = pd.DataFrame({'pred': final_pred})
submission.to_csv('result_모의고사3회.csv', index=False)

print(final_pred)
print("📁 result_모의고사3회.csv 저장 완료!")
```

Python 결과 출력

```
[DecisionTree] validation ROC-AUC: 0.5178
[RandomForest] validation ROC-AUC: 0.5049
[LogisticRegression] validation ROC-AUC: 0.5203
[SVC] validation ROC-AUC: 0.4568
[LightGBM] [Info] Number of positive: 969, number of negative: 1822
[LightGBM] [Info] Auto-choosing col-wise multi-threading, the overhead of testing was 0.000453 seconds.
You can set `force_col_wise=true` to remove the overhead.
[LightGBM] [Info] Total Bins 51
[LightGBM] [Info] Number of data points in the train set: 2791, number of used features: 8
[LightGBM] [Info] [binary:BoostFromScore]: pavg=0.347187 -> initscore=-0.631425
[LightGBM] [Info] Start training from score -0.631425
[LGBM] validation ROC-AUC: 0.4846
[CatBoost] validation ROC-AUC: 0.4809

☑ 최종 선택된 모델: LogisticRegression (ROC-AUC: 0.5203)
[0 0 0 ... 0 0 0]
📁 result_모의고사3회.csv 저장 완료!
```

```
# End of file
```

작업형 제3유형

01 미국 주별 강력범죄인 발생률 정보 USArrests 데이터를 바탕으로 다음 문항에 답하시오.

(a) 북동부(Northeast)에 위치한 주와 그 외 지역(Non-Northeast)의 Assault 평균에 차이가 있는지 검정하시오.

- 귀무가설(H0) : 두 지역 간 Assault 평균은 차이가 없다.
- 대립가설(H1) : 두 지역 간 Assault 평균은 차이가 있다.
- 유의수준 0.05
- 조건 : 정규성 검정 → 적절한 평균 차이 검정(t-test or 비모수 검정)

(b) 위의 결과를 바탕으로 검정 통계량과 p-value를 제시하고, 귀무가설 기각 여부를 판단하시오.

(c) Assault와 UrbanPop 간의 상관관계를 시각화하여 상관계수(Pearson)를 구하고, 상관계수가 양(+)의 상관인지 음(-)의 상관인지 해석하시오.

해설

Python 코드 풀이

```
### 풀이
```

```
# 작업형 제3유형 01번 - USArrests 데이터 분석
import pandas as pd
import numpy as np
from scipy.stats import shapiro, ttest_ind, mannwhitneyu, pearsonr

us_df = pd.read_csv('./usarrest작업3유형.csv', index_col=0)
us_df.head(3)
```

Python 결과 출력

	Murder	Assault	UrbanPop	Rape
Alabama	13.2	236	58	21.2
Alaska	10.0	263	48	44.5
Arizona	8.1	294	80	31.0

Python 코드 풀이

```python
# 북동부 주 지정
northeast_states = ['Connecticut', 'Maine', 'Massachusetts', 'New Hampshire', 'Rhode Island',
                    'Vermont', 'New Jersey', 'New York', 'Pennsylvania']
us_df['Region'] = ['Northeast' if state in northeast_states else 'Non-Northeast' for state in us_df.index]
```

```python
# (a) Assault 평균에 차이가 있는지 검정
group1 = us_df[us_df['Region'] == 'Northeast']['Assault']
group2 = us_df[us_df['Region'] == 'Non-Northeast']['Assault']

# 정규성 검정 수행
shapiro1 = shapiro(group1)
shapiro2 = shapiro(group2)

# 정규성 여부에 따라 적절한 검정 선택
if shapiro1.pvalue > 0.05 and shapiro2.pvalue > 0.05:
    test_stat, p_value = ttest_ind(group1, group2)
    test_used = "Independent t-test"
else:
    test_stat, p_value = mannwhitneyu(group1, group2)
    test_used = "Mann-Whitney U test"

# (c) Assault와 UrbanPop 간의 상관관계 분석
corr_val, corr_p = pearsonr(us_df['Assault'], us_df['UrbanPop'])

# 결과 정리
a_result = {
    "정규성 p-value (Northeast)": round(shapiro1.pvalue, 4),
    "정규성 p-value (Non-Northeast)": round(shapiro2.pvalue, 4),
    "사용된 검정 방법": test_used
}

b_result = {
    "검정 통계량": round(test_stat, 4),
    "p-value": round(p_value, 4),
    "해석": "귀무가설을 기각할 수 없음 → 두 지역 간 Assault 평균은 통계적으로 유의한 차이가 없음" if p_value
> 0.05 else "귀무가설 기각 → 평균 차이 있음"
}

c_result = {
    "상관계수 (r)": round(corr_val, 4),
    "p-value": round(corr_p, 6),
    "해석": "유의미한 양의 상관관계 → UrbanPop이 증가할수록 Assault도 증가" if corr_p < 0.05 else "상관관계 없음"
}
```

```python
print(a_result)
```

Python 결과 출력

{'정규성 p-value (Northeast)': 0.0038, '정규성 p-value (Non-Northeast)': 0.0918, '사용된 검정 방법': 'Mann-Whitney U test'}

Python 코드 풀이

print(b_result)

Python 결과 출력

{'검정 통계량': 151.5, 'p-value': 0.4117, '해석': '귀무가설을 기각할 수 없음 → 두 지역 간 Assault 평균은 통계적으로 유의한 차이가 없음'}

Python 코드 풀이

print(c_result)

Python 결과 출력

{'상관계수 (r)': 0.5698, 'p-value': 1.6e-05, '해석': '유의미한 양의 상관관계 → UrbanPop이 증가할수록 Assault도 증가'}

02 스위스 지역별 출산율과 사회적 변수 정보인 swiss.csv 데이터를 기반으로 다음 문항에 답하시오.

(a) Education 수준을 기준으로 상위 33%, 중간 33%, 하위 33% 그룹으로 나눈 후, Fertility(출산율)의 평균 차이를 비교하기 위한 일원분산분석(ANOVA)을 수행하시오.

- 귀무가설(H0) : 세 그룹 간 Fertility 평균에 차이가 없다.
- 대립가설(H1) : 세 그룹 간 Fertility 평균에 차이가 있다.
- 유의수준 0.05

(b) ANOVA 결과에 따라 귀무가설 기각 여부와 p-value를 제시하고, 그룹 간 차이가 있는지 해석하시오.

(c) Education, Catholic, Infant.Mortality 간의 다중공선성 여부를 확인하기 위해 VIF(Variance Inflation Factor) 값을 계산하고, 가장 다중공선성이 높은 변수를 해석하시오.

해설

Python 코드 풀이

풀이

데이터 로드
```
import pandas as pd

# swiss 데이터셋은 R datasets 패키지의 공개 CSV로 제공됨
url = "https://vincentarelbundock.github.io/Rdatasets/csv/datasets/swiss.csv"
swiss_df = pd.read_csv(url, index_col=0)

# 상위 5개 행 출력
swiss_df.head()
```

Python 결과 출력

rownames	Fertility	Agriculture	Examination	Education	Catholic	Infant.Mortality
Courtelary	80.2	17.0	15	12	9.96	22.2
Delemont	83.1	45.1	6	9	84.84	22.2
Franches-Mnt	92.5	39.7	5	5	93.40	20.2
Moutier	85.8	36.5	12	7	33.77	20.3
Neuveville	76.9	43.5	17	15	5.16	20.6

Python 코드 풀이

```
# a, b, c 결과를 순서대로 정리

import pandas as pd
import numpy as np
from scipy.stats import f_oneway
from statsmodels.stats.outliers_influence import variance_inflation_factor

# swiss 데이터 로드
url = "https://vincentarelbundock.github.io/Rdatasets/csv/datasets/swiss.csv"
swiss_df = pd.read_csv(url, index_col=0)

# (a) Education 기준 3분위수 그룹 생성
swiss_df['EduGroup'] = pd.qcut(swiss_df['Education'], q=3, labels=["Low", "Medium", "High"])

# 그룹별 Fertility 값 추출
fertility_low = swiss_df[swiss_df['EduGroup'] == 'Low']['Fertility']
fertility_med = swiss_df[swiss_df['EduGroup'] == 'Medium']['Fertility']
fertility_high = swiss_df[swiss_df['EduGroup'] == 'High']['Fertility']
```

```python
# ANOVA 수행
anova_stat, anova_p = f_oneway(fertility_low, fertility_med, fertility_high)

# (c) VIF 계산
X = swiss_df[['Education', 'Catholic', 'Infant.Mortality']]
X = X.assign(const=1)
vif_df = pd.DataFrame()
vif_df["변수"] = X.columns[:-1]
vif_df["VIF"] = [variance_inflation_factor(X.values, i) for i in range(X.shape[1]-1)]

# (a) ANOVA 결과 요약
a_result = {
    "문항": "a",
    "내용": "분산분석 결과",
    "F통계량": round(anova_stat, 4),
    "p-value": round(anova_p, 4),
    "해석": "-"
}

# (b) 해석
b_result = {
    "문항": "b",
    "내용": "ANOVA 해석",
    "F통계량": "-",
    "p-value": "-",
    "해석": "귀무가설 기각 → 세 그룹 간 Fertility 평균에 통계적으로 유의한 차이 있음"
            if anova_p < 0.05 else
            "귀무가설 기각 불가 → Fertility 평균 차이 없음"
}

# (c) VIF 해석
vif_max_row = vif_df.loc[vif_df["VIF"].idxmax()]
c_result = {
    "문항": "c",
    "내용": f"다중공선성 확인 (최고 VIF 변수: {vif_max_row['변수']})",
    "F통계량": "-",
    "p-value": "-",
    "해석": f"{vif_max_row['변수']} 변수의 VIF가 {round(vif_max_row['VIF'], 2)}로 가장 높으며, 다중공선성 주의 필요"
}

print(a_result)
```

Python 결과 출력

{'문항': 'a', '내용': '분산분석 결과', 'F통계량': 5.2708, 'p-value': 0.0089, '해석': '-'}

Python 코드 풀이

```
print(b_result)
```

Python 결과 출력

{'문항': 'b', '내용': 'ANOVA 해석', 'F통계량': '-', 'p-value': '-', '해석': '귀무가설 기각 → 세 그룹 간 Fertility 평균에 통계적으로 유의한 차이 있음'}

Python 코드 풀이

```
print(c_result)
```

Python 결과 출력

{'문항': 'c', '내용': '다중공선성 확인 (최고 VIF 변수: Catholic)', 'F통계량': '-', 'p-value': '-', '해석': 'Catholic 변수의 VIF가 1.05로 가장 높으며, 다중공선성 주의 필요'}

MEMO

빅데이터 분석기사 실기

PART

최신 기출복원문제

BIG DATA ANALYST

CHAPTER 01
2024년 제8회 기출복원문제

출제 : 예문에듀/박영식

▶ 배점 안내
작업형 제1유형(3문항) : 각 10점
작업형 제2유형(1문항) : 40점
작업형 제3유형(2문항) : 각 15점(하위 문항 개별점수 있음)

▶ 데이터 위치
- 구글 드라이브(https://bit.ly/ymsbig) 접속 → 1.yemoonsa-source → data → 기출복원문제 → 8회
- 예문에듀 홈페이지(https://yeamoonedu.com/) 접속 → 도서 인증 후 자료 내려받기 → 1.yemoonsa-source → data → 기출복원문제 → 8회

01 제공된 데이터(작업1유형_drinks.csv)는 세계 각국의 음료 소비량 정보를 담고 있다. 대륙별 평균 맥주 소비량(beer_servings)을 계산하여 평균 소비량이 가장 높은 대륙을 찾고, 해당 대륙에서 맥주 소비량이 다섯 번째로 많은 나라의 맥주 소비량을 [제출 형식]에 맞추어 답안 작성 페이지에 입력하시오. (단, 동일 소비량이 있을 경우, 소비량 기준 내림차순 정렬 후 인덱스 기준으로 5번째 값을 선택하며, 결측치는 존재하지 않는 것으로 간주함)

[제출 형식]
(a) 정수로 입력(소수점이 존재할 경우 버림 없이 그대로 사용)
(b) 정수 답안만 입력

해설

Python 코드 풀이

```python
import pandas as pd

# CSV 불러오기
df = pd.read_csv("./작업1유형_drinks.csv")

# 1) 대륙별 평균 맥주소비량이 많은 곳
continent_avg = df.groupby("continent")["beer_servings"].mean()
max_continent = continent_avg.idxmax()

# 2) 해당 대륙에서 맥주 소비량이 많은 순 정렬 후 5번째 나라
target_df = df[df["continent"] == max_continent]
sorted_df = target_df.sort_values(by="beer_servings", ascending=False)
fifth_country = sorted_df.iloc[4]
```

```
# 3) 해당 나라의 맥주 소비량
beer_consumption = int(fifth_country["beer_servings"])
country_name = fifth_country["country"]

beer_consumption, country_name, max_continent
```

Python 결과 출력

(313, 'Ireland', 'Europe')

02 제공된 데이터(tourism.csv)는 국가별 입국 목적에 따른 인원수를 나타낸 자료이다. 관광객 비율은 다음과 같이 정의될 때 a + b의 값을 [제출 형식]에 맞추어 입력하시오.

[지표 설명]
관광객 비율=관광 입국 인원/(관광+공무 입국 인원)
해당 비율이 두 번째로 높은 국가의 관광 입국 인원을 a,
관광객 수가 두 번째로 많은 국가의 공무 입국 인원을 b라고 할 때

[문항 설명]
국가 단위로 관광객 비율을 계산한 후, 관광객 비율이 두 번째로 높은 국가의 관광 입국 인원을 a라고 하시오.
국가 단위로 관광 입국 인원이 많은 순서에서 두 번째 국가의 공무 입국 인원을 b라고 하시오.

[제출 형식]
(a) 정수로 입력(단, 소수점이 존재할 경우 반올림 없이 정수로 처리)
(b) 정수 답안만 입력

해설

Python 코드 풀이

```
import pandas as pd

# 1. 데이터 불러오기
df = pd.read_csv("작업1유형_tourism.csv")   # 경로는 상황에 따라 조성

# 2. 국가명에서 숫자 제거하여 'base_country' 생성
df['base_country'] = df['country'].str.extract(r"(^[A-Za-z_]+)")

# 3. 국가 단위로 관광/공무 입국자 수 합계 계산
grouped = df.groupby('base_country')[['tourism', 'official']].sum()

# 4. 관광객 비율 계산
grouped['tourist_ratio'] = grouped['tourism'] / (grouped['tourism'] + grouped['official'])
```

```
# 5. 관광객 비율 기준 두 번째로 높은 국가의 관광 수 → a
second_ratio_country = grouped.sort_values('tourist_ratio', ascending=False).iloc[1]
a = int(second_ratio_country['tourism'])
a_country = grouped.sort_values('tourist_ratio', ascending=False).index[1]

# 6. 관광 입국자 수 기준 두 번째로 많은 국가의 공무 수 → b
second_tourism_country = grouped.sort_values('tourism', ascending=False).iloc[1]
b = int(second_tourism_country['official'])
b_country = grouped.sort_values('tourism', ascending=False).index[1]

# 7. 결과 계산
result = a + b

# 8. 출력
print(f"[정답] a + b = {result}")
print(f"관광객 비율 2위 국가({a_country}) 관광 인원 a = {a}")
print(f"관광 인원 2위 국가({b_country}) 공무 인원 b = {b}")
```

Python 결과 출력

```
[정답] a + b = 22010
관광객 비율 2위 국가(Indonesia_) 관광 인원 a = 18543
관광 인원 2위 국가(Chile_) 공무 인원 b = 3467
```

03 제공된 데이터(env_data.csv)는 대기 중 오염 물질 측정값을 포함하고 있으며, 'co'와 'nmch'는 각각 일산화탄소 및 NMCH(비메탄계 탄화수소) 수치를 나타낸다. 다음 지시사항에 따라 데이터를 전처리하고, a-b의 값을 소수점 3자리까지 반올림한 후 [제출 형식]에 맞추어 입력하시오.

[지표 설명]
최대-최소 정규화는 다음과 같이 정의한다.
정규화 값=(Xn-Xmin) /(Xmax-Xmin)

[문항 설명]
co와 nmch 컬럼에 대해 최대-최소 정규화를 시행하시오.
정규화된 co 값의 표준편차를 a, 정규화된 nmch 값의 표준편차를 b라고 하시오.
a-b의 값을 소수점 3자리까지 반올림한 후 [제출 형식]에 맞추어 입력하시오.

[제출 형식]

(a) 소수점 3자리까지 반올림하여 작성
(b) 부호까지 포함된 실수값 입력(예 -0.026)

해설

Python 코드 풀이

```python
import pandas as pd

# 1. 데이터 불러오기
df = pd.read_csv("작업1유형_env_data.csv")  # 또는 env_data.csv

# 2. 최대-최소 정규화를 직접 수식으로 수행
co_min = df['co'].min()
co_max = df['co'].max()
nmch_min = df['nmch'].min()
nmch_max = df['nmch'].max()

df['co_scaled'] = (df['co'] - co_min) / (co_max - co_min)
df['nmch_scaled'] = (df['nmch'] - nmch_min) / (nmch_max - nmch_min)

# 3. 표준편차 계산
a = df['co_scaled'].std()
b = df['nmch_scaled'].std()

# 4. 결과 계산 및 출력
result = round(a - b, 3)

print(f"co 정규화 표준편차 (a): {a}")
print(f"nmch 정규화 표준편차 (b): {b}")
print(f"a - b = {result}")
```

Python 결과 출력

```
co 정규화 표준편차 (a): 0.13803440930082128
nmch 정규화 표준편차 (b): 0.16262411262590726
a - b = -0.025
```

작업형 제2유형

01 지하철역의 시간대별 탑승 인원수 정보를 포함하는 데이터의 일부(train_subway_large.csv)를 활용하여 지하철 탑승 인원수(passenger_count)를 예측하는 회귀모형을 개발하고 개발한 모델을 평가용 데이터(test_subway_large.csv)에 적용하여, 얻게 된 예측 결과를 [제출 CSV 파일 형식 예시]에 따라 CSV 파일로 제출하시오. [단, 평가지표는 MAE(Mean Absolute Error)임]

※ 성능이 우수한 예측 모형을 구축하기 위해 데이터 정제, 특성공학(Feature Engineering), 하이퍼파라미터 튜닝 등이 필요하면 수행하되 과적합에 유의할 것

■ 데이터 목록
① y_train.csv : 학습용 데이터 y값(목표변수) 24,000개
② X_train.csv : 학습용 데이터 X값(특징변수) 24,000개
③ X_test.csv : 평가용 데이터 X값(특징변수) 4,800개

■ 데이터 설명

컬럼명	설명
temperature	기온(℃)
humidity	상대 습도(%)
precipitation	강수량(mm)
wind_speed	풍속(m/s)
day_of_week	요일(0=월요일, …, 6=일요일)
is_holiday	공휴일 여부(1=공휴일, 0=평일)
is_weekend	주말 여부(1=토/일, 0=평일)
hour	시간대(0~23시)
promotion	프로모션 여부(1=있음, 0=없음)
school_vacation	학교 방학 여부(1=방학, 0=학기 중)
special_event	특별 행사 여부(1=있음, 0=없음)
passenger_count	지하철 탑승 인원수(예측 대상)
name	지하철역 이름

■ 제출 CSV 파일 형식 예시

```
pred
156
415
......
283
```

※ pred 칼럼 데이터 개수는 4,800개

■ CSV 파일 확인 방법 : 생성된 파일을 아래 예시에 따라 출력하여 확인

Python 예시	R 예시
import pandas as pd result = pd.read_csv('result.csv') print(result)	result = read.csv('result.csv') print(result)

> 해설

Python 코드 풀이

```
train_path = '/content/drive/MyDrive/0.bigboon/기출문제/작업2유형/train_subway_24000.csv'
test_path = '/content/drive/MyDrive/0.bigboon/기출문제/작업2유형/test_subway_4800.csv'
```

1. 데이터 로드
```
import pandas as pd

train = pd.read_csv(train_path) # X_train, y_train 을 전체를 포함함...
X_test = pd.read_csv(test_path).iloc[:,1:] # X_test
```

2. 필수 라이브러리 호출
```
import numpy as np

# 모델링 알고리즘
from sklearn.model_selection import train_test_split
from sklearn.linear_model import LinearRegression
from sklearn.ensemble import RandomForestRegressor
from sklearn.ensemble import GradientBoostingRegressor

# 평가지표(metrics)
from sklearn.metrics import mean_absolute_error
```

3.탐색적 데이터 분석(EDA)
```
print('학습 데이터 shape:', train.shape)
print('test 데이터 shape:', X_test.shape)
print('Nan check:\n', train.isna().sum()) # 결측치는 미존재
print('\n 기초 통계량:\n',train.describe())
print('\n num of cols\n', train.columns)
print('\n 범주형 자료 고유값 \n', train['name'].unique())
```

Python 결과 출력

```
학습 데이터 shape: (24000, 13)
test 데이터 shape: (4800, 12)
Nan check:
  temperature      0
  humidity         0
  precipitation    0
  wind_speed       0
  day_of_week      0
  is_holiday       0
  is_weekend       0
  hour             0
  promotion        0
```

```
school_vacation    0
special_event      0
passenger_count    0
name               0
dtype: int64

기초 통계량:
        temperature      humidity   precipitation    wind_speed    day_of_week  \
count   24000.000000  24000.000000   24000.000000  24000.000000   24000.000000
mean       18.048137     65.035283       0.298446      2.248963       3.002667
std         6.990347     14.430691       0.307868      1.015859       1.995347
min       -11.200000     40.000000       0.000000      0.500000       0.000000
25%        13.300000     52.500000       0.100000      1.400000       1.000000
50%        18.000000     65.000000       0.200000      2.200000       3.000000
75%        22.800000     77.600000       0.400000      3.100000       5.000000
max        47.800000     90.000000       2.800000      4.000000       6.000000

         is_holiday    is_weekend          hour     promotion  \
count   24000.000000  24000.000000  24000.000000  24000.000000
mean        0.024583      0.284292     11.476000      0.047833
std         0.154855      0.451086      6.924299      0.213418
min         0.000000      0.000000      0.000000      0.000000
25%         0.000000      0.000000      5.000000      0.000000
50%         0.000000      0.000000     11.000000      0.000000
75%         0.000000      1.000000     17.000000      0.000000
max         1.000000      1.000000     23.000000      1.000000

        school_vacation  special_event  passenger_count
count     24000.000000    24000.000000     24000.000000
mean          0.519417        0.028792       522.044167
std           0.499633        0.167224       150.931458
min           0.000000        0.000000       128.000000
25%           0.000000        0.000000       401.000000
50%           1.000000        0.000000       523.000000
75%           1.000000        0.000000       642.000000
max           1.000000        1.000000       982.000000

num of cols
Index(['temperature', 'humidity', 'precipitation', 'wind_speed', 'day_of_week',
       'is_holiday', 'is_weekend', 'hour', 'promotion', 'school_vacation',
       'special_event', 'passenger_count', 'name'],
      dtype='object')

범주형 자료 고유값
['홍대입구' '서울역' '사당역' '신촌역' '잠실역' '역삼역' '성수역' '강남역' '신림역' '건대입구']
```

Python 코드 예시

```
### 4. features / target 분리
X_train = train.drop(['passenger_count'], axis=1)
y_train = train.passenger_count
# print(X_test)

### 5. name컬럼에 원-핫 인코딩 적용-pd.get_dummies() 함수
X_train = pd.get_dummies(X_train, columns=['name']) # X_train으로 재할당
X_test = pd.get_dummies(X_test, columns=['name']) # X_test로 재할당
```

```
###6. 학습/검증 분할
X_train, X_val, y_train, y_val = train_test_split(X_train, y_train, test_size = 0.2, random_state=156)

### 데이터의 사이즈 체크
print(X_train.shape)
print(X_val.shape)
print(y_train.shape)
print(y_val.shape)
```

Python 결과 출력

```
(19200, 21)
(4800, 21)
(19200,)
(4800,)
```

Python 코드 예시

```
## 7. X_train과 X_test간의 컬럼이 정확히 일치하는지 확인
assert list(X_train.columns) == list(X_test.columns)
```

```
## 8. 모델 정의 (3개)
lr = LinearRegression()
rf= RandomForestRegressor()
gbr = GradientBoostingRegressor()
```

```
## 9. 학습수행
lr.fit(X_train,y_train)
rf.fit(X_train,y_train)
gbr.fit(X_train,y_train)
```

```
# 10. 예측
pred_lr = lr.predict(X_val)
pred_rf = rf.predict(X_val)
pred_gbr = gbr.predict(X_val)

# 11.평가(MAE)
print('\n 검증-val (MAE) \n')
print('linear_reg', round(mean_absolute_error(y_val, pred_lr),2))
print('rf_reg', round(mean_absolute_error(y_val, pred_rf),2))
print('gbr_reg', round(mean_absolute_error(y_val, pred_gbr),2))
```

Python 결과 출력

```
검증-val (MAE)

linear_reg 40.5
rf_reg 42.76
gbr_reg 40.63
```

Python 코드 예시

```
pred_lr_final = lr.predict(X_test)
pd.DataFrame(pred_lr_final,columns=['pred']).to_csv('./result.csv', index=False)
```

```
pwd()
```

Python 결과 출력

```
/content
```

Python 코드 예시

```
import pandas as pd
result = pd.read_csv('result.csv')
print(result)
```

Python 결과 출력

```
            pred
0     500.132301
1     289.597516
2     557.515914
3     313.781199
4     417.938354
...          ...
4795  498.811473
4796  698.947918
4797  571.863488
```

작업형 제3유형

01 제공된 데이터(작업3유형_crm_churn_logit.csv)는 CRM(Customer Relationship Management)를 기반으로 하며, 고객의 이탈 여부(이탈지수)를 종속변수로 설정한다. 이를 바탕으로 아래 문항에 대해 로지스틱 회귀를 수행한 후 [제출 형식]에 맞추어 입력하시오.

컬럼명	설명
calls	고객의 통화 횟수
service_time	서비스 이용 시간(단위 : 시간)
billing_issues	과금 이슈 발생 여부(0 : 없음, 1 : 있음)
complaints	민원 제기 횟수
satisfaction_score	고객 만족도 점수(1~5 사이)
promo_received	프로모션 제공 여부(0 : 미수신, 1 : 수신)
loyalty_years	고객 가입 기간(단위 : 연)
monthly_fee	월 요금제 금액
data_usage	월간 데이터 사용량(GB)
overcharge_events	과금 초과 발생 횟수
support_calls	고객센터 연락 횟수
technical_issues	기술적 문제 발생 여부(0 : 없음, 1 : 있음)
region_code	지역 코드(1~5)
device_age	단말기 사용 기간(단위 : 연)
contract_type	계약 유형(1~3 구간 코드)
이탈지수	종속변수-고객 이탈 여부(0 : 유지, 1 : 이탈)

(a) 로지스틱 회귀모형을 상수항 포함하여 적합하였을 때, 유의하지 않은 변수(p-value>0.05)의 개수는 몇 개인가?
(b) 유의한 변수만을 사용하여 다시 회귀모형을 적합하고, 해당 회귀식의 회귀계수 평균을 구하시오. (단, 상수항도 포함하여 평균을 계산하시오.)
(c) (b)에서 추정한 회귀모형에서 calls 변수가 5 증가할 경우, 오즈비는 몇 배 증가하는가?

[제출 형식]
① 모든 수치는 소수점 셋째 자리에서 반올림하여 소수점 둘째 자리까지 표시할 것
② 오즈비는 e^(회귀계수*변화량) 공식으로 계산할 것

해설

Python 코드 풀이

```python
import pandas as pd
import statsmodels.api as sm
import numpy as np

# 1. 데이터 불러오기
df = pd.read_csv("./작업3유형_crm_churn_logit.csv")

# (a) 유의하지 않은 변수의 개수 구하기
# ─────────────────────────────────────────────

# 2. 종속변수와 독립변수 분리
y = df['이탈지수']
X = df.drop(columns=['이탈지수'])

# 3. 상수항 추가 (절편 포함)
X_const = sm.add_constant(X)

# 4. 로지스틱 회귀모형 적합
logit_model = sm.Logit(y, X_const).fit(disp=False)

# 5. p-value 추출
p_values = logit_model.pvalues

# 6. 유의하지 않은 변수의 개수 (p-value > 0.05인 경우)
non_significant_count = (p_values > 0.05).sum()
print(f"(a) 유의하지 않은 변수의 개수: {non_significant_count}")

# (b) 유의한 변수만으로 다시 회귀모형 적합 & 계수 평균
# ─────────────────────────────────────────────

# 7. 유의한 변수 목록 (p-value <= 0.05)
significant_vars = p_values[p_values <= 0.05].index.tolist()

# 8. 유의한 변수만 선택해서 새로운 X 구성
X_sig = X_const[significant_vars]

# 9. 다시 로지스틱 회귀모형 적합
logit_model_sig = sm.Logit(y, X_sig).fit(disp=False)

# 10. 회귀계수 평균 (상수항 포함)
coef_mean = logit_model_sig.params.mean()
print(f"(b) 유의한 변수의 회귀계수 평균: {round(coef_mean, 3)}")

# (c) calls 변수 증가 시 오즈비 계산
# ─────────────────────────────────────────────

# 11. calls 변수의 회귀계수 가져오기 (유의한 경우만 포함됨)
call_coef = logit_model_sig.params.get('calls', np.nan)
```

```
# 12. calls가 5 증가할 경우 오즈비 계산: exp(계수 * 증가량)
if pd.notnull(call_coef):
    odds_ratio = np.exp(call_coef * 5)
    print(f"(c) calls 변수가 5 증가할 때 오즈비: {round(odds_ratio, 3)}배")
else:
    print("(c) calls 변수가 유의하지 않아 회귀식에 포함되지 않음")
```

> **Python 결과 출력**
>
> (a) 유의하지 않은 변수의 개수: 13
> (b) 유의한 변수의 회귀계수 평균: 0.766
> (c) calls 변수가 5 증가할 때 오즈비: 0.278배

02 제공된 데이터(작업3유형_logit_lm_data.csv)는 개인의 생리적 특성과 관련된 데이터이다. 지능지수(PIQ)를 종속변수로 설정하고, 아래 문항에 대해 다중 선형회귀분석을 수행한 후, [제출 형식]에 맞추어 입력하시오.

컬럼명	설명
PIQ	지능지수(종속변수)
brain	뇌 크기
height	키
weight	몸무게

(a) 위 데이터를 기반으로 다중 선형회귀를 수행하였을 때, 가장 유의미한 변수의 회귀계수는 무엇인가? (p-value가 가장 작은 변수 기준)
(b) 위 회귀모형의 결정계수(R-squared) 값을 구하시오.
(c) 위 회귀식에서 키(height)=70, 몸무게(weight)=150, 뇌 크기(brain)=90인 경우 예측되는 PIQ 값을 구하시오.

[제출 형식]
① 모든 수치는 소수점 셋째 자리에서 반올림하여 소수점 둘째 자리까지 표시할 것
② 예측값 또한 소수점 둘째 자리까지 출력

> 해설

> **Python 코드 풀이**
>
> ```
> import pandas as pd
> import statsmodels.api as sm
> import numpy as np
> ```

```python
# 1. 데이터 불러오기
df = pd.read_csv("./작업3유형_brain_data.csv")

# 2. 종속변수와 독립변수 지정
y = df['PIQ']
X = df[['brain', 'height', 'weight']]

# 3. 상수항 추가
X_const = sm.add_constant(X)

# 4. 다중 선형회귀 모델 적합
model = sm.OLS(y, X_const).fit()

# ─────────────────────────────
# (a) 가장 유의미한 변수의 회귀계수
# ─────────────────────────────
# 상수항 제외한 p-value 중 최소값을 갖는 변수 찾기
pvalues = model.pvalues.drop('const')
most_significant_var = pvalues.idxmin()   # 가장 유의한 변수명
most_significant_coef = model.params[most_significant_var]  # 해당 변수의 회귀계수

# ─────────────────────────────
# (b) 결정계수 R-squared
# ─────────────────────────────
r_squared = model.rsquared

# ─────────────────────────────
# (c) 특정 값에 대한 예측값 구하기
# 입력: brain=90, height=70, weight=150
# ─────────────────────────────
new_data = pd.DataFrame({
    'const': [1],        # 상수항 포함
    'brain': [90],
    'height': [70],
    'weight': [150]
})
predicted_piq = model.predict(new_data)[0]
# ─────────────────────────────
# 결과 출력
# ─────────────────────────────
print(f"(a) 가장 유의미한 변수: {most_significant_var} → 회귀계수 = {round(most_significant_coef, 2)}")
print(f"(b) 결정계수 (R-squared): {round(r_squared, 2)}")
print(f"(c) 예측값 (PIQ): {round(predicted_piq, 2)}")
```

Python 결과 출력

(a) 가장 유의미한 변수: brain → 회귀계수 = 2.14
(b) 결정계수 (R-squared): 0.91
(c) 예측값 (PIQ): 254.31

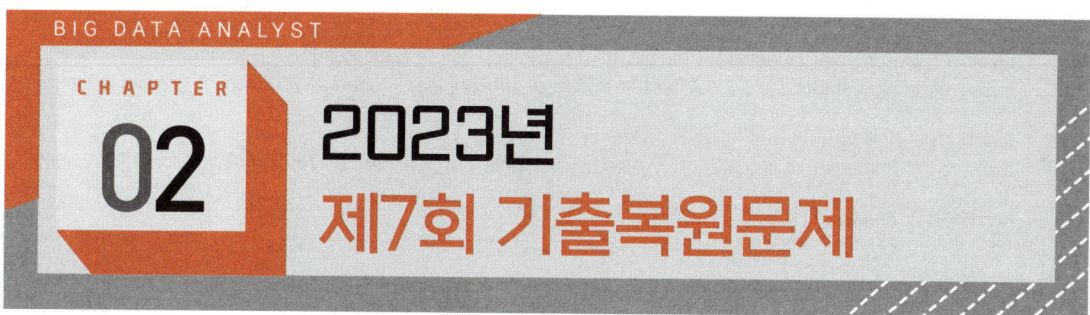

2023년 제7회 기출복원문제

출제 : 예문에듀/박영식

▶ 배점 안내
작업형 제1유형(3문항) : 각 10점
작업형 제2유형(1문항) : 40점
작업형 제3유형(2문항) : 각 15점(하위 문항 개별점수 있음)

▶ 데이터 위치
- 구글 드라이브(https://bit.ly/ymsbig) 접속 → 1.yemoonsa-source → data → 기출복원문제 → 7회
- 예문에듀 홈페이지(https://yeamoonedu.com/) 접속 → 도서 인증 후 자료 내려받기 → 1.yemoonsa-source → data → 기출복원문제 → 7회

작업형 제1유형

01 제공된 데이터(busan_school_info.csv)는 학교알리미에서 제공하는 부산 지역 초등학교 1~6학년까지의 학생 수 및 교사 수에 대한 데이터이다. 전체 학생 수 대비 교사의 비율(교사 1인당 학생 수)이 가장 높은 학교의 교사 수를 [제출 형식]에 맞추어 답안 작성 페이지에 입력하시오.

[제출 형식]
(a) 정수로 입력 (단, 소수점이 존재하는 경우 버림할 것)
(b) 정수 답안만 입력

해설

Python 코드 풀이

```
import pandas as pd

busan_df = pd.read_csv('./작업1유형_busan_school_info.csv',encoding='cp949')
busan_df_groupy = busan_df.groupby('school_name', as_index=False).agg({
    'student_1':'sum',
    'student_2':'sum',
    'student_3':'sum',
    'student_4':'sum',
    'student_5':'sum',
    'student_6':'sum',
    'teacher':'sum',
})
```

```
busan_df_groupy['total_students'] = busan_df_groupy.iloc[:,1:-1].sum(axis=1)
busan_df_groupy['students_per_teacher'] = busan_df_groupy['total_students'] / busan_df_groupy['teacher']

# 최대값을 갖는 행의 교사 수 추출
answerq1 = int(busan_df_groupy.sort_values(by='students_per_teacher', ascending=False).iloc[0]['teacher'])

print("정답:", answerq1)
```

Python 결과 출력

정답: 24

02 제공된 데이터(sejong_fire.csv)는 공공데이터 포털에서 제공된 소방본부 2020년 화재발생 현황 정보에 대한 데이터의 일부이다. 접수시간으로부터 상황종료시간까지 소요되는 시간을 화재진압시간이라 정의하면, 10년 중 가장 오래 걸린 센터의 10년 간의 평균 화재 진압시간을 [제출 형식]에 맞추어 답안 작성 페이지에 입력하시오.

[제출 형식]
(a) 정수로 입력 (단, 분 단위로 계산하되, 초 단위 30단위를 기준으로 반올림할 것)
(b) 정수 답안만 입력

해설

Python 코드 풀이

```
import pandas as pd
import datetime

sejong_df = pd.read_csv('./작업1유형_sejong_fire.csv',encoding='cp949')

# 1. 필수 라이브러리 호출

# 2. 날짜 컬럼을 datetime 형식으로 변환
sejong_df['접수일시_dt'] = pd.to_datetime(sejong_df['접수일시'])
sejong_df['상황종료일시_dt'] = pd.to_datetime(sejong_df['상황종료일시'])

# 3. 진압 시간 계산 (초 단위 → 분으로 변환, 30초 기준 반올림)
sejong_df['진압시간_분'] = ((sejong_df['상황종료일시_dt'] - sejong_df['접수일시_dt']).dt.total_seconds() / 60).round()
sejong_df

# 4. 센터별 평균 진압 시간 계산
avg_df = sejong_df.groupby('서센터명')['진압시간_분'].mean().reset_index()

# 5. 평균 진압시간이 가장 높은 센터 추출
max_row = avg_df.loc[avg_df['진압시간_분'].idxmax()]

# 6. 해당 센터의 평균 진압 시간 (정수 변환)
answer = int(round(max_row['진압시간_분']))

print("정답:", answer)
```

| Python 결과 출력 |

정답: 2160

03 제공된 데이터(five_crime.csv)는 서울시에서 제공하는 공개용 데이터 중 서울시 5대 범죄 발생 현황에 대한 데이터의 일부이다. 연도별 범죄 총 발생 건수의 월평균이 가장 큰 연도의 월평균 폭력검거 건수를 [제출 형식]에 맞추어 답안 작성 페이지에 입력하시오.

[제출 형식]
(a) 정수로 입력 (단, 소수점이 존재할 경우 반올림하여 계산할 것)
(b) 정수 답안만 입력

해설

| Python 코드 풀이 |

```python
import pandas as pd
import datetime

five_df = pd.read_csv('./작업1유형_five_crime.csv',encoding='cp949')
five_df['total'] = five_df.iloc[:,1:].sum(axis=1)
five_df['년도'] = five_df.연월.str[:4]
five_df.groupby('년도').agg({'total':'mean'})

## 중간에 2011년 데이터가 깨져 있음
five_df['년도'] = five_df['년도'].replace('2 01', '2011')

# 1. 연도별 total 월평균 계산
total_by_year = five_df.groupby('년도')['total'].mean()

# 2. 월평균 total이 가장 높은 연도 찾기
target_year = total_by_year.idxmax()

# 3. 그 연도의 데이터 필터링
target_df = five_df[five_df['년도'] == target_year]

# 4. 폭력_검거건수 월평균 구하기 (소수점 반올림)
avg_violence_arrest = round(target_df['폭력_검거건수'].mean())

# 5. 결과 출력
print("정답:", int(avg_violence_arrest))
```

| Python 결과 출력 |

정답: 4884

작업형 제2유형

01 미국의 항공사 승객 만족도 조사 결과와 관련된 데이터의 일부(Airline_train.csv)를 활용하여 만족 여부를 예측 모형을 개발하고, 개발한 모델에 기반하여 평가용 데이터(Airline_test.csv)에 적용하여 얻게 된 예측 결과를 [제출 CSV 파일 형식 예시]에 따라 CSV파일로 제출하시오. (단, 평가지표는 F1_score 평가지표에 따라 평가함)

※ 성능이 우수한 예측모형을 구축하기 위해 데이터 정제, 특성공학(Feature Engineering), 하이퍼파라미터 튜닝 등이 필요하면 수행하되 과적합에 유의할 것

■ 데이터 목록
① y_train.csv : 학습용 데이터 y값(목표변수) 6,434개
② X_train.csv : 학습용 데이터 X값(특징변수) 6,434개
③ X_test.csv : 평가용 데이터 X값(특징변수) 1,612개

■ 데이터 설명

변수명	변수 설명
Satisfaction	고객 만족 여부(0 : 불만족, 1 : 만족)
Gender	성별(0 : 남성, 1 : 여성 등)
Ages	나이 범주(예 0~4 구간)
Customer_Type	고객 유형(신규, 기존 등)
Class	좌석 등급(이코노미, 비즈니스 등)
Inflight_wifi_service	기내 와이파이 서비스 만족도
Departure_Arrival_time_convenient	출·도착 시간 편의성
Ease_of_Online_booking	온라인 예약 편리성
Gate_location	탑승구 위치에 대한 만족도
Food_and_drink	기내식 및 음료 만족도
Online_boarding	온라인 체크인 절차 만족도
Seat_comfort	좌석의 안락함
Inflight_entertainment	기내 엔터테인먼트
On_board_service	기내 서비스 전반
Leg_room_service	다리 공간에 대한 만족도
Baggage_handling	수하물 처리 만족도
Checkin_service	체크인 서비스 만족도
Inflight_service	기내 승무원 서비스
Cleanliness	청결도
Departure_Delay_in_Minutes	출발 지연 시간(분)
Arrival_Delay_in_Minutes	도착 지연 시간(분)

■ 제출 CSV 파일 형식 예시

```
pred
1
0
......
0
```

※ pred 칼럼 데이터 개수는 1,612개

■ CSV 파일 확인 방법 : 생성된 파일을 아래 예시에 따라 출력하여 확인

Python 예시	R 예시
import pandas as pd result = pd.read_csv('result.csv') print(result)	result = read.csv('result.csv') print(result)

해설

Python 코드 풀이

```python
import pandas as pd
from sklearn.linear_model import LogisticRegression
from xgboost import XGBClassifier
from sklearn.svm import SVC
from sklearn.model_selection import train_test_split
from sklearn.metrics import f1_score
from sklearn.preprocessing import LabelEncoder
```

```python
# 데이터 불러오기
train = pd.read_csv('./작업2유형_Airline_train.csv')  # X, y 포함
X_test = pd.read_csv('./작업2유형_Airline_test.csv')  # 테스트셋

# 범주형 변수 라벨 인코딩
le = LabelEncoder()
cols = list(train.select_dtypes(include='object').columns)
for col in cols:
    train[col] = le.fit_transform(train[col])
    if col in X_test.columns:
        X_test[col] = le.transform(X_test[col])  # 테스트셋도 동일하게 변환

# X, y 분리
X = train.drop('Satisfaction', axis=1)
y = train['Satisfaction']

# 학습용/검증용 분리
X_train, X_val, y_train, y_val = train_test_split(X, y, test_size=0.2, random_state=42, stratify=y)

# 모델 정의
model_lr = LogisticRegression(max_iter=1000, random_state=42)
model_xgb = XGBClassifier(use_label_encoder=False, eval_metric='logloss', random_state=42)
model_svc = SVC(probability=True, random_state=42)
```

```
# 학습
model_lr.fit(X_train, y_train)
model_xgb.fit(X_train, y_train)
model_svc.fit(X_train, y_train)

# F1 점수 출력
print("LogisticRegression F1:", f1_score(y_val, model_lr.predict(X_val)))
print("XGBoost F1:", f1_score(y_val, model_xgb.predict(X_val)))
print("SVC F1:", f1_score(y_val, model_svc.predict(X_val)))

# 최종 모델 선택 (예: XGBoost 사용)
final_model = model_xgb

# 테스트셋 예측
pred = final_model.predict(X_test)

# 제출 파일 생성
submission = pd.DataFrame({'pred': pred})
submission.to_csv('result.csv', index=False)
```

Python 결과 출력

```
LogisticRegression F1: 0.847571189279732
XGBoost F1: 0.9470142977291842
SVC F1: 0.8340573414422241
```

작업형 제3유형

01 제공된 데이터(airiquality.csv)는 153일 동안 공기의 질을 측정한 데이터이다. 아래 데이터를 활용하여 오존량(Ozone)을 예측하고자 한다. 각 문항에 대한 정답을 [제출 형식]에 맞추어 답안 작성 페이지에 입력하시오. (단, 결측치는 모두 제거하고, 페널티(penalty, 벌점화)는 부여하지 않는다)

컬럼명	설명
Ozone	오존량
Solar.R	일사량
Wind	풍속
Temp	일 최고기온
Month	월
Day	일

(a) Solar.R, Wind, Temp를 독립변수로 사용하여 선형회귀분석을 수행하였을 때, Wind의 회귀계수 값은 무엇인가?
(b) (a)에서 추정된 선형 회귀모형에서 Wind 변수가 통계적으로 유의한지에 대한 판단의 근거가 되는 검정통계량 값은?
(c) (a)에서 추정된 선형 회귀모형에 새로운 데이터(airquality_new.csv)를 적용했을 때 10번째 관측치의 95% 예측 구간의 상한은 얼마인가?

[제출 형식]
① 소수점 셋째 자리까지 반올림하여 둘째 자리까지 계산

해설

Python 코드 풀이

```python
import pandas as pd
import statsmodels.api as sm

# 1. 데이터 불러오기 및 결측치 제거
df = pd.read_csv('airquality.csv')
df = df.dropna()

# 2. 독립변수(X), 종속변수(y) 설정
X = df[['Solar.R', 'Wind', 'Temp']]
X = sm.add_constant(X)   # 절편항 추가
y = df['Ozone']

# 3. 선형 회귀 모형 적합
model = sm.OLS(y, X).fit()

# (a) Wind 회귀계수 추출
wind_coef = round(model.params['Wind'], 2)

# (b) Wind의 t-검정 통계량 추출
wind_tstat = round(model.tvalues['Wind'], 2)

# (c) 새로운 데이터에 대해 95% 예측구간 상한 계산
new_df = pd.read_csv('airquality_new.csv')
new_df = new_df[['Solar.R', 'Wind', 'Temp']]
new_df = sm.add_constant(new_df)

# 예측 결과 및 신뢰구간
pred_result = model.get_prediction(new_df)
pred_summary = pred_result.summary_frame(alpha=0.05)

# 10번째 관측치의 95% 예측 상한
pred_upper_10 = round(pred_summary.iloc[9]['obs_ci_upper'], 2)
```

```
# 결과 출력
print("① (a) Wind 회귀계수:", wind_coef)
print("② (b) Wind t값:", wind_tstat)
print("③ (c) 10번째 예측 상한:", pred_upper_10)

# Wind의 p-value 추출
wind_pvalue = round(model.pvalues['Wind'], 4)   # 보통 p-value는 소수 넷째 자리까지 표시

print("Wind의 p-value:", wind_pvalue)

print(model.summary())
```

> Python 결과 출력

① (a) Wind 회귀계수: -3.93
② (b) Wind t값: -4.92
③ (c) 10번째 예측 상한: 91.76
Wind의 p-value: 0.0

```
                            OLS Regression Results
==============================================================================
Dep. Variable:                  Ozone   R-squared:                       0.597
Model:                            OLS   Adj. R-squared:                  0.581
Method:                 Least Squares   F-statistic:                     37.49
Date:                Wed, 09 Apr 2025   Prob (F-statistic):           5.61e-15
Time:                        10:40:54   Log-Likelihood:                -361.60
No. Observations:                  80   AIC:                             731.2
Df Residuals:                      76   BIC:                             740.7
Df Model:                           3
Covariance Type:            nonrobust
==============================================================================
                 coef    std err          t      P>|t|      [0.025      0.975]
------------------------------------------------------------------------------
const        -49.1106     27.946     -1.757      0.083    -104.770       6.549
Solar.R        0.0637      0.029      2.234      0.028       0.007       0.121
Wind          -3.9257      0.799     -4.916      0.000      -5.516      -2.335
Temp           1.5585      0.314      4.961      0.000       0.933       2.184
==============================================================================
Omnibus:                       22.306   Durbin-Watson:                   1.996
Prob(Omnibus):                  0.000   Jarque-Bera (JB):               32.370
Skew:                           1.181   Prob(JB):                     9.35e-08
Kurtosis:                       5.034   Cond. No.                     2.46e+03
==============================================================================

Notes:
[1] Standard Errors assume that the covariance matrix of the errors is correctly specified.
[2] The condition number is large, 2.46e+03. This might indicate that there are strong multicollinearity or other numerical problems.
```

02 제공된 데이터(cancer.csv)는 어떤 한 제약회사에서 독감약에 대한 부작용을 조사한 결과이다. 항암약에 대한 부작용 비율이 아래의 표와 같을 때, 아래 데이터를 활용하여 항암약 부작용 비율이 독감약과 상이한지 가설검정을 통해 알아보고자 한다. 각 문항에 대한 정답을 [제출 형식]에 맞추어 답안 작성 페이지에 입력하시오. (단, 가설 검정에 필요한 모든 가정이 성립한다고 가정한다)

부작용 등급	비율
1등급	0.05
2등급	0.05
3등급	0.10
부작용 없음	0.80

제공된 데이터
X : 항암약 부작용 등급(1_Grade : 1등급, 2_Grade : 2등급, 3_Grade : 3등급, None : 부작용 없음)

(a) 항암약의 '부작용 없음'에 해당하는 관찰도수는?
(b) 감기약과 항암약 간의 가설 검정을 실시하였을 때, 검정통계량 값은?
(c) (b)의 p-value값은?

[제출 형식]
① 소수점 둘째 자리까지 반올림하여 정수로 계산

해설

Python 코드 풀이

```
import pandas as pd
import statsmodels.api as sm
from scipy.stats import chisquare


# 1. 데이터 불러오기 및 결측치 제거
df = pd.read_csv('./cancer.csv')
df
```

Python 결과 출력

	x
0	3_Grade
1	2_Grade
2	2_Grade
3	1_Grade
4	3_Grade
...	...
1995	1_Grade
1996	2_Grade
1997	2_Grade
1998	2_Grade
1999	1_Grade

2000 rows × 1 columns

Python 코드 풀이

```python
# 관측도수 계산
counts = df['x'].value_counts()
counts

observed = [964, 627, 328]   # 순서: 1_Grade, 2_Grade, 3_Grade
total = sum(observed)         # 1,919
```

```python
# 기대 비율 (None 제외한 비율 합 = 0.2 → 이를 기준으로 재비율화)
adjusted_ratio = [0.05/0.2, 0.05/0.2, 0.10/0.2]   # = [0.25, 0.25, 0.5] # 0.2의 분모는 독감약의 값 전체 합산한 값

# 기대 도수 계산
expected = [total * r for r in adjusted_ratio]

# 카이제곱 적합성 검정
chi2_stat, p_val = chisquare(f_obs=observed, f_exp=expected)

# 결과 반올림 (제출 기준: 소수 둘째 자리까지 반올림 후 정수)
chi2_stat_rounded = round(chi2_stat, 2)
p_val_rounded = round(p_val, 2)

print("① (a) None 관측도수:", 0)
print("② (b) 검정통계량:", chi2_stat_rounded)
print("③ (c) p-value:", p_val_rounded)
```

Python 결과 출력

① (a) None 관측도수: 0
② (b) 검정통계량: 949.61
③ (c) p-value: 0.0

CHAPTER 03 2023년 제6회 기출복원문제

출제 : 예문에듀/박영식

▶ 배점 안내
작업형 제1유형(3문항) : 각 10점
작업형 제2유형(1문항) : 40점
작업형 제3유형(2문항) : 각 15점(하위 문항 개별점수 있음)

▶ 데이터 위치
- 구글 드라이브(https://bit.ly/ymsbig) 접속 → 1.yemoonsa-source → data → 기출복원문제 → 6회
- 예문에듀 홈페이지(https://yeamoonedu.com/) 접속 → 도서 인증 후 자료 내려받기 → 1.yemoonsa-source → data → 기출복원문제 → 6회

작업형 제1유형

01 제공된 데이터 iris는 붓꽃의 특성을 3가지의 종류로 분류하는 데 쓰인 데이터이다. (Petal_length) 컬럼의 이상치 수를 [제출 형식]에 맞추어 답안 작성 페이지에 입력하시오.

※ 결측치가 존재한다면, 중앙값으로 대체하여 계산할 것
※ 이상치의 정의는 (Q1-1.5*IQR, Q3+1.5*IQR)을 벗어난 경우로 정의함

[제출 형식]
(a) 정수로 입력

해설

Python 코드 풀이

```python
import pandas as pd

# 데이터 불러오기
iris_df = pd.read_csv('./작업형1유형_iris.csv')

# 결측치 중앙값으로 대체
median = iris_df['petal_length'].median()
iris_df['petal_length'] = iris_df['petal_length'].fillna(median)
```

```
# 사분위수 계산
q1 = iris_df['petal_length'].quantile(0.25)
q3 = iris_df['petal_length'].quantile(0.75)
iqr = q3-q1

# 이상치 기준값 계산
lower_bound = q1-1.5 * iqr
upper_bound = q3 + 1.5 * iqr

# 이상치 개수 계산
answerq1 = iris_df[(iris_df['petal_length'] < lower_bound) |(iris_df['petal_length'] > upper_bound)].shape[0]
print(answerq1)
```

Python 결과 출력

0

02 제공된 데이터 test_score는 간호사들의 국가시험 응시자들의 성적 현황 데이터의 일부이다. 응시자가 가장 많은 연령대의 기본간호학 과목 점수를 Z-정규화(Z-scoring)하여, 가장 높은 값을 [제출 형식]에 맞추어 답안 작성 페이지에 답하시오.

※ 결측치가 존재한다면, 해당 관측치는 제거하여 계산할 것
※ 총점이 아닌 과목별 점수를 Z-정규화함

[제출 형식]
(a) 소수점 둘째 자리까지 반올림하여 입력

해설

Python 코드 풀이

```
import pandas as pd
import numpy as np

nurse_df= pd.read_csv('./작업형1유형_test_score.csv', encoding='cp949')
가장많은값 = nurse_df.연령대.value_counts().idxmax()

## 20대가 가장 많았으므로,
간호사_연령20대_df = nurse_df[nurse_df.연령대 == 20]

# 기본간호학-결측치 확인
간호사_연령20대_df[간호사_연령20대_df.과목명 == '기본간호학'].isna().sum() # 결측치 과목별 점수 2개, 총점 1개

# 결측치 전부 제거
결측치_제거_기본간호학_df = 간호사_연령20대_df[간호사_연령20대_df.과목명 == '기본간호학'].dropna()
```

```
# 과목별 점수 Z-scoring
from sklearn.preprocessing import StandardScaler
st_sc = StandardScaler()


결측치_제거_기본간호학_df['과목별점수'] = st_sc.fit_transform(결측치_제거_기본간호학_df[['과목별점수']])
# StandardScaler는 2차원 입력값을 갖는다.
answerq2 = np.round(결측치_제거_기본간호학_df.sort_values(by='과목별점수',ascending=False).max().과목별점수,4)
print(answerq2)
```

Python 결과 출력

0.5991

03 당뇨병(diabetes.csv) 데이터를 활용하여, progression과 변수들 간에 가장 상관관계가 높은 변수를 [제출 형식]에 맞추어 답안 작성 페이지에 답하시오.

[제출 형식]
(a) 자기상관계수를 제외한 가장 높은 변수를 문자열로 제출

해설

Python 코드 풀이

```
import pandas as pd

diabetes_df = pd.read_csv('./작업형1유형_diabetes.csv')
answerq3 = diabetes_df.corr().progression.sort_values(ascending = False).index[1]
print(answerq3)
```

Python 결과 출력

bmi

작업형 제2유형

01 제공된 데이터는 인도의 6대 대도시 간의 비행 여행을 위한 웹사이트의 항공편 데이터의 일부이다. 제공된 학습데이터(Flight_train.csv)를 활용하여 티켓 가격을 예측 모형을 개발하고, 개발한 모델에 기반하여 평가용 데이터(Flight_test.csv)에 적용하여 얻게 된 예측 결과를 [제출 CSV 파일 형식 예시]에 따라 CSV 파일로 제출하시오. (단, 평가지표는 RMSE 평가지표에 따라 평가함)

※ 성능이 우수한 예측모형을 구축하기 위해 데이터 정제, 특성공학(Feature Engineering), 하이퍼파라미터 튜닝 등이 필요하면 수행하되 과적합에 유의할 것

■ 데이터 목록
① y_train.csv : 학습용 데이터 y값(목표변수) 7,203개
② X_train.csv : 학습용 데이터 X값(특징변수) 7,203개
③ X_test.csv : 평가용 데이터 X값(특징변수) 1,801개

■ 데이터 설명

airline	항공사 이름(예 Air India, IndiGo 등)
flight	항공편 번호(예 AI-202 등)
source_city	출발 도시
departure_time	출발 시간대(예 Early Morning, Evening 등-범주형)
stops	경유 횟수(예 non-stop, 1 stop 등)
arrival_time	도착 시간대(예 Morning, Night 등-범주형)
destination_city	도착 도시
class	좌석 등급(예 Economy, Business)
duration	비행시간(단위 : 시간, 실수형)
days_left	출발일까지 남은 일수
price	항공권 가격(예측 대상, 단위 : 루피로 추정됨)

■ 제출 CSV 파일 형식 예시

```
pred
10018
30080
5960
......
45883
```

※ pred 칼럼 데이터 개수는 1,801개

■ CSV 파일 확인 방법 : 생성된 파일을 아래 예시에 따라 출력하여 확인

Python 예시	R 예시
import pandas as pd result = pd.read_csv('result.csv') print(result)	result = read.csv('result.csv') print(result)

해설

Python 코드 풀이

```python
from sklearn.model_selection import train_test_split
from sklearn.preprocessing import LabelEncoder
from sklearn.linear_model import LinearRegression
from sklearn.ensemble import RandomForestRegressor, GradientBoostingRegressor
from sklearn.metrics import mean_squared_error

# 1. 필수 라이브러리 호출

# 2. 데이터 불러오기
train = pd.read_csv('./작업2유형_Flight_train.csv')
X_test = pd.read_csv('./작업2유형_Flight_test.csv')
y_test = pd.read_csv('./작업2유형_Flight_y_test.csv')

# 3. 훈련 데이터 분리
y_train = train.iloc[:, -1]    # price 컬럼
X_train = train.iloc[:, :-1]   # price 제외 모든 특성

print(X_train.shape)
print(y_train.shape)
print(y_test.shape)
```

Python 결과 출력

```
(7203, 10)
(7203,)
(1801, 1)
```

Python 코드 풀이

```python
# 4. 결측치 처리
for col in X_train.columns:
    if X_train[col].dtype == 'object':
        mode_val = X_train[col].mode()[0]
        X_train[col] = X_train[col].fillna(mode_val)
        X_test[col] = X_test[col].fillna(mode_val)
    else:
        mean_val = X_train[col].mean()
        X_train[col] = X_train[col].fillna(mean_val)
        X_test[col] = X_test[col].fillna(mean_val)

# 5. 범주형 변수 인코딩
cat_cols = X_train.select_dtypes(include='object').columns

for col in cat_cols:
    le = LabelEncoder()
    total_values = pd.concat([X_train[col], X_test[col]])
    le.fit(total_values)
    X_train[col] = le.transform(X_train[col])
    X_test[col] = le.transform(X_test[col])
```

```python
# 6. 검증용 데이터 분리
X_tr, X_val, y_tr, y_val = train_test_split(X_train, y_train, test_size=0.2, random_state=42)

# 7. 모델 정의
models = {
    'Linear Regression': LinearRegression(),
    'Random Forest': RandomForestRegressor(random_state=42),
    'Gradient Boosting': GradientBoostingRegressor(random_state=42)
}

# 8. 모델별 RMSE 평가
print(" 모델별 Validation RMSE")
best_model = None
best_score = float('inf')
best_model_name = ""

for name, model in models.items():
    model.fit(X_tr, y_tr)
    pred_val = model.predict(X_val)
    rmse = mean_squared_error(y_val, pred_val, squared=False)
    print(f"{name}: {rmse:.2f}")

    if rmse < best_score:
        best_score = rmse
        best_model = model
        best_model_name = name

# 9. 최종 선택 모델 출력
print(f"\n 최종 선택된 모델: {best_model_name} (Validation RMSE: {best_score:.2f})")

# 10. 전체 학습 후 예측
best_model.fit(X_train, y_train)
final_pred = best_model.predict(X_test)

# 11. 결과 저장
result = pd.DataFrame({'pred': final_pred})
result.to_csv('./result_flight_price.csv', index=False)

# 12. 테스트 RMSE 출력
true_rmse = mean_squared_error(y_test, final_pred, squared=False)
print(f"\n Test 데이터 RMSE (최종 모델 기준): {true_rmse:.2f}")
```

Python 결과 출력

```
모델별 Validation RMSE
Linear Regression: 7126.26
Random Forest: 4036.34
Gradient Boosting: 4849.57

 최종 선택된 모델: Random Forest (Validation RMSE: 4036.34)

 Test 데이터 RMSE (최종 모델 기준): 4128.57
```

작업형 제3유형

01 제공된 데이터(mtcars.csv)는 자동차 32종의 정보를 담고 있는 데이터로 알려졌다. 배기량(disp), 마력(Horsepower), 기어(gear), 무게(wt)를 입력하면 연비를 예측하는 다중선형회귀분석을 수행하고자 한다. [제출 형식]에 맞추어 입력하시오.

컬럼명	설명
mpg	연비(Miles Per Gallon, 갤런당 마일)
cyl	실린더 개수(엔진의 기통 수)
disp	배기량(Displacement, cubic inches)
hp	마력(Horsepower, 엔진 출력)
drat	리어 액슬 비율(Rear axle ratio)
wt	차량 무게(Weight, 1000 lbs 단위)
qsec	1/4마일 주행 시간(1/4 mile time, 초 단위)
vs	엔진 형식(0=V형, 1=직렬형)
am	변속기 유형(0=자동, 1=수동)
gear	전진 기어 수
carb	연료 공급 장치 개수(카뷰레터 수; 과거 차량에서 연료와 공기 혼합을 담당하던 장치)

(a) 독립변수들 중 종속변수와 가장 높은 선형성을 갖는 변수의 상관계수를 구하시오.
(b) 적합된 회귀모형의 결정계수를 구하시오.
(c) 독립변수들 중 가장 유의하지 않은 독립변수의 회귀계수 추정값을 구하시오.

[제출 형식]
① 소수점 셋째 자리까지 반올림하여 정수로 계산

해설

Python 코드 풀이

```
import pandas as pd
import statsmodels.api as sm

# 데이터 불러오기
dt = pd.read_csv("./작업3유형_mtcars.csv")

# (a) 상관계수 확인
corrs = df[['disp', 'hp', 'gear', 'wt']].corrwith(df['mpg'])
max_corr_var = corrs.abs().idxmax()
max_corr_value = corrs[max_corr_var]
```

```
print(f"(a) 가장 높은 상관관계를 가지는 변수: {max_corr_var}, 상관계수: {round(max_corr_value, 3)}")

# (b) 다중 선형 회귀 적합
X = df[['disp', 'hp', 'gear', 'wt']]
X = sm.add_constant(X)
y = df['mpg']
model = sm.OLS(y, X).fit()

r_squared = model.rsquared
print(f"(b) 결정계수 R^2: {round(r_squared, 3)}")

# (c) 가장 유의하지 않은 변수의 회귀계수
p_values = model.pvalues.drop("const")  # const 제외
least_significant = p_values.idxmax()
coef_value = model.params[least_significant]
print(f"(c) 가장 유의하지 않은 변수: {least_significant}, 회귀계수: {round(coef_value, 3)}")
```

Python 결과 출력

(a) 가장 높은 상관관계를 가지는 변수: wt, 상관계수: −0.868
(b) 결정계수 R^2: 0.837
(c) 가장 유의하지 않은 변수: disp, 회귀계수: 0.006

---

02 제공된 데이터(StudentsPerformance.csv)는 학생들의 시험 성적 데이터이다. 여러 독립변수들을 활용하여 성별(gender)을 예측하는 로지스틱 회귀분석을 수행하고, [제출 형식]에 맞추어 입력하시오.

※ 관측치 기준 800번 데이터까지는 학습용, 801~1,000번 데이터까지는 평가용 데이터
※ 종속변수(gender)의 경우 male은 1, female은 0으로 인코딩 후 범주형 변수(race)는 더미변수화하여 분석하시오.
※ 절편항과 별도의 규제항을 고려하지 않고 분석하시오.

컬럼명	설명
gender	성별
race	그룹
math score	수학 점수
reading score	독해 점수
writing score	작문 점수

(a) 학습용 데이터로 적합된 로지스틱 회귀모형의 'reading score'가 한 단위 증가할 때 오즈비를 구하시오. (단, 타 변수들은 고정되어 있다고 가정함)
(b) 학습용 데이터로 적합된 로지스틱 회귀모형의 잔차 이탈도(residual deviance)를 구하시오.
(c) 평가용 데이터를 활용해 회귀모형의 오분류율을 구하시오.

[제출 형식]
① 소수점 둘째 자리까지 반올림하여 정수로 계산

해설

Python 코드 풀이

```
6   # CSV 파일 읽기
7   df = pd.read_csv(file_path)
8
9   # 데이터 구조 확인
10  df.head()
11
```

Python 결과 출력

	gender	race	math score	reading score	writing score
0	female	group B	72	72	74
1	female	group C	69	90	88
2	female	group B	90	95	93
3	male	group A	47	57	44
4	male	group C	76	78	75

Python 코드 풀이

```
1   import statsmodels.api as sm
2
3   # 절편 추가
4   X_train_const = sm.add_constant(X_train)
5
6   # 타입 변환
7   X_train_const = X_train_const.astype(float)
8   y_train = y_train.astype(float)
9
10  # 로지스틱 회귀 적합
11  logit_model = sm.Logit(y_train, X_train_const).fit()
12  logit_model.summary()
13
```

Python 결과 출력

```
Optimization terminated successfully.
         Current function value: 0.274472
         Iterations 8

            Logit Regression Results
Dep. Variable:       gender    No. Observations:    800
Model:               Logit     Df Residuals:        792
Method:              MLE       Df Model:            7
Date:         Tue, 08 Apr 2025  Pseudo R-squ.:       0.6037
```

```
Time:            23:05:57   Log-Likelihood:   -219.58
converged:       True       LL-Null:          -554.10
Covariance Type: nonrobust  LLR p-value:      3.262e-140
```

	coef	std err	z	P>|z|	[0.025	0.975]
const	3.8382	0.766	5.013	0.000	2.338	5.339
math score	0.3861	0.028	13.729	0.000	0.331	0.441
reading score	-0.0610	0.031	-1.950	0.051	-0.122	0.000
writing score	-0.3526	0.036	-9.844	0.000	-0.423	-0.282
race_group B	-1.6688	0.521	-3.204	0.001	-2.690	-0.648
race_group C	-1.1736	0.485	-2.420	0.016	-2.124	-0.223
race_group D	-0.8294	0.492	-1.687	0.092	-1.793	0.134
race_group E	-2.4533	0.573	-4.284	0.000	-3.576	-1.331

Python 코드 풀이

```python
import numpy as np
from sklearn.metrics import accuracy_score

# 절편항 추가 및 자료형 변환
X_train_const = sm.add_constant(X_train).astype(float)
y_train = y_train.astype(float)

# 로지스틱 회귀 적합
logit_model = sm.Logit(y_train, X_train_const).fit()

# (a) 오즈비: reading score
odds_ratio_reading = round(np.exp(logit_model.params['reading score']), 2)

# (b) 잔차 이탈도
residual_deviance = round(-2 * logit_model.llf, 2)

# (c) 오분류율 = 1 - 정확도
X_test_const = sm.add_constant(X_test).astype(float)
y_test = y_test.astype(int)
y_pred_prob = logit_model.predict(X_test_const)
y_pred_class = (y_pred_prob >= 0.5).astype(int)

acc_sc = accuracy_score(y_test, y_pred_class)
misclassification_rate = round(1 - acc_sc, 2)

# # confusion matrix도 함께 출력
# conf_matrix = confusion_matrix(y_test, y_pred_class)

# 최종 출력
odds_ratio_reading, residual_deviance, misclassification_rate #, conf_matrix
```

Python 결과 출력

```
Optimization terminated successfully.
         Current function value: 0.274472
         Iterations 8
(0.94, 439.15, 0.13)
```

CHAPTER 04 2022년 제5회 기출복원문제

출제 : 예문에듀/박영식

▶ 배점 안내
작업형 제1유형(3문항) : 각 10점
작업형 제2유형(1문항) : 40점
작업형 제3유형(2문항) : 각 15점(하위 문항 개별점수 있음)

▶ 데이터 위치
- 구글 드라이브(https://bit.ly/ymsbig) 접속 → 1.yemoonsa-source → data → 기출복원문제 → 5회
- 예문에듀 홈페이지(https://yeamoonedu.com/) 접속 → 도서 인증 후 자료 내려받기 → 1.yemoonsa-source → data → 기출복원문제 → 5회

작업형 제1유형

01 용량이 2L인 쓰레기봉투 중 가격이 0원이 아닌 항목들의 가격 평균을 정수형으로 구하시오.

해설

Python 코드 풀이

```
import pandas as pd

df_trash = pd.read_csv('./작업형1_trash.csv')

df_not_zero = df_trash[df_trash.가격!=0]
answer1 = df_not_zero.가격.mean()
print(answer1)
```

Python 결과 출력

170.57894736842104

02 주어진 키(cm), 몸무게(kg) 데이터를 기반으로 BMI를 구했을 때, BMI가 25 이상인 사람 수를 구하시오. (단, BMI=몸무게/키(m)^2, 소수 계산 시 단위에 주의)

해설

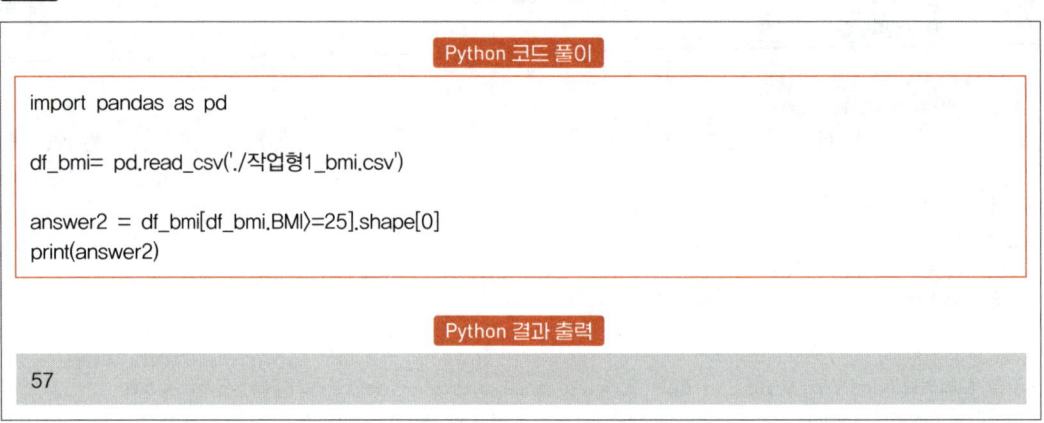

03 전입 수가 전출 수보다 많고, 그중 전입 수가 가장 높은 학교의 전체 학생 수를 구하시오.

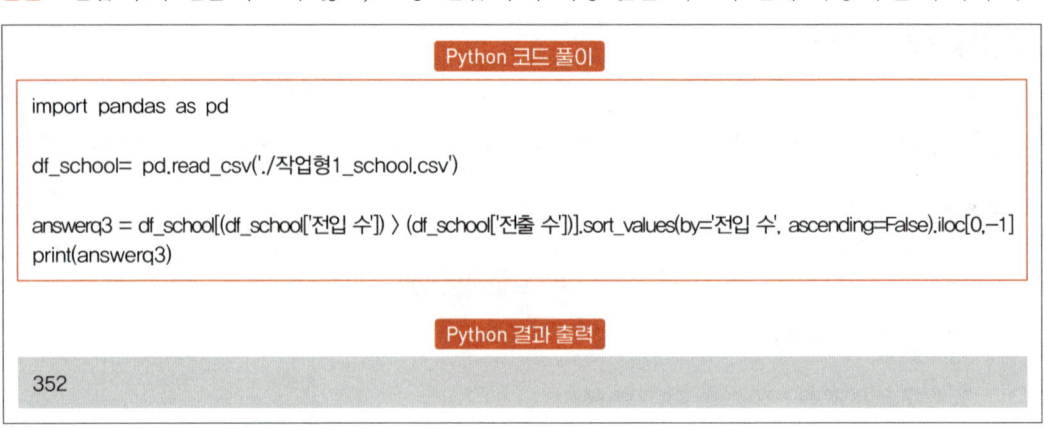

작업형 제2유형

01 중고차 가격 예측 모형을 구축하고자 한다. 예측할 타겟 변수는 price이다. 평가방식은 RMSE(Root Mean SquaredError)이며, 평가 데이터셋으로부터 산출한 결과를 CSV파일 형식으로 [제출 CSV 파일 형식 예시]에 맞추어 제출하시오.

■ 데이터 목록
① y_train.csv : 학습용 데이터 y값(목표변수) 13,473개
② X_train.csv : 학습용 데이터 X값(특징변수) 13,473개
③ X_test.csv : 평가용 데이터 X값(특징변수) 4,492개

■ 데이터 설명

변수명	설명
model	차량 모델명(예 Focus, Fiesta, S-MAX 등)
year	차량 등록 연도(연식)
price	중고차 판매가(단위: 파운드, 예측 대상 변수)
transmission	변속기 종류(예 Manual, Automatic 등)
mileage	누적 주행 거리(단위 : 마일)
fuelType	연료 타입(예 Petrol, Diesel 등)
tax	연간 자동차 세금(단위 : 파운드)
mpg	연비(Miles Per Gallon, 연료 효율 지표)
engineSize	엔진 배기량(단위 : L)

■ 제출 CSV 파일 형식 예시

```
pred
11000
20500
18610
......
11885
```

※ pred 칼럼 데이터 개수는 4,492개

■ CSV 파일 확인 방법 : 생성된 파일을 아래 예시에 따라 출력하여 확인

Python 예시	R 예시
import pandas as pd result = pd.read_csv('result.csv') print(result)	result = read.csv('result.csv') print(result)

해설

Python 코드 풀이

```
# 1. 데이터는 사전 설정
import pandas as pd

y_train= pd.read_csv('./중고차y_train.csv').iloc[:,-1].copy()
X_train = pd.read_csv('./중고차X_train.csv').iloc[:,1:].copy()
X_test = pd.read_csv('./중고차X_test.csv').iloc[:,1:].copy()
```

```
# 2. 라이브러리 불러오기
import pandas as pd
from sklearn.linear_model import LinearRegression
from sklearn.ensemble import RandomForestRegressor, GradientBoostingRegressor
from sklearn.model_selection import train_test_split
from sklearn.preprocessing import LabelEncoder
from sklearn.metrics import mean_squared_error
import numpy as np
```

```
# 3. 결측값 처리 (필요 시)
for col in X_train.columns:
    if X_train[col].dtype == 'object':
        X_train[col] = X_train[col].fillna(X_train[col].mode()[0])
        X_test[col] = X_test[col].fillna(X_train[col].mode()[0])
    else:
        X_train[col] = X_train[col].fillna(X_train[col].mean())
        X_test[col] = X_test[col].fillna(X_train[col].mean())

# 4. 범주형 변수 인코딩
cat_cols = X_train.select_dtypes(include='object').columns.tolist()
le = LabelEncoder()
for col in cat_cols:
    X_train[col] = le.fit_transform(X_train[col])
    X_test[col] = le.transform(X_test[col])

# 5. 검증용 데이터 분리
X_tr, X_val, y_tr, y_val = train_test_split(X_train, y_train, test_size=0.2, random_state=42)

# 6. 모델 정의
models = {
    'LinearRegression': LinearRegression(),
    'RandomForest': RandomForestRegressor(random_state=42),
    'GradientBoosting': GradientBoostingRegressor(random_state=42)
}

# 7. 성능 비교 (RMSE)
print("모델별 RMSE")
best_score = float('inf')
best_model = None
for name, model in models.items():
    model.fit(X_tr, y_tr)
```

```
        pred_val = model.predict(X_val)
        rmse = mean_squared_error(y_val, pred_val, squared=False)
        print(f"{name}: {rmse:.2f}")

        if rmse < best_score:
            best_score = rmse
            best_model = model

# 8. 최적 모델로 전체 학습
best_model.fit(X_train, y_train)
final_pred = best_model.predict(X_test)

# 9. 결과 저장
result = pd.DataFrame({'pred': final_pred})
result.to_csv('./result_car_price.csv', index=False)

# 10. 결과 확인
print("\n최적 모델의 예측 결과:")
print(result.head())
```

Python 결과 출력

```
모델별 RMSE
LinearRegression: 2400.54
RandomForest: 1193.33
GradientBoosting: 1304.22

최적 모델의 예측 결과:
          pred
0     13114.33
1     14435.35
2     14697.47
3     10551.65
4      9562.86
```

Python 코드 풀이

best_model

Python 결과 출력

```
▼       RandomForestRegressor       ⓘ ⓘ
RandomForestRegressor(random_state=42)
```

 제3유형

※ 제3유형은 6회 실기시험부터 시작된 신유형으로 별도 복원이 없음

CHAPTER 05

2022년 제4회 기출복원문제

출제 : 예문에듀/박영식

▶ 배점 안내
작업형 제1유형(3문항) : 각 10점
작업형 제2유형(1문항) : 40점
작업형 제3유형(2문항) : 각 15점(하위 문항 개별점수 있음)

▶ 데이터 위치
- 구글 드라이브(https://bit.ly/ymsbig) 접속 → 1.yemoonsa-source → data → 기출복원문제 → 4회
- 예문에듀 홈페이지(https://yeamoonedu.com/) 접속 → 도서 인증 후 자료 내려받기 → 1.yemoonsa-source → data → 기출복원문제 → 4회

작업형 제1유형

01 고객의 방문일수의 사분위수 범위(IQR)값을 구하고, 절댓값을 취한 뒤 정수형으로 출력하시오.

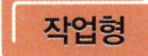

Python 코드 풀이

```python
import pandas as pd

df = pd.read_csv('./1유형_customer.csv')

# '방문 일수' 컬럼에 대한 사분위수 범위(IQR) 계산
q1 = df['방문 일수'].quantile(0.25)
q3 = df['방문 일수'].quantile(0.75)
iqr = q3 - q1

# 절댓값 취하고 정수형으로 변환
iqr_result = int(abs(iqr))
iqr_result
```

Python 결과 출력

36

02 Facebook_데이터에서 reaction중 loves와 wows를 '긍정적인 반응'이라고 정의한다. 각 데이터 별로 총 num_reaction에서 '긍정적인 반응'의 비율이 0.4보다 크고 0.5보다 작은 데이터 중 Type 변수가 'Video'인 데이터의 개수를 구하시오.

해설

Python 코드 풀이

```
import pandas as pd

df_fb = pd.read_csv('./1유형_facebook.csv')
```

```
# 문제 조건:
# - 긍정 반응 정의: loves + wows
# - 전체 반응 대비 비율이 0.4 초과, 0.5 미만
# - Type(status_type) == 'video'
# - 해당 조건에 맞는 행 개수 구하기

# 긍정 반응 비율 계산
df_fb['positive_ratio'] = (df_fb['num_loves'] + df_fb['num_wows']) / df_fb['num_reactions']

# 조건 필터링
filtered = df_fb[
    (df_fb['positive_ratio'] > 0.4) &
    (df_fb['positive_ratio'] < 0.5) &
    (df_fb['status_type'].str.lower() == 'video')   # 대소문자 무시
]

# 개수 출력
filtered_count = len(filtered)
filtered_count
```

Python 결과 출력

90

03 Netflix_데이터 중 2018년 1월 동안 넷플릭스에서 상영했던 작품 중 'United Kigdom'에서 제작된 작품 수를 구하시오.

해설

Python 코드 풀이

```python
import pandas as pd

df_netflix = pd.read_csv('./1유형_netflix.csv')

# date_added 컬럼을 날짜 형식으로 변환
df_netflix['date_added'] = pd.to_datetime(df_netflix['date_added'], errors='coerce')

# 2018년 1월 데이터만 필터링
jan_2018 = df_netflix[
    (df_netflix['date_added'].dt.year == 2018) &
    (df_netflix['date_added'].dt.month == 1)
]

# country에 'United Kingdom'이 포함된 행 추출
uk_jan_2018 = jan_2018[jan_2018['country'].str.contains('United Kingdom', na=False)]

# 결과 개수
uk_count = len(uk_jan_2018)
uk_count
```

Python 결과 출력

9

작업형 제2유형

01 Iusurance_고객 다중 분류 모형을 구축하고자 한다. Segementation은 1, 2, 3, 4로 각 고객 유형을 분류한 후 Macro-F1 Score으로 평가하고, insurance_test 평가 데이터셋으로부터 산출한 y_predict_result를 [제출 CSV 파일 형식 예시]에 맞추어 제출하시오.

■ 데이터 목록
① y_train.csv : 학습용 데이터 y값(목표변수) 6,665개
② X_train.csv : 학습용 데이터 X값(특징변수) 6,665개
③ X_test.csv : 평가용 데이터 X값(특징변수) 2,154개

■ 데이터 설명

변수명	설명
ID	고객 고유 식별자
Gender	성별(Male 또는 Female)
Ever_Married	결혼 여부(Yes 또는 No)
Age	나이
Graduated	대학 졸업 여부(Yes 또는 No)
Profession	직업군(예 Engineer, Artist, Lawyer 등)
Work_Experience	경력 연수(연 단위, 결측 가능)
Spending_Score	소비 수준 (Low, Average, High 중 하나)
Family_Size	가족 구성원 수
Var_1	고객 분류 변수(범주형)
Segmentation	고객 군집 결과(1, 2, 3, 4 중 하나-타겟 변수)

■ 제출 CSV 파일 형식 예시

```
pred
0
0
1
1
……
0
```

※ pred 칼럼 데이터 개수는 2,154개

■ CSV 파일 확인 방법 : 생성된 파일을 아래 예시에 따라 출력하여 확인

Python 예시	R 예시
import pandas as pd result = pd.read_csv('result.csv') print(result)	result = read.csv('result.csv') print(result)

해설

Python 코드 풀이

```python
# 1. 라이브러리 불러오기
import pandas as pd
from sklearn.ensemble import RandomForestClassifier
from sklearn.tree import DecisionTreeClassifier
from sklearn.linear_model import LogisticRegression
from sklearn.preprocessing import LabelEncoder
from sklearn.model_selection import train_test_split
from sklearn.metrics import f1_score

# 2. 데이터 불러오기
y_train = train.Segmentation
X_train = train.drop(['Segmentation'],axis=1)
X_test = test.copy()



# 3. 결측값 처리
for col in X_train.columns:
    if X_train[col].dtype == 'object':
        X_train[col] = X_train[col].fillna(X_train[col].mode()[0])
        X_test[col] = X_test[col].fillna(X_train[col].mode()[0])
    else:
        X_train[col] = X_train[col].fillna(X_train[col].mean())
        X_test[col] = X_test[col].fillna(X_train[col].mean())

# 4. 범주형 변수 인코딩
cat_cols = X_train.select_dtypes(include='object').columns.tolist()
le = LabelEncoder()
for col in cat_cols:
    X_train[col] = le.fit_transform(X_train[col])
    X_test[col] = le.transform(X_test[col])

# 5. 학습/검증 분리
X_tr, X_val, y_tr, y_val = train_test_split(X_train, y_train, test_size=0.2, random_state=42)

# 6. 모델 정의
models = {
    'RandomForest': RandomForestClassifier(random_state=42),
    'DecisionTree': DecisionTreeClassifier(random_state=42),
    'LogisticRegression': LogisticRegression(max_iter=1000, random_state=42)
}

# 7. 모델 비교 및 성능 평가
best_score = 0
best_model = None
```

```
46  print("모델별 Macro F1 Score:")
47  for name, model in models.items():
48      model.fit(X_tr, y_tr)
49      val_pred = model.predict(X_val)
50      score = f1_score(y_val, val_pred, average='macro')
51      print(f"{name}: {score:.4f}")
52
53      if score > best_score:
54          best_score = score
55          best_model = model
56
57  # 8. 전체 데이터로 재학습 후 예측
58  best_model.fit(X_train, y_train)
59  test_pred = best_model.predict(X_test)
60
61  # 9. 결과 저장
62  result = pd.DataFrame({'pred': test_pred})
63  result.to_csv('./result_segmentation.csv', index=False)
64
65  # 10. 결과 확인
66  print("\n최종 예측 결과:")
67  print(result.head())
68
```

Python 결과 출력

```
모델별 Macro F1 Score:
RandomForest: 0.5085
DecisionTree: 0.4177
LogisticRegression: 0.4646

최종 예측 결과:
   pred
0     2
1     3
2     3
3     3
4     2
```

작업형 제3유형

※ 제3유형은 6회 실기시험부터 시작된 신유형으로 별도 복원이 없음

CHAPTER 06

2021년 제3회 기출복원문제

출제 : 예문에듀/박영식

▶ 배점 안내
작업형 제1유형(3문항) : 각 10점
작업형 제2유형(1문항) : 40점
작업형 제3유형(2문항) : 각 15점(하위 문항 개별점수 있음)

▶ 데이터 위치
- 구글 드라이브(https://bit.ly/ymsbig) 접속 → 1.yemoonsa-source → data → 기출복원문제 → 3회
- 예문에듀 홈페이지(https://yeamoonedu.com/) 접속 → 도서 인증 후 자료 내려받기 → 1.yemoonsa-source → data → 기출복원문제 → 3회

작업형 제1유형

01 데이터의 결측값을 제거한 후, 처음부터 순서대로 70%를 추출하여 MedInc 변수의 Q1 값을 구하여라.

해설

Python 코드 풀이

```python
import pandas as pd
from sklearn.datasets import fetch_california_housing
import numpy as np

# 1. 데이터 불러오기
data = fetch_california_housing(as_frame=True)
df = data.frame

# 2. 결측값 제거
df_clean = df.dropna()

# 3. 처음부터 70% 데이터만 추출
n = int(len(df_clean) * 0.7)
subset = df_clean.iloc[:n]

# 4. 특정 변수의 Q1 구하기 (예: 'MedInc')
q1_value = subset['MedInc'].quantile(0.25)

# 결과 출력
print("MedInc 변수의 Q1 (1사분위수):", round(q1_value, 4))
```

> Python 결과 출력

MedInc 변수의 Q1 (1사분위수): 2.4898

02 컬럼별로 결측값(NaN, Null)들의 비율을 확인하여 가장 결측율이 높은 변수명을 출력하시오.

[해설]

> Python 코드 풀이

```
import pandas as pd
import numpy as np

df = pd.read_csv('./3회-작업1유형2번_타이타닉.csv')
answerq2 = df.isna().sum().idxmax()

print('가장 결측율이 높은 변수명:', answerq2)
```

> Python 결과 출력

가장 결측율이 높은 변수명: Cabin

03 데이터 중 2000년도에 전체 국가 유병률의 평균보다 큰 나라의 수를 구하라.

[해설]

> Python 코드 풀이

```
import pandas as pd

df = pd.read_csv('prevalence_large.csv')

df_2000 = df[df['Year'] == 2000]
mean_val = df_2000['Prevalence'].mean()
answerq3 = (df_2000['Prevalence'] > mean_val).sum()

print("정답:", answerq3)
```

> Python 결과 출력

정답: 24

작업형 제2유형

01 아래는 여행객의 정보들을 기반 데이터이다. 제공된 학습 데이터를 활용하여 여행보험 상품 가입 여부 예측하는 모델을 개발하고, 개발한 모델에 기반하여 평가용 데이터에 적용하여 얻은 예측결과를 아래 [제출 CSV 파일 형식 예시]에 따라 CSV 파일로 생성하는 코드를 제출하시오. (단, 평가지표는 roc_auc임)

■ 데이터 목록
① y_train.csv : 학습용 데이터 y값(목표변수) 1,490개
② X_train.csv : 학습용 데이터 X값(특징변수) 1,490개
③ X_test.csv : 평가용 데이터 X값(특징변수) 497개

■ 데이터 설명

변수명	설명
Age	고객의 나이
Employment Type	고객의 직업 분야(고용 섹터)
GraduateOrNot	대학 졸업 여부
AnnualIncome	고객의 연간 소득(인도 루피 기준, 5만 루피 단위로 반올림됨)
FamilyMembers	고객의 가족 구성원 수
ChronicDisease	당뇨, 고혈압, 천식 등 주요 질병 보유 여부
FrequentFlyer	최근 2년간 항공권을 4회 이상 예약한 이력 보유 여부(2017~2019 기준)
EverTravelledAbroad	해외여행 경험 여부(회사의 서비스를 이용하지 않았더라도 포함됨)
TravelInsurance	2019년 시행된 여행 보험 패키지 프로모션 당시 가입 여부(목표 변수)

■ 제출 CSV 파일 형식 예시

```
pred
0
0
1
1
……
0
```

※ pred 칼럼 데이터 개수는 497개

■ CSV 파일 확인 방법 : 생성된 파일을 아래 예시에 따라 출력하여 확인

Python 예시	R 예시
import pandas as pd result = pd.read_csv('result.csv') print(result)	result = read.csv('result.csv') print(result)

해설

Python 코드 풀이

```python
# 1. 라이브러리 불러오기
import pandas as pd
from sklearn.ensemble import RandomForestClassifier
from sklearn.tree import DecisionTreeClassifier
from sklearn.linear_model import LogisticRegression
from sklearn.preprocessing import LabelEncoder
from sklearn.model_selection import train_test_split
from sklearn.metrics import f1_score

# 2. 데이터 불러오기
X_train = pd.read_csv('./Insu_X_train2유형.csv',index_col=0)
y_train = pd.read_csv('./Insu_y_train2유형.csv',index_col=0)
X_test = pd.read_csv('./Insu_X_test2유형.csv',index_col=0)

# 3. 결측값 처리
for col in X_train.columns:
    if X_train[col].dtype == 'object':
        X_train[col] = X_train[col].fillna(X_train[col].mode()[0])
        X_test[col] = X_test[col].fillna(X_train[col].mode()[0])
    else:
        X_train[col] = X_train[col].fillna(X_train[col].mean())
        X_test[col] = X_test[col].fillna(X_train[col].mean())

# 4. 범주형 변수 인코딩
cat_cols = X_train.select_dtypes(include='object').columns.tolist()
le = LabelEncoder()
for col in cat_cols:
    X_train[col] = le.fit_transform(X_train[col])
    X_test[col] = le.transform(X_test[col])

# 5. 학습/검증 분리
X_tr, X_val, y_tr, y_val = train_test_split(X_train, y_train, test_size=0.2, random_state=42)

# 6. 모델 정의
models = {
    'RandomForest': RandomForestClassifier(random_state=42),
    'DecisionTree': DecisionTreeClassifier(random_state=42),
    'LogisticRegression': LogisticRegression(max_iter=1000, random_state=42)
}

# 7. 모델 비교 및 성능 평가
best_score = 0
best_model = None

print("모델별 Macro F1 Score:")
for name, model in models.items():
    model.fit(X_tr, y_tr)
    val_pred = model.predict(X_val)
    score = f1_score(y_val, val_pred, average='macro')
```

```
            print(f"{name}: {score:.4f}")

            if score > best_score:
                best_score = score
                best_model = model

# 8. 전체 데이터로 재학습 후 예측
best_model.fit(X_train, y_train)
test_pred = best_model.predict(X_test)

# 9. 결과 저장
result = pd.DataFrame({'pred': test_pred})
result.to_csv('./result_segmentation.csv', index=False)

# 10. 결과 확인
print("\n최종 예측 결과:")
print(result.head())
```

Python 결과 출력

```
모델별 Macro F1 Score:
RandomForest: 0.4908
DecisionTree: 0.5000
LogisticRegression: 0.3805

최종 예측 결과:
   pred
0     1
1     0
2     0
3     0
4     0
```

작업형 제3유형

※ 제3유형은 6회 실기시험부터 시작된 신유형으로 별도 복원이 없음

CHAPTER 07 2021년 제2회 기출복원문제

출제 : 예문에듀/박영식

▶ 배점 안내
작업형 제1유형(3문항) : 각 10점
작업형 제2유형(1문항) : 40점
작업형 제3유형(2문항) : 각 15점(하위 문항 개별점수 있음)

▶ 데이터 위치
- 구글 드라이브(https://bit.ly/ymsbig) 접속 → 1.yemoonsa-source → data → 기출복원문제 → 2회
- 예문에듀 홈페이지(https://yeamoonedu.com/) 접속 → 도서 인증 후 자료 내려받기 → 1.yemoonsa-source → data → 기출복원문제 → 2회

작업형 제1유형

01 제공된 데이터(mtcars.csv)의 자동차 데이터 셋에서 qsec 컬럼을 Min-Max Scale로 변환 후 0.5보다 큰 값을 가지는 레코드(row) 수를 구하여라.

해설

Python 코드 풀이

#풀이1

```python
import pandas as pd
from sklearn.preprocessing import MinMaxScaler

# 1. 데이터 불러오기
df = pd.read_csv('mtcars.csv')

# 2. qsec 컬럼에 Min-Max Scaling 적용
scaler = MinMaxScaler()
df['qsec_scaled'] = scaler.fit_transform(df[['qsec']])

# 3. 0.5보다 큰 값 필터링 후 개수 계산
count = (df['qsec_scaled'] > 0.5).sum()

print("0.5보다 큰 qsec (MinMaxScaled) 값의 레코드 수:", count)
```

Python 결과 출력

0.5보다 큰 qsec (MinMaxScaled) 값의 레코드 수: 9

Python 코드 풀이

#풀이2

```python
# 라이브러리 불러오기
import pandas as pd

# 데이터 불러오기
data = pd.read_csv('./mtcars.csv')
print('raw data: \n',data['qsec'].head())

# min-max scale
def minmax(data):
    data = (data - min(data)) / (max(data) - min(data))
    return data

data['qsec'] = minmax(data['qsec'])
print('minmax 적용 후: \n',data['qsec'].head())

# 0.5보다 큰 값 (row 수 파악)
print(len(data[data['qsec']>0.5]))
```

Python 결과 출력

```
raw data:
0    16.46
1    17.02
2    18.61
3    19.44
4    17.02
Name: qsec, dtype: float64
minmax 적용 후:
0    0.233333
1    0.300000
2    0.489286
3    0.588095
4    0.300000
Name: qsec, dtype: float64
9
```

02 보스턴 데이터 범죄율 컬럼 top 10 중 1~10위의 범죄율 10번째 범죄율 값으로 값을 변경한 후 AGE 변수 80 이상의 범죄율 평균을 산출하시오.

해설

Python 코드 풀이

```python
# ▶ 필요한 라이브러리 불러오기
import pandas as pd
from sklearn.datasets import fetch_openml

# ▶ Boston Housing 데이터셋 로딩
boston = fetch_openml(name='boston', version=1, as_frame=True)

# ▶ DataFrame으로 변환
df = boston.frame

# ▶ 데이터 확인
print(df.head())

# 1. 범죄율(CRIM) 기준 상위 10개 값 추출
top10_crim_idx = df['CRIM'].nlargest(10).index

# 2. 10번째로 큰 범죄율 값 구하기
tenth_crim_value = df.loc[top10_crim_idx[-1], 'CRIM']

# 3. 상위 10개 값 모두 10번째 값으로 변경
df.loc[top10_crim_idx, 'CRIM'] = tenth_crim_value

# 4. AGE ≥ 80인 행에서의 CRIM 평균 계산
mean_crim_age80plus = df.loc[df['AGE'] >= 80, 'CRIM'].mean()
mean_crim_age80plus
```

Python 결과 출력

```
      CRIM    ZN  INDUS  CHAS    NOX     RM   AGE     DIS  RAD    TAX  PTRATIO  \
0  0.00632  18.0   2.31     0  0.538  6.575  65.2  4.0900    1  296.0     15.3
1  0.02731   0.0   7.07     0  0.469  6.421  78.9  4.9671    2  242.0     17.8
2  0.02729   0.0   7.07     0  0.469  7.185  61.1  4.9671    2  242.0     17.8
3  0.03237   0.0   2.18     0  0.458  6.998  45.8  6.0622    3  222.0     18.7
4  0.06905   0.0   2.18     0  0.458  7.147  54.2  6.0622    3  222.0     18.7

        B  LSTAT  MEDV
0  396.90   4.98  24.0
1  396.90   9.14  21.6
2  392.83   4.03  34.7
3  394.63   2.94  33.4
4  396.90   5.33  36.2
5.759386625
```

Python 코드 풀이

#풀이2

```python
# 라이브러리 불러오기
import pandas as pd
from sklearn.datasets import fetch_openml

# 보스턴 데이터 불러오기
boston = fetch_openml(name='boston', version=1, as_frame=True)
df = boston.frame   # 데이터프레임으로 변환

# 1. 범죄율(CRIM)이 높은 상위 10개 행의 인덱스를 찾기
top10 = df.sort_values(by='CRIM', ascending=False).head(10)

# 2. 그 중에서 10번째 값(가장 작은 값)을 구하기
tenth_value = top10['CRIM'].iloc[-1]

# 3. 상위 10개 행의 CRIM 값을 모두 10번째 값으로 바꾸기
df.loc[top10.index, 'CRIM'] = tenth_value

# 4. AGE가 80 이상인 행들 중에서 CRIM 평균 계산
result = df[df['AGE'] >= 80]['CRIM'].mean()

# 결과 출력
print("AGE가 80 이상인 사람들의 평균 범죄율:", result)
```

Python 결과 출력

AGE가 80 이상인 사람들의 평균 범죄율: 5.759386625

03 주어진 데이터 첫번째 행부터 순서대로 80%까지의 데이터를 추출한 후 'AveBedrms' 변수의 결측값(NA)을 'AveBedrms' 변수의 중앙값으로 대체하고, 대체 전의 'AveBedrms' 변수 표준편차 값과 대체 후의 'AveBedrms' 변수 표준편차 값을 산출하라.

해설

Python 코드 풀이

```python
import pandas as pd
from sklearn.datasets import fetch_california_housing
import numpy as np

# 1. 데이터 불러오기
data = fetch_california_housing(as_frame=True)
df = data.frame

# 2. 앞에서부터 80% 데이터 추출
n = int(len(df) * 0.8)
subset = df.iloc[:n].copy()

# 3. 테스트용으로 AveRooms 컬럼에 일부러 결측값 삽입 (5%)
subset.loc[subset.sample(frac=0.05, random_state=42).index, 'AveRooms'] = np.nan

# 4. 결측치 대체 전 표준편차 계산
std_before = subset['AveRooms'].std(skipna=True)

# 5. 중앙값으로 결측치 대체
median_val = subset['AveRooms'].median()
subset['AveRooms'].fillna(median_val, inplace=True)

# 6. 결측치 대체 후 표준편차 계산
std_after = subset['AveRooms'].std()

# 7. 결과 출력
print("결측치 대체 전 표준편차:", round(std_before, 4))
print("결측치 대체 후 표준편차:", round(std_after, 4))
```

Python 결과 출력

```
결측치 대체 전 표준편차: 2.6748
결측치 대체 후 표준편차: 2.6075
```

작업형 제2유형

01 아래는 E-Commerce의 배송 데이터이다. 제공된 학습 데이터를 활용하여 정시 도착 여부를 예측하는 모델을 개발하고, 개발한 모델에 기반하여 평가용 데이터에 적용하여 얻은 예측결과를 아래 [제출 CSV 파일 형식 예시]에 따라 CSV 파일로 생성하는 코드를 제출하시오. (단, 평가지표는 roc_auc임.)

■ 데이터 목록
① y_train.csv : 학습용 데이터 y값(목표변수) 8,249개
② X_train.csv : 학습용 데이터 X값(특징변수) 8,249개
③ X_test.csv : 평가용 데이터 X값(특징변수) 2,750개

■ 데이터 설명

변수명	설명
ID	고객 ID 번호(ID Number of Customers)
Warehouse block	물류 창고 블록(A, B, C, D, E로 구분됨)
Mode of shipment	배송 방식(Ship, Flight, Road 중 하나)
Customer care calls	고객센터 문의 전화 횟수
Customer rating	고객 만족도 점수(1 : 최악, 5 : 최고)
Cost of the product	제품 가격(USD)
Prior purchases	고객의 이전 구매 횟수
Product importance	제품 중요도 등급(low, medium, high)
Gender	고객 성별(Male 또는 Female)
Discount offered	제품에 제공된 할인 금액
Weight in gms	제품 무게(그램 단위)
Reached on time	배송 시간 도착 여부(1 : 지연됨, 0 : 제시간 도착) ※ 타겟 변수

■ 제출 CSV 파일 형식 예시

```
pred
0
0
1
1
......
0
```

※ pred 칼럼 데이터 개수는 2,750개

■ CSV 파일 확인 방법 : 생성된 파일을 아래 예시에 따라 출력하여 확인

Python 예시	R 예시
import pandas as pd result = pd.read_csv('result.csv') print(result)	result = read.csv('result.csv') print(result)

해설

Python 코드 풀이

```python
1   # 1. 라이브러리 불러오기
2   import pandas as pd
3   from sklearn.preprocessing import LabelEncoder
4   from sklearn.tree import DecisionTreeClassifier
5   from sklearn.ensemble import RandomForestClassifier
6   from sklearn.svm import SVC
7   from sklearn.model_selection import train_test_split
8   from sklearn.metrics import roc_auc_score
9
10  # 2. 데이터 불러오기
11  X_train = pd.read_csv('./customer_X_train.csv')
12  X_test = pd.read_csv('./customer_X_test.csv')
13  y_train = pd.read_csv('./customer_y_train.csv')['Reached.on.Time_Y.N']  # 정확한 컬럼명 사용
14
15  # 3. 불필요한 컬럼 제거
16  X_train = X_train.drop(columns=['Unnamed: 0'], errors='ignore')
17  X_test = X_test.drop(columns=['Unnamed: 0'], errors='ignore')
18
19  # 4. 범주형 변수 라벨 인코딩
20  cat_cols = X_train.select_dtypes(include='object').columns.tolist()
21  le = LabelEncoder()
22  for col in cat_cols:
23      X_train[col] = le.fit_transform(X_train[col])
24      X_test[col] = le.transform(X_test[col])
25
26  # 5. 학습/검증 데이터 분리
27  X_tr, X_val, y_tr, y_val = train_test_split(X_train, y_train, test_size=0.2, random_state=42)
28
29  # 6. 모델 정의
30  models = {
31      'Decision Tree': DecisionTreeClassifier(random_state=42),
32      'Random Forest': RandomForestClassifier(random_state=42),
33      'SVM': SVC(probability=True, random_state=42)
34  }
35
36  # 7. 모델 학습 및 ROC-AUC 비교
37  best_score = 0
38  best_model = None
39
40  print("모델별 ROC-AUC 점수")
41  for name, model in models.items():
42      model.fit(X_tr, y_tr)
43      prob = model.predict_proba(X_val)[:, 1]
44      score = roc_auc_score(y_val, prob)
45      print(f"{name}: {score:.4f}")
46
47      if score > best_score:
48          best_score = score
49          best_model = model
```

```
50
51   # 8. 전체 학습 데이터로 재학습 후 테스트 예측
52   best_model.fit(X_train, y_train)
53   final_pred = best_model.predict(X_test)
54
55   # 9. 결과 저장
56   result = pd.DataFrame({'pred': final_pred})
57   result.to_csv('./result_customer.csv', index=False)
58
59   # 10. 결과 확인
60   print("\n가장 성능이 좋은 모델로 저장된 결과:")
61   print(result.head())
62
```

Python 결과 출력

```
모델별 ROC-AUC 점수
Decision Tree: 0.6295
Random Forest: 0.7317
SVM: 0.7411

가장 성능이 좋은 모델로 저장된 결과:
   pred
0    0
1    1
2    1
3    0
4    1
```

작업형 제3유형

※ 제3유형은 6회 실기시험부터 시작된 신유형으로 별도 복원이 없음

MEMO

MEMO

MEMO

MEMO

MEMO

■ 고퀄리티 방송 강의 컨텐츠, 합리적인 가격 ■

금융 무역 교육의 새로운 대세는 토마토패스입니다.

82회 ~ 88회 7회 연속 AFPK 합격률 1위
39회 신용분석사 대학생 수석 합격자 배출
39회 42회 45회 은행텔러 수석합격자 배출
53회 54회 자산관리사 수석합격자 배출

2024 수강생 만족도 99.8점
(2024.01.01 ~ 12.31 수강후기 별점기준)
2023 수강생 만족도 99.7점
(2023.01.01 ~ 12.31 수강후기 별점기준)
2022 수강생 만족도 99.2점
(2022.01.01 ~ 12.31 수강후기 별점기준)
2021 수강생 만족도 97.2점
(2021.01.01 ~ 12.31 수강후기 별점 기준)

2023.01 투자자산운용사 교재 예스24 월별베스트 1위
2022 변액보험판매관리사 교재 예스24·교보문고 인기도 1위
2022 투자자산운용사 교재 예스24·교보문고 인기도 1위
2021.09 보험심사역 교재 알라딘·예스24·교보문고 인기도 및 판매량 1위
2021.09 투자자산운용사 교재 알라딘 인기도 1위
2021.02 은행텔러 교재 교보문고·예스24 인기도 1위
2019.06 신용분석사 교재 교보문고 판매량 1위
2019.05 자산관리사 교재 온라인서점 판매량 1위
2019.03 신용분석사 교재 인터파크 판매량 1위

| 한국 FPSB 지정교육기관 | 국가보훈처 지정교육기관 | 고용노동부 인증 직업능력개발 훈련기관 | 한국 FP협회 지정교육기관 |

 국가보훈처 고용노동부

www.tomatopass.com

01 증권경제전문 토마토TV가 만든 교육브랜드

토마토패스는 24시간 증권경제 방송 토마토TV · 인터넷 종합언론사 뉴스토마토 등을 계열사로
보유한 토마토그룹에서 출발한 금융전문 교육브랜드 입니다.
경제 · 금융 · 증권 분야에서 쌓은 경험과 전략을 바탕으로 최고의 금융교육 서비스를 제공하고 있으며
현재 무역 · 회계 · 부동산 자격증 분야로 영역을 확장하여 괄목할만한 성과를 내고 있습니다.

뉴스토마토	토마토증권통	토마토집통	
www.newstomato.com	www.tomatostocktong.com	tv.jiptong.com	www.etomato.com
싱싱한 정보, 건강한 뉴스	24시간 증권경제 전문방송	국내 Only One 부동산 전문채널	맛있는 증권정보

02 차별화된 고품질 방송강의

토마토 TV의 방송제작 장비 및 인력을 활용하여 다른 업체와는 차별화된 고품질 방송강의를 선보입니다.
터치스크린을 이용한 전자칠판, 핵심내용을 알기 쉽게 정리한 강의 PPT,
선명한 강의 화질 등으로 수험생들의 학습능력 향상과 모바일 수강 편의를 제공해 드립니다.

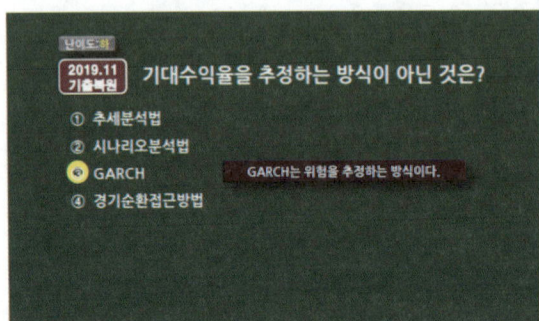
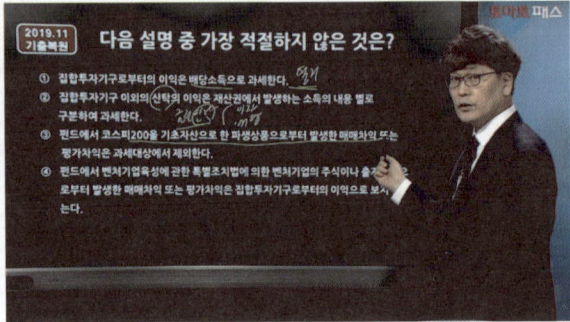

03 검증된 강의력의 운용역 출신 전담강사 유창호

이미 보험심사역과 투자자산운용사의 수많은 합격 후기로 증명된 유창호 전담 강사는
금융보험 수험서 국내최다출간 저자로 다년간의 실무 경력을 보유하고 있는 운용역 출신 강사 입니다.
유창호 강사의 토마토패스 투자자산운용사 교재는 철저한 기출복원과 분석으로 높은 적중률을 보이며
다수의 온라인 서점에서 꾸준히 인기도 1위를 기록하고 있으며, 매 회차의 시험복원 데이터를 반영하여
투자자산운용사 시험 대비의 바이블로 자리잡고 있습니다.
지금 바로 토마토패스 홈페이지 및 유투브 채널에서 수많은 고득점 합격후기를 확인하세요!

04 가장 빠른 1:1 수강생 학습 지원

토마토패스에서는 가장 빠른 학습지원 및 피드백을 위해 다음과 같이 1:1 게시판을 운영하고 있습니다.
· Q&A 상담문의 (1:1) ┃ 학습 외 문의 및 상담 게시판, 24시간 이내 조치 후 답변을 원칙으로 함 (영업일 기준)
· 강사님께 질문하기 (1:1) ┃ 학습 질문이 생기면 즉시 활용 가능, 각 자격증 전담강사가 직접 답변하는 시스템
이 외 자격증 별 강사님과 함께하는 오픈카톡 스터디, 네이버 카페 운영 등 수강생 편리에 최적화된
수강 환경 제공을 위해 최선을 다하고 있습니다.

05 100% 리얼 후기로 인증하는 수강생 만족도

2024 수강후기 별점 기준 (100으로 환산)

토마토패스는 결제한 과목에 대해서만 수강후기를 작성할 수 있으며,
합격후기의 경우 합격증 첨부 방식을 통해 100% 실제 구매자 및 합격자의 후기를 받고 있습니다.
합격선배들의 생생한 수강후기와 만족도를 토마토패스 홈페이지 수강후기 게시판에서 만나보세요!
또한 푸짐한 상품이 준비된 합격후기 작성 이벤트가 상시로 진행되고 있으니,
지금 이 교재로 공부하고 계신 예비합격자분들의 합격 스토리도 들려주시기 바랍니다.

강의 수강 방법
PC

01 토마토패스 홈페이지 접속

www.tomatopass.com

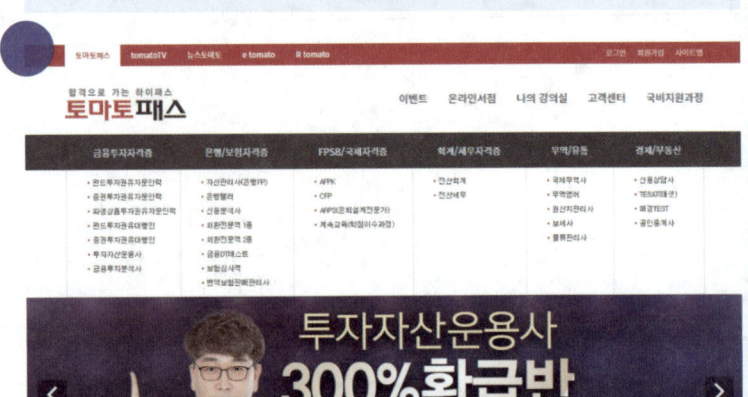

02 회원가입 후 자격증 선택
· 회원가입시 본인명의 휴대폰 번호와 비밀번호 등록
· 자격증은 홈페이지 중앙 카테고리 별로 분류되어 있음

03 원하는 과정 선택 후 '자세히 보기' 클릭

04 상세안내 확인 후 '수강신청' 클릭하여 결제
· 결제방식 [무통장입금(가상계좌) / 실시간 계좌이체 / 카드 결제] 선택 가능

05 결제 후 '나의 강의실' 입장

06 '학습하기' 클릭

07 강좌 '재생' 클릭
· IMG Tech 사의 Zone player 설치 필수
· 재생 버튼 클릭시 설치 창 자동 팝업

강의 수강 방법
모바일

탭 · 아이패드 · 아이폰 · 안드로이드 가능

01 토마토패스 모바일 페이지 접속

WEB · 안드로이드 인터넷, ios safari에서 www.tomatopass.com 으로 접속하거나

 Samsung Internet (삼성 인터넷)

 Safari (사파리)

APP · 구글 플레이 스토어 혹은 App store에서 합격통 혹은 토마토패스 검색 후 설치

 Google Play Store

 앱스토어   합격통

02 존플레이어 설치 (버전 1.0)
· 구글 플레이 스토어 혹은 App store에서 '존플레이어' 검색 후 버전 1.0 으로 설치
 (***2.0 다운로드시 호환 불가)

03 토마토패스로 접속 후 로그인

04 좌측 👤 아이콘 클릭 후
     '나의 강의실' 클릭

05 강좌 '재생' 버튼 클릭

· 기능소개
과정공지사항 : 해당 과정 공지사항 확인
강사님께 질문하기 : 1:1 학습질문 게시판
Q&A 상담문의 : 1:1 학습외 질문 게시판
재생 : 스트리밍, 데이터 소요량 높음, 수강 최적화
다운로드 : 기기 내 저장, 강좌 수강 시 데이터 소요량 적음
PDF : 강의 PPT 다운로드 가능

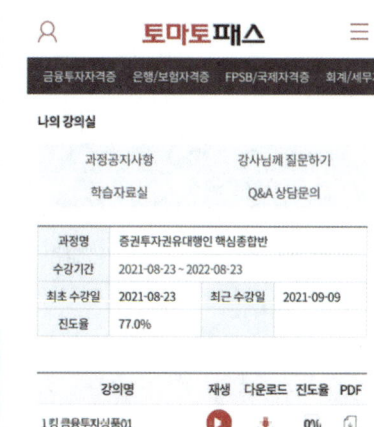

토마토패스
빅데이터분석기사 실기(파이썬) 단기완성

초 판 발 행	2025년 05월 30일
저　　자	박영식
발 행 인	정용수
발 행 처	㈜예문아카이브
주　　소	서울시 마포구 동교로 18길 10 2층
T E L	02) 2038-7597
F A X	031) 955-0660
등 록 번 호	제2016-000240호
정　　가	30,000원

- 이 책의 어느 부분도 저작권자나 발행인의 승인 없이 무단 복제하여 이용할 수 없습니다.
- 파본 및 낙장은 구입하신 서점에서 교환하여 드립니다.

홈페이지 http://www.yeamoonedu.com

ISBN 979-11-6386-473-8　　[13000]